EL CAMPO DE MONTIEL
A TRAVÉS DE LA LITERATURA

María Ángeles Jiménez García

EL CAMPO DE MONTIEL A TRAVÉS DE LA LITERATURA

BIBLIOTECA DE AUTORES MANCHEGOS
DIPUTACION DE CIUDAD REAL

Primera edición: 2024

© María Ángeles Jiménez García
© Diputación Provincial de Ciudad Real

Edita: Servicio de Cultura. Diputación Provincial
Biblioteca de Autores Manchegos (BAM)
Plaza de la Constitución, 1. 13001 Ciudad Real
Tlf.: 926292575
Web: www.dipucr.es

Cubierta: BAM. Arriba: retratos de Jorge Marique, santoTomás de Villanueva, Miguel de Cervantes y Francisco de Quevedo. Centro: imagen obra de Pepe Buitrago, *Sólo espero ver...* (2007), de la serie «Desde lo que no existe 2007-2008», con la técnica de fotografía con holograma. Abajo: castillo de la Estrella, en Montiel; Casa de Estudios, en Villanueva de los Infantes; y Antonio Rodríguez Huéscar en Fuenllana, 1978.

Coordinación editorial: Jesús Reviejo
Colección General, número 240

Imprime: Blanca Impresores, S. L.
ISBN: 978-84-7789-411-7
Depósito Legal: CR-99-2024

Impreso en España

A los que estuvieron y fueron,
a los que estamos y somos,
y para los que estarán y serán…
del «antiguo y conocido Campo de Montiel».

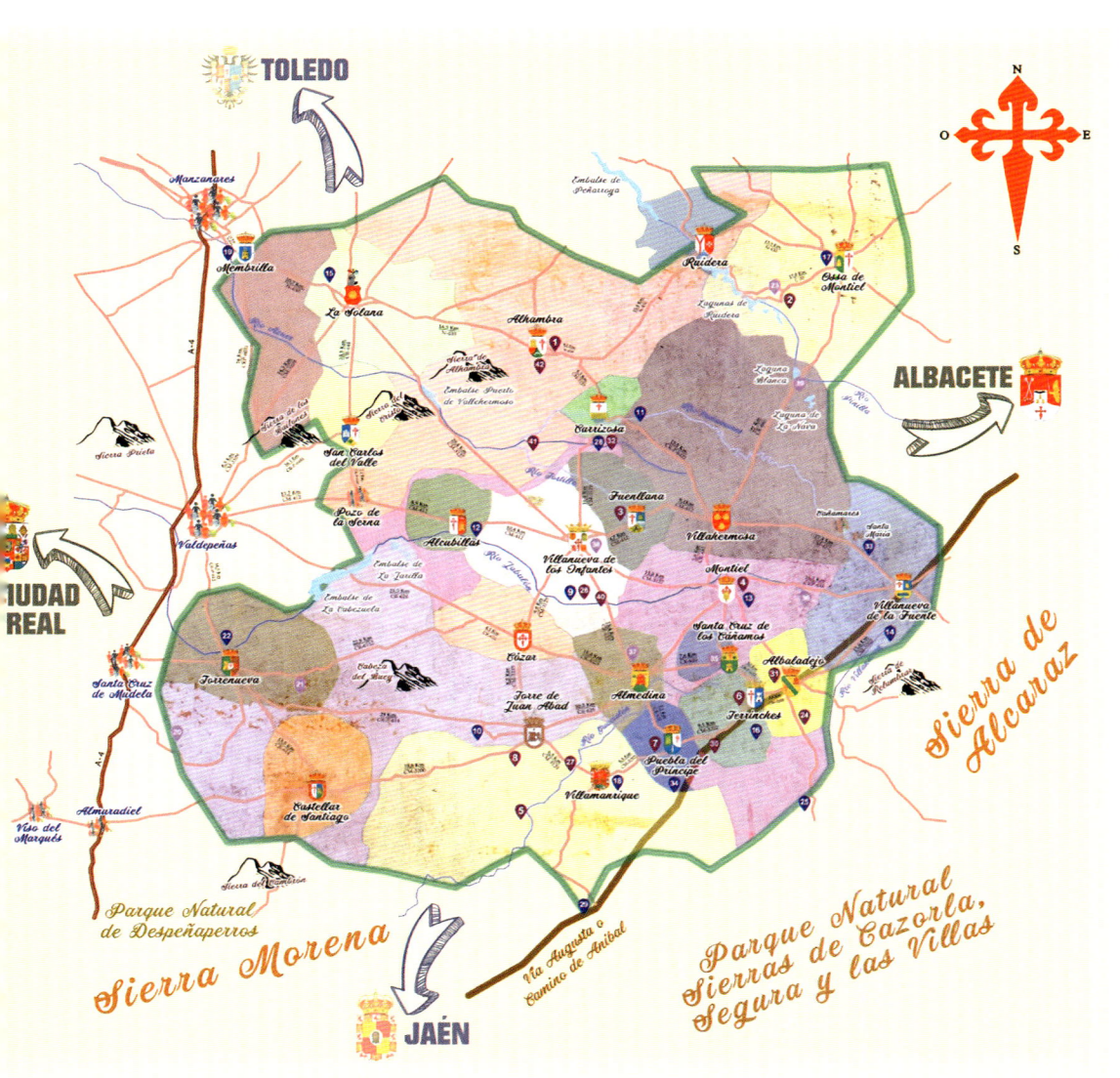

Mapa del Campo de Montiel histórico. Diseño de Juan Rivas.

ÍNDICE

PRÓLOGO

Caminando por la hermosa e inabarcable llanura del libro que nos ocupa, «surcada de curvas y bañada por el sol», igual que la comarca de la que trata, hemos encontrado las claves para comprenderlo mejor y hacerlo extensible. Esta comprensibilidad pasa por dar respuesta a siete preguntas clave: qué, dónde, cuándo, por qué, quiénes lo protagonizan, cómo es y qué consecuencias se atisban con su publicación.

> «No existe una literatura castellano manchega como tal, técnicamente no existe un idioma propio que la caracterice. Sí es cierto que existe un paisaje, unas circunstancias, unas formas de vivir que la literatura ha reflejado en obras, crónicas, miradas, apuntes, noticias, etc. (…) La literatura regional afecta a la creación literaria que tiene como escenario una determinada región y también a los escritores nacidos o afincados en ella. (…) Entendemos por literatura manchega todo tipo de textos y documentos firmados por autores manchegos o que dichos escritos tienen como eje aspectos y vinculaciones con el área de estudio. Como consecuencia de ello se puede encontrar un acervo literario y humanístico en el área del histórico Campo de Montiel».

Con estas afirmaciones, que el lector encontrará por sí mismo, la autora, María Ángeles Jimenez García, establece una perfecta respuesta a la primera pregunta que nos surge en torno a la obra: ¿qué estudia?, ¿a qué se refiere? Partiendo de un espacio bien definido en el tiempo y en la geografía, la definición de este libro viene dada por el propio concepto de literatura que defiende la autora, una definición basada en finalidades: expresar, crear belleza, transmitir, influir, y todo ello a partir de un ámbito real, absolutamente real, transformado en el tiempo pero básicamente existente, tangible, «un suelo al que agarrarse», concebido no solo por la historia sino por la percepción subjetiva y anímica de sus habitantes y de los viajeros que lo visitaron: el Campo de Montiel, «el amado Campo de Montiel» para María Ángeles Jiménez, porque toda la obra transfiere una relación innegable de servicio a su tierra.

La segunda cuestión en torno al libro emana directamente de la primera: ¿dónde? La respuesta parece obvia, el Campo de Montiel, pero no resulta tan fácil de definir dicho espacio, cambiante a lo largo del tiempo y nunca terminado de hacer y crecer. Sin embargo, esta aparente abstracción le otorga una irrefutable realidad: el tiempo histórico. Y la historia es grandeza, es tradición, es identidad, es unidad frente a la apariencia de extendido hábitat disperso, y es orgullo de pertenencia y transmisión. Partiendo de una interesante bibliografía geográfica, que incluye a Félix Pillet, Gregorio Planchuelo, Corchado y Soriano, etc. la autora da forma al manto de esta tierra seca –«manxa»– que se extiende en torno al «montecillo» que eleva al Castillo de la Estrella en Montiel, sede de la Orden de Santiago, que diera y da personalidad guerrera y reciedumbre espiritual al entorno. La historia no se quedó hierática en su propia cronología sino que nos recorre y es capaz de vivificar de nuevo los límites y los espacios que el tiempo no ha hecho sino nutrir. Con el alimento de la historia este espacio verdadero se convirtió en punto de partida de don Quijote, que pareciera aún recorrer sus lejanías cabalgando de sueño en sueño. De tal forma, que un personaje solamente literario, pero con este inmenso calado universal, ha reverberado los poderosos mensajes del paisaje, definido por su color especial, su apariencia sublime, su luz intensa y su enorme diferencia, y también por el sentimiento de sus pobladores. La idea que nos transmite la autora es que este espacio tiene alma o, al menos, recoge las almas de los que lo conforman, supuesto que justifica su singularidad inspiradora.

La tercera pregunta que nos asalta es cuándo. ¿Cuándo se plantea la literatura como una esencia de esta tierra conocida como Campo de Montiel? Resulta interesante el planteamiento cronológico de la «espacialidad literaria» del Campo de Montiel –en palabras de la autora–. El punto de partida sería la literatura oral colmada de romances y leyendas. El punto de llegada sería el «mar de creatividad actual», absolutamente pleno de narrativa y de poesía. La autora nos da muchas razones para convencernos de que, en todo este tiempo, el Campo de Montiel verdaderamente ha generado una enorme singularidad y personalidad poética y prosística, presente en su capacidad de inspiración y en sus gentes, desde los cantores de romances a los poetas y novelistas actuales, raudos y activos en su respuesta a la llamada de la tierra, interlocutores constantes con su requerimiento. El alma poemaria y el espíritu narrativo brotan en multitud de interesantes y apetecibles creadores de nuestra era que no dan la espalda al espacio ni al tiempo, todo lo contrario, motivo significativo, sin duda, del gran esfuerzo de María Ángeles Jiménez para demostrarlo sobradamente.

Enlazamos aquí con una cuarta pregunta de indudable interés: ¿por qué este libro? Motivos tienen los manchegos y los habitantes del Campo de Montiel para estar orgullosos de lo suyo, para sentir un legítimo honor de pertenencia y para transferir la riqueza que les es propia a todos los pueblos de España y del exterior. No hay razón más poderosa que el mantenimiento del prestigio y la constatación a través de la cultura. Este libro, desde ese punto de vista, muy presente en su autora, no es un mero compendio erudito sino un recorrido absolutamente necesario y deseado para visualizar y gozar, en toda su riqueza, de este pedazo de tierra manchega. Quisiera insistir en la palabra «necesario», como tantas otras cosas le son a este ámbito geográfico, porque su amplitud cultural es tan vasta, y especialmente en el terreno literario, que no admitía demora la existencia de una catalogación inteligente, organizada y esclarecedora como la que aporta el libro. Especialmente en este tiempo de «sociedad líquida», sinuosa, donde los proyectos de vida se desdibujan, tiempo de deslocalización, determinada por los abusos de Internet y sus redes, tiempo de globalización descompensadora de espíritus –justo en este tiempo–, los motivos son más sobrados y una investigación de esta trascendencia se convierte en un servicio de amor a la tierra, a sus gentes y a todos, para no olvidar nunca lo esencial.

¿Quiénes son los protagonistas de la obra? Cervantes es protagonista de este libro. Su inolvidable don Quijote y su aterrado Sancho son protagonistas de esta obra. Pero con ellos son protagonistas también cada uno de los habitantes de la comarca del Campo de Montiel, algunos «Quijotes» y otros «Sanchos». Con ellos son protagonistas también los romances y las leyendas de tradición oral. Son protagonistas aquellos cuya muerte ha trascendido la historia: Pedro I el Cruel a manos de su hermanastro Enrique II en 1369, encumbrado por la crónica de Pero López de Ayala –recordado también por los dramaturgos Calderón de la Barca, Andrés de Claramonte (siglo XVII) y José Zorrilla en el siglo XIX–, y el comendador del castillo de Montizón en Villamanrique, eternizado en las coplas de su hijo Jorge Manrique, allá por el final de la Baja Edad Media.

Son protagonistas también los eclesiásticos de Villanueva de los Infantes vinculados al Renacimiento: santo Tomás de Villanueva y Antonio de Molina y Huelva, fallecido en la Cartuja de Miraflores, ambos autores cumbre de la literatura religiosa del siglo XVI y el primero de ellos esperando ser considerado doctor de la Iglesia Universal.

El desarrollo del Humanismo renacentista también echó raíces en esta tierra de la mano de Bartolomé Jiménez Patón –de Almedina–, gramático que enseñara en la Casa de los Estudios, Universidad Menor de Villanueva de los Infantes, Pedro Ambrosio de Ondériz, Pedro Collado Peralta y Diego Ramírez –de Villanueva de los Infantes– y Fernando Ballesteros Saavedra –de Villahermosa–. Cobran igualmente protagonismo los grandes del Barroco: Gerónimo Salas de Barbadillo, el inconmensurable dramaturgo Lope de Vega –especialmente su obra *El galán de Membrilla*–, y el inigualable poeta conceptista Francisco de Quevedo, que vio languidecer su vida en Villanueva de los Infantes, donde escribió su famoso soneto al postrer día. Él mismo, Quevedo, se convertiría con el tiempo en *El caballero de las espuelas de oro*, personaje y obra de Alejandro Casona estrenada en 1964 y que le ata a un destino resuelto en Villanueva de los Infantes en el séptimo cuadro de la representación. Igualmente es recordado Juan Cueto y Mena, infanteño que vivió en Nueva Granada, donde escribió *La paráfrasis panegírica* para conmemorar la canonización de santo Tomás.

El gran teatro del Siglo de Oro se posó en numerosas ocasiones en el plácido suelo del Campo de Montiel, cobró vida en el antiguo corral de comedias de Infantes, e igualmente lo nombran, lo alaban, lo describen y lo pintan viajeros que han pasado a la historia de la literatura como, por ejemplo, Lorenzo Megalotti, acompañante de Cosme de Médicis III en su viaje por esta tierra en 1668-1669. Tiempo después, también los viajeros románticos del siglo XIX se dejan enamorar, por ejemplo Augusto Floriano Jaccaci en 1890, de cuyo viaje emana su obra *El camino de don Quijote. Por tierras de la Mancha*, ilustrado magníficamente por Daniel Urrabieta Vierge.

Son muchos los autores destacados del elenco literario español de finales del siglo XIX y del siglo XX que vuelven su mirada hacia el Campo de Montiel, especialmente hacia la localidad de Villanueva de los Infantes. La autora hace gala de gestos y citas que lo demuestran: Jacinto Benavente entre 1892 y 1912, José Martínez Ruiz en 1903 a través de su novela *Azorín* –capítulo XIV–, el periodista Francisco Navarro Ledesma en 1905, el poema de Antonio Machado «La mujer manchega» en 1915, el periodista Juan Larreta en 1922-1923, el libretista Federico Romero en La Solana –uno de los autores de *La rosa del azafrán*–, Lorca y su visita con La Barraca en 1933, Pío Baroja en 1935, la carta a su novia Josefina de Miguel Hernández desde Albaladejo en 1936, las crónicas de Víctor de la Serna en 1954 para *ABC* sobre las jornadas literarias en La Mancha en las que participó Miguel Delibes, las alusiones constantes en las novelas de Francisco García Pavón, novelista tomellosero, o la mirada de Antonio Gala tras asistir a la matanza del cerdo en Almedina en 1974. Más recientemente Juan Cruz en 1978, Antonio Rufo en 2011 o la propia Almudena Grandes en *Corazón helado* (2007) hacen alusiones directas o veladas. Es más, con frecuencia los espacios reales del Campo de Montiel han sido seleccionados por diferentes novelistas para situar su trama o parte de ella.

Los autores del siglo XX procedentes del Campo de Montiel, en número extraordinario, son prodigiosamente ordenados por María Ángeles Jiménez para mejor comprensión del lector. Se establecen cinco categorías:

1. Los escritores campomontieleños represaliados o en el exilio durante la dictadura franquista o parte de ella.
2. La generación narrativa nacida en los años 30, 40 y 50 del siglo.
3. La generación narrativa nacida en los años 60 y 70 del siglo.
4. Los campomontieleños vinculados a las nuevas narrativas, cuyo análisis llega hasta 2023.
5. Los poetas campomontieleños y el asociacionismo literario en los últimos decenios.

He aquí, en esta clasificación, donde hallamos una de las grandes riquezas del libro: la divulgación de una gran cantidad de autores y sus obras, de las que, en muchas ocasiones, se fijan argumentos y temática. El lector se encuentra ante una gran avalancha de creatividad donde poder seleccionar, entender y reconocer la calidad literaria de todos ellos. Y así hasta llegar a pleno siglo XXI, donde poetas y narradores en gran número, como ya se ha dicho, terminan de definir el alma literaria del Campo de Montiel.

¿Cómo diríamos, pues, que es este libro? Es evidente que se trata de un recurso informativo de innegable necesidad a partir de ahora. Partimos de una información veraz, tan importante hoy en día, y de una explicación científica de las cosas, que bebe de fuentes y bibliografía muy extensas y fiables. Resulta asombroso el rastreo y el cotejo realizado por María Ángeles Jiménez antes de llegar a su redacción y a sus conclusiones. Queda soterrada una labor inmensa de lectura, comparativa, búsqueda, conocimiento, reconocimiento y valoración de las esencias literarias del Campo de Montiel. Queda escondida esa labor, pero no para el lector inteligente que sabe que se le ofrece una producción excepcional que le permite conocer, reconocer y valorar la valiosa literatura oral y escrita en torno a este espacio geográfico extraordinario. El resultado: un libro denso pero bien ideado, divulgativo, muy claro y nada sesudo, como pudiera pensarse.

Y, finalmente, ¿qué consecuencias tiene o puede tener la publicación de la obra? Pensamos que la primera gran consecuencia es su enorme valor didáctico y docente. Tenemos ante nosotros una herramienta que no debe infrautilizarse en ningún caso y que todo enseñante debe escrutar y poner al servicio de sus aulas. Se trata también de un libro que debe «hacer patria», reforzar lazos de unidad entre los 23 pueblos del Campo de Montiel, entretejer identidades que dan personalidad a sus habitantes, en perfecta sintonía con el resto de La Mancha y de la región castellano-manchega, y en equilibrio enriquecedor con toda España. La literatura nos ensalza y coloca a esta tierra en su lugar, encumbrada como pocas en el pódium de la creatividad hispana.

Orgullosos de la inmortal obra de Cervantes, como no puede ser de otra forma, esta obra, sin embargo, va más allá y reivindica una colección histórica que puede parecer escondida bajo la alargada sombra del *Quijote*, pero que merece ser tenida en cuenta, sin lugar a dudas, por la riqueza humanística que aporta.

La autora de esta obra, consejera numeraria del Instituto de Estudios Manchegos –CSIC–, gran investigadora del Campo de Montiel y de Villanueva de los Infantes, humanista vinculada en cuerpo y alma a la Biblioteca Pública de este, su pueblo, apasionada de La Mancha, ha volcado su trabajo intelectual durante años en la confección de esta obra. Y no podemos sino agradecer profundamente a María Ángeles Jiménez el gran esfuerzo realizado, el cariño que ha puesto en ello, el empeño cargado de paciencia y horas de trabajo, la inteligencia para hilar un tejido de informaciones tan rico y la audacia para abrir los ojos de los lectores y determinarles a conocer y reconocer el empoderamiento literario de una tierra a la que la literatura hizo grande y que, al mismo tiempo, engrandece a la literatura. Muchas gracias.

VICENTE CASTELLANOS GÓMEZ
Doctor en Historia, consejero del
Instituto de Estudios Manchegos (CSIC)

INTRODUCCIÓN

Si difícil era para el profesor de la Universidad de Castilla-La Mancha Luis de Cañigral escribir sobre la literatura de la provincia de Ciudad Real, arduo resulta escribir sobre la literatura de la comarca en el Campo de Montiel. Acercarse a esta desde la perspectiva literaria es un campo casi inexplorado. El trabajo se estructura en cinco capítulos, subdivididos en apartados.

El primer capítulo surge de la necesidad de acercarse al medio y sus implicaciones históricas. Por lo que se hace necesario delimitar el área territorial del Campo de Montiel; conocer a qué se llamó y a qué llamamos Campo de Montiel. La delimitación territorial constituye uno de los mayores riesgos y complejidad; debido a la inexistencia de un consenso generalizado por los distintos enfoques y criterios geográficos, geológicos, históricos, económicos, políticos, etc. a los que han sido sometidos sus límites.

El segundo define el concepto y finalidad de la literatura en general y por ende la literatura regional. La comarca del Campo de Montiel ha servido de referente a obras literarias españolas de todos los géneros desde los orígenes mismos de la literatura; constituyendo una espacialidad literaria por el acervo literario y humanístico en el área de estudio.

El tercero trata de la literatura oral en el Campo de Montiel. Se conserva una copiosa y rica literatura popular de diversos temas. Leyendas y romances ubicados en escenarios evocadores recopilados posteriormente en cancioneros y otros escritos. Estudios recogidos en monografías así lo atestiguan.

El cuarto trata de la presencia del Campo de Montiel en la literatura escrita, siguiendo los movimientos literarios de la evolución histórico-cultural por orden cronológico desde la *Crónica del rey don Pedro,* del canciller don Pero López de Ayala, y en romances. La épica culta y el teatro áureo narraron la muerte de don Pedro I el Cruel acaecida en «el antiguo y conocido Campo de Montiel»; hecho histórico que ha dejado su impronta en la literatura con evocaciones que se prolongarán en el teatro hasta el Romanticismo. En el siglo XV en este enclave geográfico el poeta Jorge Manrique fijaría su mirada en el paisaje para componer algunos de sus poemas. El Siglo de Oro está caracterizado por la presencia de grandes personajes de las artes y de las letras. Una nómina de ilustres literatos enriquecerá con sus plumas estos parajes. En la literatura eclesiástica del siglo XVI sobresale santo Tomás de Villanueva, culminando en el siglo XVII con *El Quijote* de Miguel de Cervantes al elegir este el Campo de Montiel como inicio y fin de las aventuras. Escritores del panorama nacional como Francisco de Quevedo, Lope de Vega, junto con los humanistas Bartolomé Jiménez Patón o Ballesteros Saavedra, convergerán en este espacio con relaciones filológicas y literarias.

Al igual que La Mancha, el Campo de Montiel ha sido y es tierra de paso; santa Teresa de Jesús en su caminar hacia Beas de Segura (Jaén) desde Malagón pasó por Torre de Juan Abad dejando constancia escrita la madre sor Ana de Jesús. La literatura de viajes constituye un género literario, en el que viajeros ilustrados plasmaron por escrito sus testimonios en relatos y crónicas acompañados de pintores y dibujantes, dejando breves descripciones de los pueblos. La travesía de Cosme de Médicis y viajeros románticos como Augusto Floriano Jaccaci dejaron su impronta en sus publicaciones impresas. En la literatura de transición del siglo XIX al XX con crónicas, miradas y guiños literarios, noticias en prensa, y percepciones de escritores del panorama español como Azorín, Jacinto Benavente, Antonio Machado, Pío Baroja, Federico García Lorca y Miguel Hernández, entre otros. Dejando voces y palabras en entrevistas, poemas, epístolas o menciones; aludiendo a un pueblo en particular en sus narraciones o viajes. Otras veces los personajes del relato se moverán y tramarán la acción constituyendo una espacialidad literaria.

A partir de la segunda década del siglo XX, cronistas y escritores cercanos a la comarca plasmaron en sus notas el paisaje, el estado de los pueblos y su devenir; manifestando sus impresiones e incluso reivindicando deseos de modernidad para su progreso, constituyendo las primeras rutas literarias con motivo de sus viajes a la comarca. El libro del viaje *La Mancha a pie,* en 1923, y *Notas apresuradas de un tercer viaje…,* de García Pavón en 1952, son prueba de ello. Concluye esta cuarta parte con un catálogo de autores nacidos o afincados en el Campo de Montiel desde el inicio del siglo XX hasta la actualidad: autores en el exilio, escritores de narrativa y poetas de las distintas generaciones que mantienen o han mantenido relación con el espacio geográfico, evocando el paisaje, acontecimientos, etc. en el proceso creativo literario. Abriendo un paréntesis entre la literatura del exilio y la literatura a partir de los años 30 con dos cuentos de la literatura infantil.

El quinto capítulo es una breve mención a certámenes, encuentros, muestras y revistas de Creación Literaria convocados por grupos literarios y corporaciones locales con el fin de mantener un espacio donde poder divulgar las creaciones literarias en la actualidad.

El solo hecho de escribir comporta una responsabilidad, consciente de ello he intentado recopilar lo que concierne a un espacio social y paisajístico donde la literatura por distintas razones ha originado, ha evocado o ha sido mencionada esta espacialidad que forma el Campo de Montiel una comarca del sureste de la provincia de Ciudad Real. Es cierto que existe un paisaje, unas circunstancias, unas formas de vivir que la literatura ha reflejado en obras, crónicas, miradas, apuntes, noticias, etc. que afecta al vivir y sentir de los autores. Cuenta de ello se da por orden cronológico en el corpus central de este trabajo.

1
EL CAMPO DE MONTIEL

Delimitar el Campo de Montiel histórico conlleva cierta complejidad. Situado geográficamente en el extremo sur de la meseta de la provincia de Ciudad Real, a lo que se une el municipio de Ossa de Montiel, en la provincia de Albacete. Ambas provincias se encuentras en la comunidad autónoma de Castilla-La Mancha. Los historiadores y geógrafos hablan de dos personalidades diferentes pero entrelazadas. Uno de carácter cultural e histórico y otro de origen natural o geográfico. El Campo de Montiel es una comarca integrada histórica y geográficamente en La Mancha (concretamente en la Mancha Baja), a cuya provincia perteneció y está formado por veinte y dos municipios del sureste de la provincia de Ciudad Real. Todos los pueblo en conjunto comparten ser enclaves de dominación santiaguista. Poseen características propias y peculiaridades específicas que la diferencian de otras comarcas limítrofes, aunque, en unión con ellas, participa de elementos comunes que la vinculan a la madre Mancha, de la que recibe ser natural y la existencia histórica administrativa. Su enclave privilegiado en el cruce de importantes vías le hizo ser, desde antiguo, un espacio por el que se cruzaban hombres, ideas y mercancías (Campos 1999, 41).

1.1. EL TOPÓNIMO DE CAMPO DE MONTIEL

Poner de manifiesto las interrelaciones entre el territorio y los nombres de un lugar nos lleva a estudiar una serie de disciplinas auxiliares de la Lingüística. La etimología del topónimo Montiel, localidad y municipio del sudeste de la provincia de Ciudad Real y que da nombre a la comarca se deriva del latín Montĕllus, «montecillo», nombre que hace referencia al cerro cónico o mota en el que se asienta el castillo de Montiel, conocido con el nombre de La Estrella. El nombre o sustantivo muestra la diptongación de la ĕ caída de la vocal final más la derivación del sufijo latino diminutivo –ellus> –iello> –illo (montecillo). Como nombre propio de lugar deriva del nombre común «monte», pasando a ser nombre propio de lugar «Montiel», por la aplicación que de él se hace para señalar la característica sobresaliente del sitio. Antes de ser población, la historia y la geografía estudian lo que allí físicamente se veía, y por ello se nombra un lugar con la palabra que mejor se ajusta a la realidad que se tiene frente a los ojos. Actualmente ya no significa eso y no porque haya cambiado la geografía del lugar, se designa como un lugar de población con un fundamento histórico importante, marcando una secuencia histórica por los asentamientos humanos sobre el territorio de Montiel (hispanorromanos, árabes, etc.). El origen del topónimo Campo de Montiel es un mozarabismo y da nombre a una comarca entera: el Campo de Montiel.

Este nombre se da al término dominado por el castillo de Montiel, cuya área era bastante más reducida que la alcanzada posteriormente, bajo la administración de la Orden de Santiago, convirtiendo esta población en cabeza de comarca, extendiéndose el topónimo a los términos de los castillos de Alhambra, Eznavejor y Algecira. Su límite quedó definido por diferentes acuerdos con la Orden de San Juan en 1237, con Calatrava en 1239 y con el concejo de Alcaraz en 1254, estableciéndose de esta manera los límites por el norte occidental y oriental; por el sur tuvo una continuidad en la Encomienda de Segura de la Sierra. La propia Orden de Santiago, cuando se refería a épocas anteriores a su reconquista, hablaba del «Campo» como de un ente geográfico definido, cuyos límites habían permanecido invariables a través de las épocas; algunos geógrafos han prescindido del aspecto histórico del Campo, y han utilizado su nombre aplicando a la comarca desplazándola algo más hacía el este, basándose en razones de homogeneidad geológica (Corchado 1971, 64).

1.2. ETAPAS E IMPLICACIONES HISTÓRICAS

- Ciclo del Reino de Toledo.
- Ciclo de Castilla la Nueva.
- Ciclo democrático o de Castilla-La Mancha, que tiene su origen en la Constitución de 1978.

1.2.1. El Campo de Montiel en el ciclo del Reino de Toledo

El Reino de Toledo, antigua capital visigoda, no fue un reino independiente, y se incorporó al reino de Castilla. A partir del siglo XV se diferenciarán Castilla la Vieja y Castilla la Nueva, formando parte ambas de la Corona de Castilla. La Orden de Santiago, con sede en Uclés (Cuenca), se extendió por zonas del Reino de Toledo, como fue en el Campo de Montiel; constituyendo el partido administrativo y judicial de este nombre, por agrupar a pueblos pertenecientes a la jurisdicción de la Orden Militar de Santiago (Campos 1999, 42).

Tras la victoria cristiana en 1212 en las Navas de Tolosa los caballeros de la Orden de Santiago obtuvieron del rey Alfonso VIII la «posesión y dominio» de todas las tierras conquistadas y por conquistar en el Campo de Montiel. En 1214 la Orden recibió las fortalezas de Eznavejor y Alhambra. En 1216 consiguió el castillo de la Algecira del Guadiana, enclave situado en las Lagunas de Ruidera y la heredad de la Ossa con el castillo de San

Felices (a partir del siglo XV se llamará «de Rochafrida»). En 1227 Fernando III otorga las fortalezas de la Estrella y de San Polo a la Orden, creando un núcleo de población en Montiel en una unidad política administrativa por la mencionada Orden Militar, quedando Montiel como cabeza del Campo, al que le dio nombre; Alhambra, como segunda cabeza, y Torre de Juan Abad, heredera de Eznavejor, como tercera cabeza. Las tres con sus numerosas aldeas que paulatinamente fueron independizándose; la incorporación de la Ossa vino a difuminar la desaparición de Algecira, y la posterior adquisición de Villanueva de la Fuente, completan la total área geográfica (Corchado 1971, 64).

El territorio de la Orden de Santiago englobaba a varias entidades geográficas denominadas «comunes». Un «común» son asociaciones de pueblos de una misma jurisdicción con fines fiscales y ganaderos. La Orden dividió su territorio en tres «comunes»: el Común de La Mancha (tenía su cabecera en Quintanar de la Orden), el Común de Uclés y el Común de Montiel. El Común de Montiel se fundó en 1338 con su cabecera en Montiel y en 1364 se le concedieron las ordenanzas. Confirmado anteriormente en 1351 por el infante don Fabrique, aclarando que tenía comunidad de pastos con la Sierra del Segura y comprendía todo el Campo de Montiel, por lo que el trazado de fronteras algunas veces es difuso por la multiplicidad de jurisdicciones solapadas y compartidas.

Las juntas del Común de Montiel se celebraban en la iglesia de San Sebastián de Montiel el día de san Miguel de cada año. Esta comunidad se disolvió en 1836 (Corchado 1971, 75). Otra entidad era la Mesa Maestral, un organismo económico, fuente exclusiva de rentas para los maestres concedida en 1271 en el maestrazgo de Pérez Correa. Ruidera era uno de los heredamientos santiaguistas que más rentas aportaba a la Mesa Maestral.

Especial transcendencia en el Reino de Toledo tuvo la guerra civil entre el rey Pedro I y Enrique de Trastámara, que terminó con el fratricidio en Montiel en 1369, alzándose Enrique con el trono de Castilla y comenzando una nueva dinastía reinante, la de los Trastámara.

En la Edad Moderna se empezó a usar el nombre de Partido de Villanueva de los Infantes para designar este Campo, al haberse trasladado de hecho, y más tarde de derecho, la cabeza a dicha población en 1573 con la Vicaría y la Gobernación por Felipe II. No obstante, las juntas siguieron reuniéndose en la parroquia de Montiel, conservando el orden de prelación establecido. El Campo de Montiel, de la provincia de Castilla, estaba formado por veintidós pueblos: Albaladejo (Albaladejo de los Frailes), Alcubillas, Alhambra (Herrera de los Montes), Almedina, Cañamares, Carrizosa, Castellar de Santiago (Castellar de Santiago de la Mata), Cózar, Fuenllana, Membrilla (La Membrilla del Tocón), Montiel, Ossa de Montiel (La Osa o Lahossa), Puebla del Príncipe (La Puebla de Montiel), Santa Cruz de los Cañamos, La Solana, Terrinches, Torre de Juan Abad (Villa de Santiago o Torre Abad), Torrenueva, Torres (Torre de Montiel), Villahermosa (Pozuelo), Villamanrique (Belmontejo de la Sierra) y Villanueva de los Infantes (Jamila y La Moraleja) (Campos 1999, 42).

Con Felipe II se configura formalmente el Campo de Montiel. En la *Relación Topográfica* de Villanueva de los Infantes se incluye al final un mapa del Campo de Montiel; contribuyendo significativamente a la consolidación comarcal de este espacio desde el punto de vista histórico. Este esquema cartográfico será el que seguiremos en esta exposición, mostrado por el geógrafo Fermín Caballero en 1872 para dar a conocer la riqueza de esta fuente documental, olvidada en la Biblioteca Laurentina del monasterio de El Escorial a la consideración de los cervantistas:

> Allá va, pues, el Campo de Montiel, como le delinearon en vida de Cervantes, con treinta años de antelación a la estampa del *Ingenioso Hidalgo*, que el país discurre (Caballero 2005, 372).

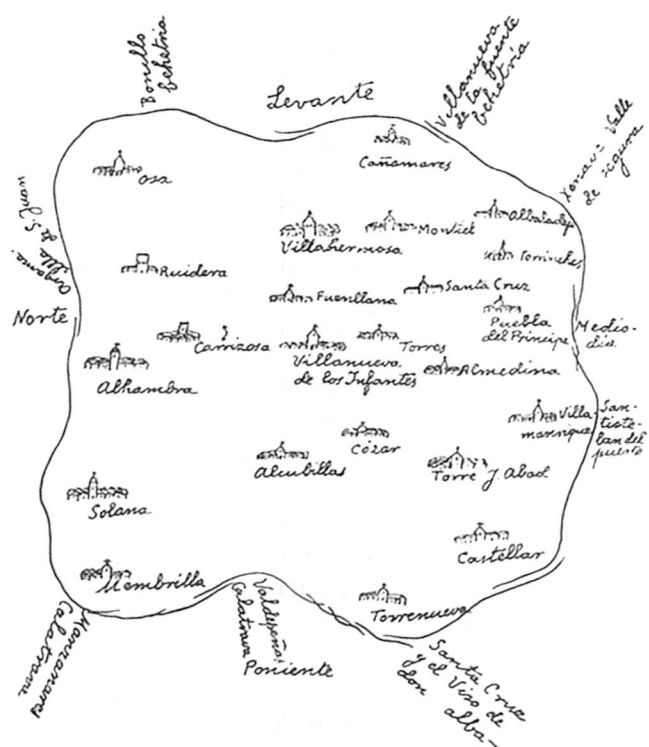

Mapa del Campo de Montiel, *Relaciones Topográficas de Felipe II* (1575).

La importancia de las *Relaciones* para la obra del *Quijote* estriba en el que la información que facilitaron los redactores de las villas de La Mancha, corresponde a la época cervantina. Este será el Campo de Montiel que conocieron los coetáneos de Cervantes. Una comarca en la que el alcalaíno menciona el topónimo con todas las palabras en su novela *El ingenioso hidalgo don Quijote de la Mancha*, como origen y fin de las aventuras de sus protagonistas. Cuando el lector o estudioso se deleita con la novela del *Quijote* no es necesario deducir o imaginar lo que Cervantes quiso decir o hubiera dicho. No, el lector lee Campo de Montiel. La delimitación de La Mancha, escenario de las aventuras de don Quijote, situada en el centro de la submeseta meridional de la Península Ibérica, se distinguía en tiempos de Cervantes entre una Mancha Baja y otra Alta. La Mancha Baja integraba al Campo de Calatrava y al Campo de Montiel, ambos situados junto a Sierra Morena. La Mancha Alta, ubicada al norte de la Mancha Baja, comprendía los Montes de Ciudad Real y las primeras elevaciones de la Serranía de Cuenca.

Geógrafos e historiadores han trazado delimitaciones proporcionando sus propias teorías. El geógrafo Félix Pillet, catedrático de la Universidad de Castilla-La Mancha, considera que en las *Relaciones Topográficas* el concepto de comarca se refiere a un espacio geográfico de percepción popular y no con sentido administrativo.

El historiador y geógrafo Antonio Blázquez, en *La Mancha de tiempos de Cervantes* (1905), señala que el Campo de Montiel comprendía:

> Desde el Ayozo, bastante al sur de Argamasilla de Alba, y cerca de Manzanares y Membrilla hasta Beas, Santisteban y Montizón, en la provincia de Jaén, llegando por Levante a abarcar casi todas las Lagunas de Ruidera, el pueblo de la Ossa de Montiel, la ermita de san Pedro, la cueva de Montesinos y el castillo de Rochafrida [...] el único mapa de España que circula desde 1550 y cuyas ediciones fueron muy numerosas y casi todas anteriores al *Quijote*, sitúa al Campo de Montiel, no en el lugar que le corresponde sino en el E. de Alcázar de San Juan al N. de Minaya, La Roda, Gineta, Albacete y Chinchilla, y al S. de Cañabate (Cuenca) y como es indudable que este mapa estuvo en manos de Cervantes, pudiera explicarse algunas dudas y contradicciones del *Quijote* por error del cual no era Cervantes responsable [...] (Blazquez 1905, 312).

No es de extrañar que con esta cartografía haya habido dudas, contradicciones y errores para situar el inicio y fin de las aventuras del *Quijote*, al verse el Campo de Montiel representado en un espacio desplazado del territorio de La Mancha.

1.2.2. El Campo de Montiel en el ciclo de Castilla la Nueva

Para facilitar la administración, en 1691 la provincia de La Mancha se segregó del Reino de Toledo, incorporando los partidos de Alcaraz, Almagro, Ciudad Real y Villanueva de los Infantes a esta provincia. Se situó la capital en Ciudad Real, aunque durante un breve periodo esta pasó a Almagro (1750-1761). Con la ordenación territorial de Floridablanca, de 1785, se agregaron a la provincia de La Mancha los pueblos de la Orden de Santiago en la Mesa de Quintanar, y en 1799 los pueblos del Gran Priorato de San Juan, desgajados de la provincia de Toledo.

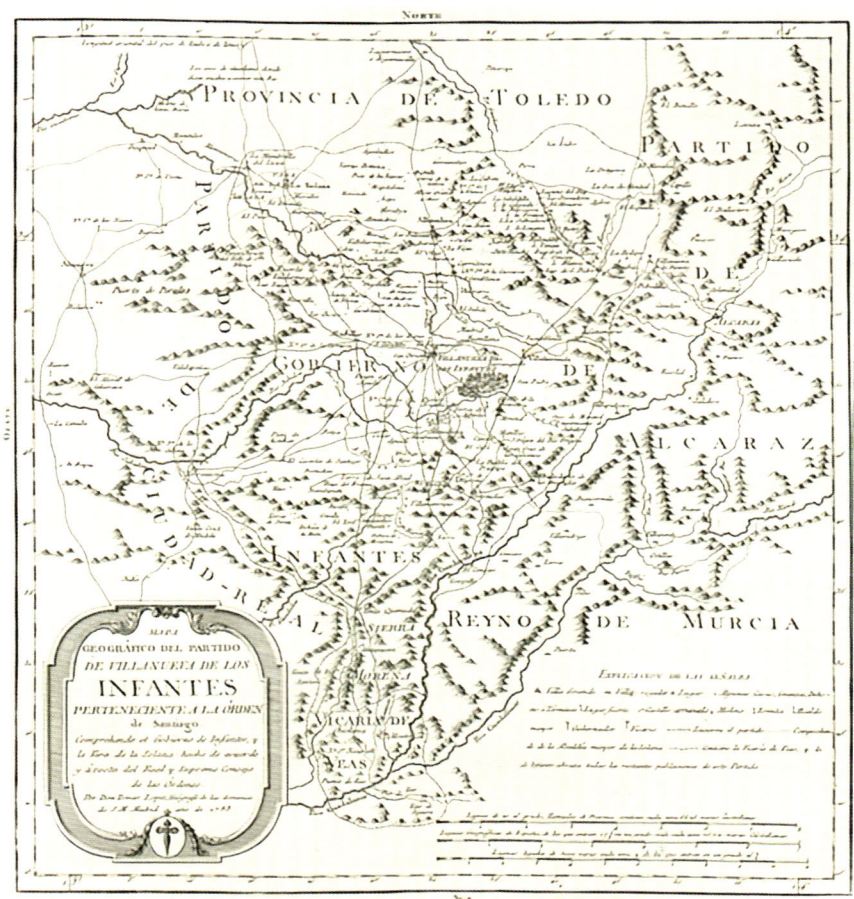

Mapa geográfico del partido de Villanueva de los Infantes, 1783.

En 1789 La Mancha quedó configurada por Ciudad Real (ciudad de realengo, con corregidor), los partidos de Almagro (villa, orden militar, gobernador político, alcalde mayor realengo y el Campo de la Orden de Calatrava), el partido de Villanueva de los Infantes (villa, orden militar, gobernador político, alcalde mayor realengo, de la Orden de Santiago) y el partido de Alcaraz (ciudad, de realengo, con corregidor). Con esta ordenación territorial de Floridablanca quedaron también configuradas las provincias de Toledo y Cuenca, mientras la provincia de Murcia era ampliada hacia el noroeste, ocupando buena parte de la actual provincia de Albacete.

En 1822 se aprobó una nueva ordenación provincial, en la que desaparecía la provincia de La Mancha, sustituida en su mayor parte por la de Ciudad Real y en la que aparecía la nueva provincia de Chinchilla, formada por territorios de las antiguas provincias de La Mancha, Cuenca y Murcia. Sin embargo, el Trienio Liberal cayó en 1823 y con él su ordenación provincial.

En 1833 las provincias de La Mancha, Cuenca y Toledo, junto a las de Guadalajara y Madrid, formaban la región de Castilla la Nueva. Con la reforma de Javier de Burgos la división del territorio español quedo en 49 provincias eliminando la mayor parte de los enclaves propios del Antiguo Régimen. Castilla la Nueva quedó establecida con cinco provincias: Ciudad Real, Cuenca, Toledo, Madrid y Guadalajara; Albacete y Murcia conformaron la región de Murcia. Las únicas modificaciones posteriores de estas provincias fueron el paso de Villena de Albacete a Alicante en 1836, el paso de Villarrobledo de Ciudad Real a Albacete en 1846, y el paso de Requena y Utiel de Cuenca a Valencia en 1851. La provincia de La Mancha cambió de nombre por el de Ciudad Real con nueve partidos judiciales, que se ampliaron inmediatamente a diez, con el de Daimiel: Alcázar de San Juan (8 municipios), Almadén (7), Almagro (7), Almodóvar del Campo (18), Ciudad Real (7), Daimiel (4), Manzanares (6), Piedrabuena (16), Valdepeñas (7) y Villanueva de los Infantes (17). Varios términos fueron segregados y pasaron a los partidos de Manzanares y Valdepeñas. Se distribuyen en dieciséis al partido de Infantes: Albaladejo, Alcubillas, Alhambra, Almedina, Carrizosa, Cózar, Fuenllana, Infantes, Montiel, Puebla del Príncipe, Santa Cruz de los Cáñamos, Terrinches, Torre de Juan Abad, Villahermosa, Villamanrique y Villanueva de la Fuente; a Valdepeñas, Castellar de Santiago y Torrenueva; y al partido de Manzanares, Membrilla, San Carlos del Valle y La Solana (Corchado 1971, 9).

De los municipios del Campo de Montiel histórico corresponden veintiuno a la provincia de Ciudad Real y solo el de la Ossa de Montiel a la de Albacete, en su partido de Alcaraz. San Carlos del Valle es una de las nuevas poblaciones levantadas en el último tercio del siglo XVIII. Existen datos de que existía una modesta ermita en el siglo XVI, la ermita de Santa Elena, sujeta a la jurisdicción de La Membrilla, hasta que se hizo villa en el año 1800.

Gregorio Planchuelo, en su libro *Avance de un estudio geográfico-histórico de Campo de Montiel* (1954), define la comarca como una vasta altiplanicie, algo mayor de lo que históricamente se la considera, formada esta por veinticinco municipios, repartidos entre las provincias de Ciudad Real y Albacete: La Solana, Villanueva de los Infantes, Villahermosa, Torre de Juan Abad, Villamanrique, Alhambra, Cózar, Albaladejo, Carrizosa, Montiel, Alcubillas, Terrinches, Puebla del Príncipe, Almedina, Fuenllana, Santa Cruz de los Cáñamos, Ruidera, Ossa de Montiel. Amplía los límites del Campo montieleño, agregándole Villanueva de la Fuente, El Bonillo, Munera, El Robledo, El Ballestero, Povedilla y Viveros. Suprime algunos pueblos del antiguo Campo de Montiel, como Torrenueva, Castellar de Santiago y Membrilla. Este estudio da uniformidad en cuanto a su aspecto geológico, climatológico y de vegetación. El Instituto Geográfico y Catastral de 1961 presentaba la provincia de Ciudad Real en comarcas naturales: Valle de Alcudia, Rincón de Anchuras, Campo de Calatrava, La Mancha, Campo de Montiel y Llanura de San Juan.

En cuanto a la jurisdicción eclesiástica, que antiguamente era única, como dependiente del Arzobispado de Toledo y de la Orden de Santiago, en su Vicaria de Infantes, pasó también a formar parte en su casi totalidad del Obispado Priorato, con sede en Ciudad Real, salvo el municipio de la Ossa, que siguió la división provincial y continuó dependiendo de la Vicaria de Alcaraz.

1.2.3. El Campo de Montiel en el ciclo democrático o de Castilla-La Mancha, desde 1978

La Constitución de 1978 contempla el nacimiento de las comunidades autónomas. En 1982 el *Estatuto de Autonomía de Castilla-La Mancha* agrupará las provincias de Albacete, Ciudad Real, Cuenca, Guadalajara y Toledo. En su artículo 29 se pronuncia por el reconocimiento de la comarca como «entidad local con personalidad jurídica propia dentro de la provincia».

La Diputación Provincial de Ciudad Real realiza en 1995 un estudio, publicado bajo el titulo *Estimación de los niveles de renta por habitante en los municipios de Ciudad Real*, donde se presenta una comarcalización de la provincia. Aparecen seis comarcas: Alcudia (14 municipios), Calatrava (23), Mancha (19), Montes (16), Campo de Montiel (18) y Sierra Morena (10), figurando San Carlos del Valle y Castellar de Santiago en la comarca del Campo de Montiel.

Desde el punto de vista administrativo, no hay un partido judicial ni una comarca que oficialmente se llame Campo de Montiel. Actualmente no existe esa entidad jurídica propia. Dependiendo del área de interés social, económico, jurídico, sanitario, educación, hidrológico, hacienda, tributos, etc. están mancomunados dependiendo de cada ayuntamiento en unos casos y en otros según el interés de la organización provincial o regional, constituyendo mapas conceptuales de servicios públicos.

Mapa provincial de Ciudad Real. Comarcas. Fuente: Diputación Provincial.

2
CONCEPTO Y FINALIDAD
DE LA LITERATURA

La palabra literatura procede del latín *litterae* (letra) evolucionando a *literatura* con significado de la formación de las letras. La Real Academia Española (RAE) la define como:

> «arte que emplea como instrumento la palabra. Comprende no solo las producciones poéticas, sino también las obras en que caben elementos estéticos, como las oratorias, históricas y didácticas».

También hace referencia al conjunto de producciones escritas de un pueblo, de una época o de un género. Esta definición de la RAE dejaría fuera la literatura de transmisión oral, que es la primera manifestación literaria conocida.

Para María Moliner «la literatura es el arte que emplea la palabra como medio de expresión, la palabra hablada o escrita»; es el arte de la palabra y como todo arte tiene una finalidad estética. Es por tanto un proceso de comunicación que se realiza a través de la palabra ya sea oral o escrita.

Cuando hablamos de literatura, pensamos en un conjunto de textos escritos. Sin embargo, muchos textos literarios se transmiten de viva voz: canciones, poemas, leyendas, etc. Por tanto, podemos distinguir dos formas de literatura:

- La literatura oral, que nace para ser cantada o recitada en público, y se transmite oralmente. Constituye la suma de los conocimientos, valores y tradiciones que pasan de una generación a otra, verbalmente, utilizando diferentes estilos narrativos. Se conserva en la memoria de los pueblos, es de creación colectiva, por lo tanto es anónima; carece de autor.
- La literatura escrita, que nace para ser leída, generalmente tiene autor conocido, se transmite a través de la lectura y tiene forma estable.

Las finalidades de la literatura son:

- Expresar sentimientos, como el amor, la tristeza, la alegría, la soledad, etc.
- Crear belleza mediante el lenguaje.
- Transmitir una enseñanza de tipo moral o práctico.
- Influir en la sociedad mediante la crítica social o el comentario político.

La literatura se puede clasificar por periodos cronológicos como por ejemplo literatura helenística, literatura del medioevo, literatura del siglo XX.

También se puede clasificar geográficamente como por ejemplo literatura griega, literatura americana, etc. Según el estilo narrativo de la literatura se generan los géneros literarios: épica, lírica, dramática, retórica, literatura realista, etc.

2.1. CONCEPTO DE LITERATURA REGIONAL

Técnicamente, el idioma es el instrumento de la literatura y lo que caracteriza a las distintas literaturas. Así se denomina literatura al conjunto de obras literarias escritas en una lengua: literatura castellana, catalana, y gallega. Literatura castellana es el *Quijote*, los poemas de Jorge Manrique, la prosa y poesía de Quevedo o el teatro de Lope de Vega, por ser la lengua castellana el vehículo utilizado. Si es de un país se le denominará literatura española, italiana, francesa, etc., o si es de una época determinada, medieval, renacentista, actual, etc. Por lo tanto, no existe una literatura castellano-manchega como tal, pues técnicamente no se tiene un idioma propio que la caracterice. Es cierto que existe un paisaje, unas circunstancias, unas formas de vivir que la literatura ha reflejado en obras, crónicas, miradas, apuntes, noticias, etc. que afecta al vivir y sentir de los autores.

> [...] Ya que si existe una literatura específica de Castilla-La Mancha, se debe al hecho de que existe un paisaje castellano-manchego. Una forma de vivir, de *estar aquí*, que no puede ser de otro lugar, y que la literatura, sean o no originarias de la región sus creadores, ha reflejado.
> Don Quijote no puede existir en otro paisaje, como ya se encargó Cervantes de advertir ante el taimado intento de Avellaneda de sacarlo de la tierra en la que había nacido, para llevárselo «contra todos los fueros de la muerte» a Castilla la Vieja (G. Porro 1998, 15).

Para la filóloga Encarnación García de León, autora de *La Mancha, un tópico literario* (2006), no existe una literatura castellano-manchega; existe vida, historia, paisaje, nombres, ciudades, novelas, libros de poemas, de viajes, etc.

La literatura regional es un concepto de reciente aparición, que hace referencia a la literatura producida desde un área geográfica y cultural concreta. Es aquella que afecta a la creación literaria que tiene como escenario a una determinada región y también a los escritores nacidos o afincados en ella. Dicho lo cual, entendemos por literatura manchega todo tipo de textos y documentos firmados por autores o que dichos escritos tienen como eje aspectos y vinculaciones con el área de estudio. Como consecuencia de ello se puede encontrar un acervo literario y humanístico en el área del histórico Campo de Montiel.

2.2. ACERCAMIENTO A LA LITERATURA EN EL CAMPO DE MONTIEL

La comarca del Campo de Montiel ha servido de referente a obras literarias españolas de todos los géneros desde los orígenes mismos de la literatura oral y escrita; constituyendo una espacialidad literaria. En la literatura medieval castellana existe una cierta presencia en el Romancero Viejo, siendo citado en la historiografía literaria en el romance de Rosaflorida y en el romance de Fontefrida, en alusión al castillo de Rochafrida en Ossa de Montiel, y en los romances dedicados a la muerte del rey don Pedro I en Montiel.

El acopio de materiales en el ámbito de la cultura literaria nos puede llevar a estudiar esta materia en varias vertientes. Creemos que sí existe una tradición cultural-literaria en este espacio social como paisaje literario. Por un lado, existe una percepción literaria que nos han mostrado narradores y grandes escritores del panorama nacional, viajeros y poetas sobre el Campo de Montiel a lo largo de la historia; autores que aluden al Campo de Montiel en general y a un pueblo en particular como tal sin entrar en detalles ni particularidades. Por otro lado, la recopilación de los materiales literarios nos permitirá acercarnos a la lista de escritores que han nacido o se han afincado en la comarca o han mantenido y mantienen relación con este espacio geográfico, evocando el paisaje o acontecimientos históricos, produciéndose una espacialidad narrativa y poética en el proceso creativo literario.

Es lo que el filólogo peruano Pantigoso ha denominado literatura cercana en espacio y tiempo de dimensiones locales–regionales. La literatura producida por escritores nacidos o radicados en la localidad, vivos o ya fallecidos, que tienen en común la expresión de lo autóctono o el sentimiento de comunicabilidad a partir de los referentes e imaginarios vecinos en el tiempo o en el espacio. Estas proximidades y familiaridades hablan de pertenencia e identidad en cuanto a temas y contextos. También en relación a las diferentes épocas, espacios, usos y costumbres sociales y culturales que se constituyen en conocimiento y en acervo cultural de los pueblos que lo componen.

3
LITERATURA ORAL

La literatura oral nace para ser cantada o recitada en público, se transmite oralmente a través de las generaciones, utilizando aspectos formales de la narrativa tradicional, como son y han sido los mitos, adivinanzas, coplas, etc. A la tradición oral pertenecen los romances, las canciones populares, además de refraneros, cuentos y leyendas. Sabido es que las manifestaciones literarias transmitidas oralmente han sido populares y que las cultas se han transmitido por escrito. En muchas ocasiones las manifestaciones cultas se basan en las manifestaciones populares orales, en temas, estructuras, personajes, etc. Numerosos autores han hecho uso del *Cancionero popular* incluyendo determinadas canciones, leyendas, poemas en algunas de sus obras y aportando una fijación escrita, que probablemente, no hubiera persistido: Miguel de Cervantes, Lope de Vega, Tirso de Molina, Calderón de la Barca, García Lorca, Rafael Alberti, etc.

La educación reglada no ha atendido el uso de estos materiales. La crítica y la filología no han estudiado estas manifestaciones hasta hace poco más de un siglo. En España, Menéndez Pidal consiguió romper la vieja idea que asociaba la poesía popular a la épica dirigida a un público que escuchaba; dejando la poesía lírica para la tradición culta, la que está escrita y exigía una formación literaria y musical. La publicación de un Romancero general hispánico, que incluyera todas las versiones de todos los temas romancísticos existentes en todas las lenguas hispánicas, fue proyectada por Menéndez Pidal en 1910. A lo largo de su vida reunió en su archivo todos los testimonios de romances hispánicos que pudo allegar. La publicación del *Romancero tradicional de las lenguas hispánicas* comenzó a materializarse en 1957. Desde ese año hasta 1985 se publicaron doce volúmenes, que abarcan una parte exigua de los materiales reunidos por Menéndez Pidal, sus colaboradores y continuadores. En 1947, su nieto Diego Catalán, junto con Álvaro Galmés, recogieron romances con el método de encuestas en distintas poblaciones de la provincia de Ciudad Real, contribuyendo a incrementar el archivo del Romancero de Menéndez Pidal y María de Goyri. En el *Romancero tradicional de las lenguas hispánicas* publicado por la editorial Gredos en 1957 se encuentra los romances: «Muerte ocultada», recogido en Montiel, Terrinches, Villanueva de los Infantes y Villanueva de la Fuente; los romances de tema odiseico «La dama y el pastor», en Villanueva de los Infantes, y «Gerineldo», recogido en Villanueva de la Fuente y Villanueva de los Infantes; «La loba parda», en Torre de Juan Abad y Villanueva de los Infantes; y «La condesita», en Villanueva de los Infantes.

El hombre cambia constantemente, y la poesía tradicional, como manifestación de su saber, cambia con él. En la antología de *Romances tradicionales de Ciudad Real* (1999) Jerónimo Anaya recoge versiones de los romances que aparecen en el *Romancero tradicional de las lenguas hispánicas* y en otros romanceros de la provincia; en él aparecen las variantes de los romances de «Muerte ocultada», «La dama y el pastor», «Gerineldo», «La loba parda» y »La condesita», recogidos en el archivo de Menéndez Pidal.

Romance de *La dama y el pastor*[1]

(Y) estando un pastor un día
de amores muy descuidado,
(y) ha llegado una zagala:
Que si se quiere ser casado.
Responde el infame y dice:
—De eso vivo descuidado
tengo el ganado en la sierra
y allí me tengo de ir.
—Pastor, si vienes a verme
(y) el domingo a la mañana,
para que tú te diviertas
te compraré una tartana.
....

Romance de *La Loba parda*[2]

Estando un triste pastor
calzándose las albarcas
vio de venir cuatro lobos
por una triste cañada.
¡Arriba cachorro mío!
al perro para que lo salvara
¡Arriba perro de fama!
si me traes mi cordera
la pella[3] tendrás por cama
y si no me la *traís*
os dará con la zamarra.
¡Arriba cachorro mío!
¡Arriba perro de fama!
cuatro vueltas dio al corral
y no pudo sacar nada
y a eso de las cuatro vueltas
sacó una cordera blanca.
....

El folklorista Pedro Echevarría Bravo recorrió numerosos lugares de La Mancha para recoger canciones líricas y romances. En 1947 se propuso recorrer los pueblos enmarcados en la famosa Ruta del Quijote, entrevistando a gañanes, pastores, campesinos, artesanos, etc., a los que él consideraba trovadores; encontrando y recogiendo la riqueza de la lírica cervantina que todavía pervivía. Entre los campesinos anónimos deja constancia del «hermano» Liebre de Montiel y de la diversidad de romances que se han hecho populares. Alude a las célebres «seguidillas»[4] que el vulgo manchego bailaba y Cervantes recogió en su novela, atestiguando que se bailaba y se cantaba, lo que fielmente se refleja en el capítulo XXIV de la segunda parte del *Quijote* después de haber salido este de la cueva de Montesinos y pasar por la ermita de San Pedro (Ossa de Montiel); acompañado por «el primo» y Sancho se toparon con un mancebito que iba cantando seguidillas y el primo tomó de memoria, que dicen que decía:

> A la guerra me lleva
> mi necesidad
> si tuviera dineros,
> no fuera, en verdad.
> (Cervantes 1990, 765).

En el *Cancionero musical popular manchego* (1951) de Pedro Echevarría Bravo se encuentran incluidos canciones y romances de Alhambra, Albaladejo, Alcubillas, Almedina, Carrizosa, Castellar de Santiago, Cózar, Fuenllana, Infantes, La Solana, Membrilla, Montiel, Ossa de Montiel, Puebla del Príncipe, Terrinches, Torre de Juan Abad, Villahermosa y Villanueva de la Fuente.

Copleja recogida en Membrilla:

> Gañancillo, gañancillo,
> echa los surcos derechos,
> que *también* las *güeñas* mozas
> se fijan en los barbechos.

En Infantes, Echevarría recogió la canción de ronda:

> ¿Te acuerdas cuando me dabas
> la mano por la gatera,
> y tu madre que lo supo
> de rabia mató a la perra?

En esta canción de ronda los novios tienden su manta sobre el suelo y, sentados o tendidos en ella, hablan por la gatera con sus novias. La canción popular está llena de poesía. Echevarría se pregunta en la revista de Tomelloso *Albores de Espíritu* (núm. 4, 1947):

> ¿Y qué moza infanteña, al oír el eco lejano de la Ronda que pasa, no abandona, un poco nerviosilla, la cama, y, ¡ojo avizor!, espía por la celosía

de sus balcones las andanzas de los mozos que van recorriendo las calles del pueblo cantando el típico mayo:

> Despierta si estás dormida;
> tiempo tendrás de dormir
> que mientras abres los ojos
> entra mayo y sale abril?.

De Villahermosa y en Fuenllana, incluye en el cancionero la canción de ronda:

> El que quiera casarse,
> vaya a Viveros,
> que allí piden mozas
> a los mancebos.

Canciones que con orgullo cantan en Villahermosa a la Virgen de la Carrasca:

> San Pedro, si vas al cielo,
> solo te pido una cosa:
> prepárame un «abujero»
> para ver a Villahermosa.

Echevarría en su *Cancionero* afirma que:

> «En la comarca de Infantes, principalmente en Fuenllana, Villahermosa, Montiel y pueblos limítrofes es donde más riqueza lírico-popular tiene la ronda manchega, cuyos interpretes cantan muchas veces a dúo».

Actualmente, Castellar de Santiago junto con Terrinches poseen el mayor corpus de literatura oral del Campo de Montiel. Agustín Clemente Pliego recoge en el *Cancionero popular de Castellar de Santiago* (2018) seiscientas cincuenta y tres canciones populares y tradicionales, recopiladas entre los años 1981 y 1982, cuando la tradición oral aún tenía cierta vitalidad en Castellar de Santiago. Constituye un repertorio extenso e intenso de cantos y coplas pertenecientes a todas las edades y ámbitos de la vida popular. En él está representado el cancionero infantil, las canciones de ronda, los mayos, las canciones de quintos, las murgas, el cancionero religioso, etc. y un elenco de coplas sueltas de temática variada. Las canciones han sido cuidadosamente transcritas y clasificadas con criterios científicos. El libro rescata del olvido un inestimable tesoro de la lírica popular y tradicional del pueblo natal del autor. El otro corpus es de la filóloga María del Mar Jiménez Montalvo en su tesis doctoral *Literatura tradicional de Terrinches (Ciudad Real). Géneros, etnotextos, comparatismo* (2006), donde ofrece una panorámica general de la literatura tradicional de Terrinches. Incluye todos los géneros literarios de la tradición oral: la canción, el romance tradicional y vulgar, la oración, los enigmas (la adivinanza y el acertijo), el trabalenguas, el brindis, el pregón, el dictado tópico, las paremias (el refrán y el dicho popular), el cuento y la leyenda. Los textos constituyen una gran variedad de temas y motivos literarios. Hace un estudio comparativo de cada uno de los textos buscando las posibles fuentes o paralelos con otros textos antiguos y/o modernos. Tras su análisis concluye afirmando la supervivencia de composiciones literarias antiguas documentadas en la Edad Media y en el Siglo de Oro español. El estudio refleja también la influencia folklórica en la tradición oral de los pueblos vecinos del Campo de Montiel y otras influencias andaluzas, debido a su cercanía física con esta comunidad. A estos autores se une el trabajo *La mitología popular (Campo de Montiel)* (2004) de Carlos Villar Esparza, como parte de la literatura popular oral de los mitos y las leyendas.

3.1. EL ROMANCERO EN EL CAMPO DE MONTIEL

La canción lírica es un texto breve que expresa emociones y sentimientos por lo que regularmente son de temática amorosa. Por el contrario, el romance tiene una estructura narrativa de introducción, nudo y desenlace. El Romancero castellano recoge textos literarios narrativos difíciles de fechar, ya que son anónimos y han sido transmitidos de forma oral de generación en generación. La forma métrica es de versos octosílabos, asonantados con rima en lo pares y sueltos los impares.

En el «Romance de Rosaflorida» aparece el nombre de Rochafrida, castillo donde vive la bella propietaria Rosa Florida, por lo que se considera la primera mención literaria recogida en el Romancero Viejo. El castillo se encuentra situado al norte del Campo de Montiel, al noroeste de la laguna Concejo del grupo de las Lagunas de Ruidera. El castillo es de origen árabe y es conocido con el nombre de San Felices en el término de Ossa de Montiel. Próximo a él se encuentra la ermita de San Pedro, que pasó a ser dominio de la Orden de Santiago en torno a 1210. Dicho castillo se encuentra cerca de la cueva de Montesinos. Literatura e historia confluyen. La fortaleza fue donada por Enrique I a Suero Téllez de Meneses en la villa de la Ossa; una estirpe de gente de frontera, que habían intervenido en la batalla de las Navas de Tolosa. La leyenda afirmaba que en aquella cueva vivió retirado el caballero francés Montesinos. La leyenda arraigó en determinadas zonas de Castilla y pueblos de la Mancha pertenecientes a la Orden de Santiago, cristalizando en los siglos XV y XVI. En los albores del siglo XVI, Fernando Colon lo describe:

> El castillo de Rochafrida está en las riberas del Guadiana, en el Campo de Montiel, a una legua del nacimiento del Guadyana, es un castillo muy antiguo, está

en lo alto del derrocado por la mano del Rey, e está en medio de una laguna en hondo, entre unos cerros altos, e está el asiento en una roca [...] (Colón 1908, 142).

La leyenda del romance relata la pasión de su bella propietaria Rosa Florida por don Teobaldo, es decir Montesinos, culminando en matrimonio. Allí vivieron los amantes hasta el final de sus días.

Los romances del caballero francés de Montesinos empezaron a ser conocidos a principios del siglo XIII, cuando los caballeros juglares franceses acudieron a la cruzada de Alfonso VIII, popularizándose el romance. La primera versión conocida de «Rosaflorida» se atribuye al poeta gallego Juan Rodríguez de Padrón hacia 1440. El topónimo Rochafrida es un galicismo de «rocha» en el sentido de castillo, anterior al siglo XIII. Fue romanceado tanto el castillo como la fuente que se encuentra a sus pies. La dama del castillo casó con el noble francés Montesinos, el cual se encuentra encantado en la cercana cueva que lleva su nombre. Una leyenda carolingia que Cervantes incluyó en el capítulo XXIII de la segunda parte de *Don Quijote de la Mancha*.

¡Oh, mi primo Montesinos!
lo postrero que os rogaba,
que cuando yo fuera muerto,
y mi ánima arrancada.
(Cervantes 1990, 753).

Los muros del castillo fueron arruinándose progresivamente, actualmente los amantes de la poesía evocan aquellos tiempos y a los atrayentes personajes del *Romancero*.

ROMANCE DE ROSAFLORIDA

En Castilla está un castillo,
que se llama Roca Frida:
al castillo llaman Roca
y a la fuente llaman Frida;
el pie tenía de oro,
y almenas de plata fina,
entre almena y almena
 está una piedra zafira;
tanto relumbra de noche
como el sol a medio día.
Dentro estaba una doncella
que llaman Rosaflorida,
siete condes la demandan,
tres duques de Lombardía;
a todos les desdeñaba,
tanta es su lozanía.
Enamórese de Montesinos

de oídas, que no de vista;
una noche estando así
gritos da Rosaflorida.
Oyérala un camarero
que en su cámara dormía.
—¿Qu'es aquesto, mi señora,
que es esto, Rosaflorida?
O tenedes mal de amores
o estáis loca sandía.
—Ni yo tengo mal de amores
ni estoy loca sandía,
Más llevásesme estas cartas
a Francia la bien guarnida.
Diéseslas a Montesinos,
la cosa que yo más quería.
Dile que me venga a ver
para la Pascua Florida.
Darle he yo este mi cuerpo,
el más lindo que hay en Castilla,
sino es el de mi hermana
que de fuego sea ardida.
Y si de mí más quisiere
yo mucho más le daría:
darle he siete castillos
los mejores que hay en Castilla.

Castillo de Rochafrida. Parque Natural de las Lagunas de Ruidera.

El «Romance de Fontefrida» es un romance histórico más lírico que novelesco, aunque haya autores que lo consideran de invención novelesca por su expresión del sentimiento del amor. Se compone de una única estrofa de veintiséis versos. Se publicó por primera vez en 1547 en el *Cancionero de Romances*. Fontefrida es un arcaísmo que sustituye a Fuente Fría. Menéndez Pidal lo considera como una derivación del castillo de Roca Frida. Narra el encuentro entre una viuda y un señor en una fuente llamada Fontefrida, situada junto al castillo de Rochafrida. Relata el dolor de una viuda que ha perdido a su marido hace poco y el desprecio que tiene esta ante un ruiseñor que la pretende. En el poema, la viuda es representada por la tórtola, un ave a la que se relaciona con la fidelidad matrimonial y la soledad. Es una evocación al paisaje del castillo de Rochafrida, bajo cuyos pies se encuentra la fuente de la que mana el agua, procedente del río Alarconcillo en el término de la Ossa de Montiel.

ROMANCE DE FONTEFRIDA

Fontefrida, Fontefrida,
Fontefrida y con amor,
do todas las avecicas
van tomar consolación,
si no es la tortolica
que está viuda y con dolor.

Por ahí fuera pasar
el traidor del ruiseñor,
las palabras que él decía
llenas son de traición:
—Si tú quisieses, señora,
yo sería tu servidor.

—Vete de ahí, enemigo,
malo, falso, engañador,
que ni poso en ramo verde,
ni en prado que tenga flor,
que si hallo el agua clara,
turbia la bebía yo;
que no quiero haber marido,
porque hijos no haya, no;
no quiero placer con ellos,
ni menos consolación.

¡Déjame, triste enemigo,
malo, falso, mal traidor,
que no quiero ser tu amiga
ni casar contigo, no!

Al lado de los géneros liricos narrativos novelescos se produce y se desarrolla una poesía que expresa sentimientos y sensaciones personales. Esta poesía se canta acompañada de melodías musicales. Una muestra del amor cortés que ha perdurado en la lírica popular por estos parajes del Campo de Montiel son los cantos de los «mayos» en la que se utilizan metáforas feudales para celebrar la hermosura, la bondad, el buen juicio, destacando la belleza física de la amada y donde el caballero valiente y cortés lucha por conseguir la atención de su dama, sin conseguirlo. Miguel de Cervantes, en su novela *Don Quijote de la Mancha* en el capítulo XIII de la primera parte, refleja las cualidades de la amada con atributos propios para ensalzar la belleza de Dulcinea; cuando es preguntado por el caballero Vivaldo, en el coloquio que mantienen ambos caballeros sobre los orígenes de la caballería andante. Vivaldo afirma que es esencia de todo caballero andante el estar enamorado y le suplica que le diga el nombre, patria, calidad y hermosura de su dama. A lo que don Quijote con gran suspiro dijo (Jiménez 2005, 2):

> […] su nombre es Dulcinea; su patria, el Toboso, un lugar de la Mancha, su calidad, por lo menos, ha de ser princesa, pues es reina y señora mía su hermosura sobrehumana, pues en ella se vienen a hacer verdaderos todos los imposibles y quiméricos atributos de belleza que los poetas dan a sus damas; que sus cabellos son oro, su frente campos elíseos, sus cejas arcos del cielo, sus ojos soles, sus mejillas rosas, sus labios corales, perlas sus dientes, alabastro su cuello, mármol su pecho, marfil sus manos, su blancura nieve […] (Cervantes 1990, 132).

En la descripción que don Quijote hace de Dulcinea se aprecia un paralelismo casi exacto con el canto de las «letra del mayo a las damas». Mayos que cantan los mozos de Villanueva de los Infantes a las damas la noche del último día del mes de abril para recibir mayo. Es el «dibujo» de don Quijote a su amada Dulcinea, con los atributos propios para ensalzar la belleza de la dama. Esta poesía o amor cortés posee una terminología propia, la «amada» no es denominada nunca con el sustantivo de mujer, sino «dama»; utiliza metáforas feudales para celebrar la hermosura, la bondad, el buen juicio; es decir las virtudes físicas y morales, características propias del «amor cortés». En estas composiciones líricas el caballero es valiente, esforzado y cortés, el que lucha por conseguir la atención de la dama. Estos mayos son coplas o cantos de amor que se estructuran en cuatro partes: saludo, retrato, nombre a quien se le va a »echar el mayo» y despedida.

La primera estrofa se compone de una licencia a modo de saludo:

> Despierta si estás dormida.,
> Que te vengo a echar el mayo,
> A los últimos de abril
> Y a los primeros de mayo

La segunda es el retrato; descripción en la que exalta la belleza y atributos de la dama:

> Estas son tus cejas
> dos arcos del cielo
> que el sol con sus rayos
> no pudo romperlo.
>
> Esos son tus ojos
> luceros del alba,
> que cuando los abres
> la noche se aclara.
>
> Esa es tu boquita
> perlas de marfil
> tus labios corales
> bello serafín.

Esta descripción de la belleza femenina en la lírica tradicional, debió de instalarse en España a través de la poesía goliardesca medieval conocida bajo el nombre de *Carmina Burana*, un movimiento nacido en el norte de Francia hacia el siglo XII. Estos poetas goliardos en sus canciones de amor se complacen en describir el cuerpo de la amada o *descriptio puellae,* inspirados en el *Cantar de los Cantares* y es que los poetas goliardescos o goliardos eran casi siempre clérigos, es decir conocedores de las Sagradas Escrituras (Simarro 2004, 51).

El Romancero castellano se alimentó de acontecimientos que, por su dramatismo, impresionaba al pueblo y llevaban de lugar en lugar la noticia y la emoción del suceso. El fratricidio de Montiel —Enrique de Trastámara dio muerte a su hermano Pedro I de Castilla en 1369— supuso un importante cambio en la política de Castilla. Son cantos noticieros que informaban de lo que pasaba y que muchas veces pretendían crear un estado de opinión, de simpatía o de antipatía respecto a varios personajes. El «Romance del rey don Pedro el Cruel» es la lucha entre Pedro I el Cruel y Enrique de Trastámara, un hecho rigurosamente histórico y cuyo dramatismo suscitó un ciclo de romances. A partir del siglo XVI algunos «romances viejos», que datan por lo general de fines del siglo XIV y XV, se imprimieron en ediciones de una o muy pocas hojas; son los llamados «pliegos sueltos» y se reunieron en cancioneros (Riquer 1984, 259).

3.2. LEYENDAS EN EL CAMPO DE MONTIEL

El «Romance de Rosaflorida» se afianzó en relatos y leyendas. La leyenda se encuentra recogida en la *Relación Topográfica* de La Solana de 1575, donde el informante plasma fidedignamente la leyenda de Montesinos en la cueva donde vivió retirado. Veinticinco años antes de que Cervantes inmortalizará este paraje, los redactores recogen la leyenda de Montesinos y de la bella dama:

> […] A la parte de levante en una laguna que se dice que no tiene mucha agua y que en agosto se suele apocar y enjugar y que no quedan sino agua-chares hay una fortaleza en medio de la dicha arruinada, el edificio della que comúnmente se llama en esta tierra el castillo de Rochafrida donde dicen que antiguamente estuvo una doncella que llamaron Rosaflorida muy hermosa y siendo señora de aquel castillo la demandaron en casamiento duques y condes de Lombardía y otras partes estrañas y a todos los despreció e oyendo decir nuevas de Montesinos se enamoró del y lo envió buscar […] y se casó con el que era hombre de notable estatura… y que en aquel castillo vivieron juntos […] y cerca… esta una cueba… de Montesinos… esta el dicho heredamiento y lo demás en termino de Alhambra termino común a la dicha villa de la Solana y a las otras de la Orden de Santiago (Campos 2009, 871).

Esta espacialidad real es narrada por Miguel de Cervantes[5] en el capítulo XX de la segunda parte del *Quijote*. Capítulo donde se describe cómo, antes de ir don Quijote a la cueva de Montesinos, asiste a una boda en la que acudieron gentes de toda la comarca, hubo bailes, danzas y juegos para amenizar la pomposa ceremonia. Después de terminar la boda, don Quijote mostró su deseo de bajar a la cueva de Montesinos; cueva que se encuentra, como queda dicho, en el Parque Natural de las Lagunas de Ruidera. Un heredamiento de propiedad santiaguista, descrito en el capítulo XXIII, a la que se llega desviándose en la laguna de San Pedro. Bajando a ella se puede admirar las «cosas que el entremado don Quijote contó y que había visto en la profunda cueva de Montesinos, cuya imposibilidad y grandeza hace que se tenga por aventura y por apócrifa» y «de quien desde siempre tantas y tan admirables cosas en aquellos contornos se contaban». Siguiendo los pasos del hidalgo, se llega a una sima, bajando al interior «a la derecha mano, se hace una gran concavidad y espacio capaz de caber en ella un gran carro con sus mulas». Cervantes era consciente de los ecos mágicos y proféticos que el Campo de Montiel tenía, gracias a las leyendas y romances.

Las leyendas son narraciones populares que cuenta un hecho real o fabuloso adornado con elementos fantásticos o maravillosos del folklore, que en su origen se transmite de forma oral. Cualquier momento es oportuno para su relato, cumpliendo funciones sociales, morales y de orientación del comportamiento de un grupo. Agustín Clemente Pliego recoge en su libro *Tesoros encontrados en Castellar de Santiago y aledaños: de la leyenda a la realidad* (2018) leyendas que se han transmitido de modo tradicional de un pueblo a otro mezclándose y superponiéndose a estratos previos. Así lo ilustra con la famosa leyenda castellana de «La Encantá». Dice la leyenda popular que el día de san Juan sale de las entrañas de la tierra una mujer de belleza enigmática y cabellos rubios, que utiliza un peine de oro y hechiza o mata a todo aquel hombre que ose mirarla. Esta leyenda en Villanueva de los Infantes se conoce por «La leyenda de la Mora», aludiendo a un paraje conocido como «La Mora», donde se aparece «la encantá».

> Cuenta la leyenda que en el amanecer del día de san Juan se aparece una reina mora que estaba encantada... cuando los rayos de sol se hacen notar en la cueva de la Mora, aparece la joven Moraima y se peina los cabellos con un peine de oro, mientras un joven la observa desde la peana (Popular).

Debido al carácter migratorio de las leyendas, producido por contacto y mezcla de los pueblos o grupos de personas pertenecientes a grupos distintos, la «existencia» de la encantada aparece en distintos puntos de cada localidad, donde en diversos lugares del Campo de Montiel: Alcubillas, Torrenueva, Castellar de Santiago, Villamanrique o Torre de Juan Abad, la leyenda aún pervive.

4
LITERATURA ESCRITA

La literatura escrita nace para ser leída. Generalmente es de autor conocido y se transmite a través de la lectura; es recibida por los lectores junto a un libro. Los autores se valen de la palabra escrita para exponer sensaciones, descripciones, narraciones reales o ficticias para dar a conocer acontecimientos de interés social, histórico, etc. La forma de expresión es verso o prosa; su realización se manifiesta en géneros literarios. La mayoría de los textos son ficticios, tienen un estilo creativo propio, utilizando recursos literarios. No se basan en datos objetivos, sino que reflejan subjetivismo, reflejando la perspectiva del autor. También entran las obras con elementos estéticos como la oratoria, la historia, la didáctica, la crónica, etc.

La literatura se nutre tanto de obras literarias como del estudio de dichas obras. Los estudios y críticas literarias a su vez producen ensayos, reseñas literarias, análisis, teoría, interpretaciones comparadas, tejiendo una serie de relaciones entre las obras literarias. La comunidad literaria de escritores, académicos,

Dos maneras de escribir. Fotografía de Anna Muntada Sagrado.

críticos, lectores serán quienes definen, evalúan, validan y estudian lo que entra en el mundo de la literatura.

Si el arte en el Campo de Montiel se cifra con las fortalezas-templos de la arquitectura de la Orden de Santiago; en la literatura los escritos históricos del cuatrocientos por el canciller López de Ayala marcarán el inicio de la literatura escrita en el Campo de Montiel. La muerte del rey Pedro I de Castilla en Montiel es descrita con gran dramatismo en *La crónica del rey don Pedro*; convirtiendo la historia en el núcleo narrativo.

4.1. «EL CONOCIDO Y FAMOSO CAMPO DE MONTIEL»

La presencia del Campo de Montiel no empieza ni termina en el *Quijote*, El antiguo Campo de Montiel era «conocido» probablemente por los romances que narraban la muerte de don Pedro I el Cruel a manos de su hermano don Enrique de Trastámara, y que don Quijote debía de saber de carrerilla. De entre ellos acaso el más difundido fuera el que compiló Lorenzo de Sepúlveda en su *Cancionero de romances* en 1584 (Canseco 2017, 321)*:*

> Mas estando en Montiel
> lo ha muerto ese su hermano,
> son Henrique se llamaua
> y por el rey se ha coronado.
> Fue España muy alegre.
> a Dios está alabando,
> los que él viviendo eran tristes
> con su muerte se han gozado.
> (Sepúlveda 1967, 243).

La importancia histórica del hecho acaecido en Montiel es citada en la historiografía literaria de romances recogidos en diversos cancioneros. Gómez Manrique (1412-1490) lo recoge en *Regimiento de Príncipes* y en la épica culta Bernardo de Balbuena (1562-1627) en su obra *Bernardo o victoria de Roncesvalles* (1624) donde intercala una referencia en el discurso que Malgesí le dedica a la monarquía española:

> Mas ya volved la vista a la otra parte
> De aquellos campos de tejido acero,
> A quien nombre dará el sangriento Marte
> Con timbre ilustre al siglo venidero:
> Calatrava y Montiel, en quien, si el arte
> De Merlín no se engaña, un rey severo,
> Que él allí llama tragadora arpía,
> Morirá a manos de su hermano un día.
> (Balbuena 1866, 312).

Victoria de don Enrique y Bertrand Duguescelin sobre don Pedro el Cruel de Castilla en Montiel en 1369. Miniatura de Jean Froissart (siglo XV). Fuente: Wikipedia.

En el siglo XVI Andrés de Claramonte, en el XVII Calderón y en el XVIII Zorrilla, el tema del monarca y el fratricidio cometido en Montiel será un tema muy recurrente en el teatro dramático (Canseco 2017, 321-331). En el siglo XIX el escritor romántico duque de Rivas escribirá el romance «El castillo de Montiel», basado en la *Crónica de don Pedro* de López de Ayala. El relato se centra en la lucha fratricida de los hermanastros por el trono castellano. Tras la sangrienta batalla de Montiel, Pedro se refugió en su fortaleza. El futuro Enrique II, ayudado por el francés Duguescelin, atrae con engaño a la tienda de este a su enemigo para posibilitar la fuga. Entonces se produjo el encuentro de ambos contendientes que se enzarzaron en una pelea cuerpo a cuerpo hasta caer en tierra quedando encima el rey Pedro. Pero Bertrand Duguescelin, con la fuerza de su mano, hizo que Enrique quedase sobre su hermano, diciendo: «Ni quito ni pongo rey, pero ayudo a mi señor». Momento que aprovechó el de Trastámara para apuñalar al desdichado Pedro, que pasaría a la historia con el sobrenombre de «el Cruel». El castillo de Montiel y sus aledaños es el escenario donde se desarrollaron los hechos.

El fratricidio. Romance Segundo. El Castillo.

[…] Inútil montón de piedras,
de años y hazañas sepulcro,
que viandantes y pastores
miran de noche con susto,
cuando en tus almenas rotas
grita el cárabo nocturno,
y recuerda las consejas
que de ti repite el vulgo;
escombros que han perdonado,
para escarmiento del mundo,
la guadaña de los siglos,
el rayo del cielo justo;
esqueleto de un gigante,
peso de un collado inculto,
cadáver de un delincuente
de quien fue el tiempo verdugo;
nido de aves de rapiña,
y de reptiles inmundos
vivar, y en que eres lo mismo
de lo que eras ha cien lustros;
pregonero que publicas
elocuente, aunque tan mudo,

Castillo de la Estrella, Montiel.

que siempre han sido los hombres
miseria, opresión, orgullo;
de Montiel viejo castillo,
montón de piedras y musgo,
donde en vez de centinelas
gritan los siniestros búhos,
¡cuán distinto te contemplo
de lo que estabas robusto,
la noche aquella que fuiste
del rey don Pedro refugio!
[…] (Rivas 1976, 86-95).

4.1.1. *Crónica* de Pero López de Ayala (Álava, 1332-Calahorra,1407)

La crónica es un género literario de recopilación de hechos históricos narrados en orden cronológico según los tiempos relatados. El noble cronista castellano Pedro López de Ayala escribió las crónicas de cuatro reyes: Pedro I (1350-1369), Enrique II (1366-1379), Juan I (1379-1390) y Enrique III (1390-1406); recogidas bajo el título de *Historia de los reyes de Castilla.* El valor documental de estos cuatro libros está corroborado por los historiadores que recurren a las crónicas como parte de la Historia de la Literatura.

De las cuatro crónicas destaca la dedicada a Pedro I, llamado «el Cruel» por unos y «el Justiciero» por otros. Para justificar la muerte violenta del rey, se decía que don Pedro había sido un tirano y se ordenó escribir una crónica en la que aparece como un personaje vengativo y avaricioso. Otros, al contrario, creían que el autor de la crónica manipuló la verdad siendo don Pedro defensor de los débiles, castigando a los nobles; siendo un monarca justiciero, dando origen a una amplia y polémica literatura entre los partidarios de uno y otro rey.

El canciller, de familia noble y rica, había participado en la Corte desde muy joven, sirvió al rey Pedro, primero como doncel y luego como capitán en las guerras contra Aragón y contra Enrique de Trastámara; cuando la crueldad y la arbitrariedad se hicieron injustificables, él y otros notables castellanos se unieron al bando sublevado formando parte de las fuerzas de don Enrique. Se encuentra, por tanto, entre los enemigos del rey Cruel y cuenta en su *Crónica del rey don Pedro* cómo fue muerto a puñaladas en el castillo de Montiel por su hermanastro don Enrique, quien obtuvo el trono de Castilla después de cometido el fratricidio.

De cómo el rey don Pedro salió de Montiel, é morió.

El rey don Enrique, desque ovo desbaratado la pelea de Montiel, é vió al Rey don Pedro acogido al castillo que ý era, puso muy grand acucia en facer cercar con una pared de piedra seca al lugar de Montiel, é otrosi puso muy grandes guardas d día é de noche en derredor por rescelo que el rey don Pedro non se fuese de allí. E asi fue que estaba y con el rey don Pedro en el castillo de Montiel un Caballero que decían Men Rodríguez de Sanabria. […]

E en tal manera se fizo, que finalmente el rey don Pedro, porque estaba ya tan afincado en el castillo de Montiel que non lo podía sofrir, é algunos de los suyos se venían para el rey don Enrique, é otrosi porque non tenían agua si non poca, por esto, é con el esfuerzo de las juras que le avían fecho aquellos con quien Men Rodríguez tratara este fecho, aventuróse una noche, é vínose para la posada de mosén Beltrán, é púsose en su poder armado de unas fojas, é en un caballo. E así como allí llegó descavalgó del caballo ginete en que venía dentro en la posada de Mosen Beltrán, é dixo a mos´rn Beltrán: «Cavalgad, que ya es tiempo que vayamos». E non le respondió ninguno, porque ya lo avían fecho saber al rey don Enrique como el rey don Pedro estaba en la posada de Mosén Beltrán. Quando esto vió el rey don Pedro dubdó, é pensó que el fecho iba á mal, é quiso cavalgar en el su caballo ginete en que avía venido; é uno de los que estaban con mosén Beltrán travódél, é díxole: «Esperad un poco». E tóvole, que non le dexó partir. […] E allí morió el rey don Pedro a veinte e tres de marzo deste dicho año; e fue luego fecho grand ruido por el real, una vez diciendo que se era ido el rey don Pedro del castillo de Montiel, e luego otra vez en cómo era muerto. […]

Batalla de Montiel. El rey Pedro I y Enrique de Trastámara. Miniatura de la *Genealogía de los reyes de España*, de Alonso de Cartagena (1643), Biblioteca Nacional, Madrid.

E luego sópolo el rey don Enrique, que estaba ya apercebido é armado de todas sus armas, é el bacinete en la cabeza, esperando este fecho. E vino alli armado, é entró en la posada de mosén Beltrán: é así como llegó el rey don Enrique, travó del rey don Pedro. E él non le conocía, ca avía grand tiempo que non le avía visto: é dicen que le dixo un Caballero de los de mosén Beltrán: «Catad que este es vuestro enemigo». E el rey don Enrique aun dudaba si era él: é dicen que dixo el rey don Pedro dos veces: «Yo só, yo só». E entonces el rey don Enrique conoscióle, é firióle con una daga por la cara: é dicen que amos á dos cayeron en tierra, é el rey don Enrique le firió estando en tierra de otras feridas. E allí murió el rey don Pedro (cap. VIII, *Crónica del rey don Pedro*, 551-557).

Para el catedrático de literatura Gómez Canseco el Campo de Montiel es un paraje mágico por la dimensión mágica recogida por Sebastián de Horozco (1510-1578) en el libro *Proverbios,* que glosó las profecías atribuidas a Merlín con respecto a la muerte del rey don Pedro: explicando que «se dice como por via de maldiçion como quien dice 'vaya y nunca venga'», encontrando su origen de este proverbio en la batalla de Montiel. Pero López de Ayala incluyó la profecía en la crónica de don Pedro. Las profecías de Merlín se habían convertido en un corpus abierto en la literatura medieval española de los siglos XIV y XV. Magia, prodigio y profecía convergen con el nombre de Montiel.

4.2. SIGLO XV

Durante el siglo XV, a lo largo de los reinados de Juan II y Enrique IV, los conflictos se intensificaron. No en vano, Jorge Manrique murió guerreando a favor de la que sería Isabel la Católica. Cayó herido en un ataque al marqués de Villena, partidario de doña Juana la Beltraneja. Jorge Manrique escribe las *Coplas por la muerte de su padre* en una época de transición, donde declina la Edad Media y comienza el Renacimiento. Aparece la nostalgia de un tiempo a otro. El poema refleja la fugacidad de la vida y el poder igualatorio de la muerte.

4.2.1. Jorge Manrique (¿Paredes de Nava? o ¿Segura de la Sierra?, 1440-Santa María del Campo, 1479)

Los historiadores no descartan que el lugar de nacimiento del poeta fuera Segura de la Sierra (Jaén), sede de la Encomienda de la Orden de Santiago, de la que su padre era comendador y por tanto su lugar de residencia, de donde le viene su vinculación con este territorio del Campo de Montiel. Este enclave geográfico y social del Campo de Montiel ha sido recreado con miradas literarias, espacios, tiempos y paisajes donde lo local se ha hecho universal, pasando a la historia de la literatura. En el reinado de Enrique IV sobresale el poeta Jorge Manrique. hijo del comendador de Montizón, don

Retrato imaginado de Jorge Manrique, por Juan de Borgoña. Fuente: Wikipedia.

Rodrigo Manrique, al que dedicó su más célebre composición poética *Coplas por la muerte su padre* (1476). Las coplas, como poesía tradicional, es una biografía exaltadora del maestre don Rodrigo, estimable poeta también, aunque su hijo no hiciese alarde. Hermano de don Rodrigo y tío del poeta es el también poeta y dramaturgo Gómez Manrique. Las *Coplas* están consideradas como uno de los grandes poemas de la lírica medieval castellana.

La Encomienda de Montizón comprendía el castillo del mismo nombre en Belmotejo de la Sierra (Villamanrique), Torre de Juan Abad y Chiclana de Segura, en Jaén. Su padre don Rodrigo Manrique es elegido maestre de la Orden de Santiago en 1474.

Como los nobles de su tiempo Jorge Manrique, fue formado en armas. Su primera batalla, a los veintiséis años, tiene lugar en el sitio del castillo de Montizón, donde en 1470 jurará obediencia como comendador de la Encomienda de Montizón al maestre de la Orden de Santiago don Juan Pacheco. En Villamanrique fijó su casa con su esposa doña Guiomar de Castañeda y sus hijos; en esta villa vivió gran parte de su vida, donde debió de escribir varias de sus composiciones poéticas. En la *Relación Topográfica* (1575) de Torre de Juan Abad se indica que el comendador de Montizón Jorge Manrique hizo un retablo noble para la ermita de Nuestra Señora de la Vega.

En la tranquilidad de estas tierras escribió algunos de sus poemas como «Castillo de amor», en donde se reconoce el castillo de Montizón y el río Guadalén que pasa a sus pies, haciendo un paralelismo entre el castillo y su amada.

Castillo de Montizón, Villamanrique.

> [...] La fortaleza nombrada
> están en los altos alcores
> de una cuesta,
> sobre una peña tajada,
> maciza toda de amores,
> muy bien puesta:
> y tiene dos baluartes
> hacia el cabo que ha sentido
> el olvidar,
> y cerca las otras partes,
> un río mucho crescido
> que es membrar[...].
> (Manrique 1978, 147)

> […] En la torre de homenaje
> está puesto toda hora
> un estandarte
> que muestra, por vasallaje,
> el nombre de su señora
> a cada parte; […]
> (Manrique 1978, 230)

Menéndez Pelayo apostilla que el poeta:

«no parece estar en presencia de un castillo alegórico, sino que ve flotar la bandera del comendador de Montizón sobre las torres de su encomienda».

4.3. SIGLOS XVI Y XVII

Tras la unificación y pacificación de los reinos de España, los Reyes Católicos fijaron su normativa política; es uno de los grandes momentos de la historia universal que marcó el paso del mundo medieval al mundo moderno.

Se entiende por Siglo de Oro español a la época clásica del apogeo de la cultura española, esencialmente el Renacimiento del siglo XVI y el Barroco del XVII. Es un fenómeno muy complejo que impregnó todos los ámbitos (arte, filosofía, política, economía, ética, moral, ciencia...). Grandes inventos como la pólvora, la imprenta, el papel, la brújula, etc. Nuevos descubrimientos geográficos y científicos, desarrollo del comercio y de las ciudades. La ciencia también tiene un desarrollo importante por la fructífera relación entre el discurso científico y la lectura crítica de tratados, imponiéndose una nueva mentalidad entre los hombres más cultos.

Villanueva de los Infantes vivió su momento de esplendor renacentista en los siglos XVI y XVII, convirtiéndose en foco de actividades artísticas y culturales al ser proclamada en 1573 capital del Campo de Montiel por Felipe II; momento en el que se establecieron la Vicaría y la Gobernación, surgiendo escritores y humanistas de notable prestigio. En la literatura eclesiástica destacan santo Tomás de Villanueva y fray Antonio de Molina y Huelva, y en la ciencia el matemático y cosmógrafo Pedro Ambrosio de Ondériz, contribuyendo con sus conocimientos a la formación del estado moderno.

La presencia del Campo de Montiel en el Barroco está marcada por autores de la literatura nacional: Cervantes, Lope de Vega y Quevedo, junto a los humanistas Jiménez Patón, Ballesteros Saavedra, Jerónimo de Medinilla, etc. Unas relaciones estudiadas por el filólogo A. Madroñal en su obra *Humanismo y filología en el Siglo de Oro en torno a la obra de Bartolomé Jiménez Patón* (2009).

4.3.1. Literatura eclesiástica

Los historiadores de la literatura devocional coinciden en afirmar que el siglo XVI es el Siglo de Oro de la oratoria española; en otros géneros literarios será en el siglo XVII. Una parte muy importante de la literatura religiosa, devocional o sagrada es la literatura ascética o mística. La literatura religiosa es fuente de inspiración para adentrarse en el mundo de las mentalidades, de las actitudes y las conductas. Los sermones pueden servir como fuente de interpretación de los acontecimientos. No obstante, en la historia de la literatura de la elocuencia sagrada española, en los sermones hay un gran vacío. Merecen ser traídas a la memoria escritores de asunto espiritual; no solo por su obra, sino también por la huella que dejaron por haber sido fuente de inspiración para escritores y poetas. En la literatura eclesiástica del Campo de Montiel destacan dos figuras, santo Toms de Villanueva y fray Antonio Molina Huelva.

SANTO TOMÁS DE VILLANUEVA (Fuenllana, 1488-Valencia, 1555)

Tomás García Martínez, conocido como santo Tomás de Villanueva, fue un gran predicador, teólogo, escritor y religioso agustino español del primer florecimiento del siglo XVI de la literatura ascética.

Su etapa de infancia y juventud (1486-1502) coincide con la formación cristiana en su hogar de Fuenllana y Villanueva de los Infantes. Su personalidad intelectual se inició en el convento de San Francisco de esta última localidad; lugar donde se enseñaba gramática y estudios iniciales de latinidad, donde probablemente asistiría para recibir lecciones durante los últimos años que precederían a su marcha para Alcalá de Henares al colegio o escuela de franciscanos, para pasar en 1508 al Colegio Mayor de San Idelfonso, fundado por el cardenal Cisneros, encontrándose entre los quince primeros colegiales. Será en la ciudad alcalaina y en Salamanca donde se forjará su personalidad intelectual y vocación religiosa como fraile y predicador respectivamente.

En la dimensión de la Historia de la Literatura su vida discurre entre el Renacimiento y el Humanismo (1480-1520); entendido este movimiento como el desarrollo de la cultura humanista de las artes clásicas. El Renacimiento y el Humanismo traerán una nueva espiritualidad marcada por el antropocentrismo, considerando al ser humano como centro del pensamiento. Destacará el sacerdote Erasmo de Rotterdam (1466-1536), el cual en su afán de reformas llegará a cuestionar el cristianismo institucional coincidiendo en principio con el ideal humanístico de la Universidad de Alcalá de Henares. En su obra *Elogio de la locura,* publicada 1511, Erasmo crítica las indulgencias y afirma la necesidad de reformar las costumbres eclesiásticas, defendiendo la purificación del cristianismo. Los hispanistas franceses P. Jobit y M. Bataillon coinciden en cuanto al erasmismo discreto y moderado de santo Tomás cuando

Monumento a Santo Tomás de Villanueva en Villanueva
de los Infantes (1955), obra de Carmelo Vicent.

en sus inicios le llevó a tomar parte de este movimiento en España; lo más
probable es que conociera a Erasmo y a los erasmistas a través de sus libros.

Santo Tomás de Villanueva fue un orador de la lengua castellana.
Marcelino Menéndez y Pelayo lo encuadra en la elocuencia sagrada del siglo
XVI sobre todo por «El sermón del amor de Dios». dedicando esta alabanza
en su obra *Historia de las ideas estéticas*:

> [...] su bellísimo sermón del amor de Dios, uno de los pocos suyos que
> tenemos en lengua castellana, y una de las raras muestras de la elocuencia
> sagrada del siglo XVI *(en su forma directa)*, no pertenece a la estética y sí
> a la filosofía de la voluntad (Menéndez Pelayo 1962, 95).

La historia de la literatura mística en España reconoce al padre fray
Luis de Granada junto a santo Tomás de Villanueva como los dos más grandes
predicadores del Siglo de Oro español, siendo santo Tomás de Villanueva el
único autor del siglo XVI que predica la mística desde el púlpito. Si bien
san Juan de la Cruz, junto con santa Teresa de Jesús, están en la cumbre de

la mística experimental porque fijaron el lenguaje; Agustín Catalán Latorre, profesor de filosofía moral (1894) encuadra a santo Tomás de Villanueva en la ascética con san Juan de Ávila.

La mística es el conocimiento experimental de la presencia divina, en el que el alma tiene como realidad el sentimiento de contacto con Dios (la unión con Dios). La ascética es el intento de llegar o alcanzar a Dios por la vía de la oración y la penitencia, mediante una vida austera y la privación de las necesidades corporales. El escritor ascético escribe una guía de conducta, tratados de moral y consejos para despojar al alma de las ataduras terrenales. El padre José María Torrijos declara que santo Tomás de Villanueva no es un escritor sino un autor que adapta el sermón a sus fines. En el «Sermón segundo del amor de Dios», conservado de su puño y letra en el colegio de Valladolid, en el fragmento sobre la búsqueda de Dios por el alma lo eleva a alturas similares a san Juan de la Cruz:

> [...] El cual, finalmente, voceando por vos deja el mundo y sigue vuestros mandamientos; y entonces, cuando más sois buscados, os escondéis de él, y dejáis al que mucho os ama, y parece que no oís al que da voces. Mas no quisieras cesar, quienquiera que eres; no desmayes cerca de la ciudad; conjura a las hijas de Jerusalén, solicita a los ciudadanos, pregunta a las guardas, y éstas te saldrán al encuentro, ellos te harán dar priesa; y porque más ligeramente corras, te quitarán la vieja; y como los hubieres pasado un poco, hallarás al que tu ánima desea. Pues no pares hasta que te encuentre el tu amado y reciba en sus más dulces abrazos y entonces te deleitarás, entonces quitarás de ti toda tristeza y gozarás de tu deseado bien y esposo tuyo en la gloria del cielo, a lo cual nos lleve el mismo amado y amigo Señor nuestro Jesucristo, el cual con el Padre y el Espíritu Santo vive y reina para siempre jamás. Amén. Fisnis (Tomás de Villanueva 1953, 610).

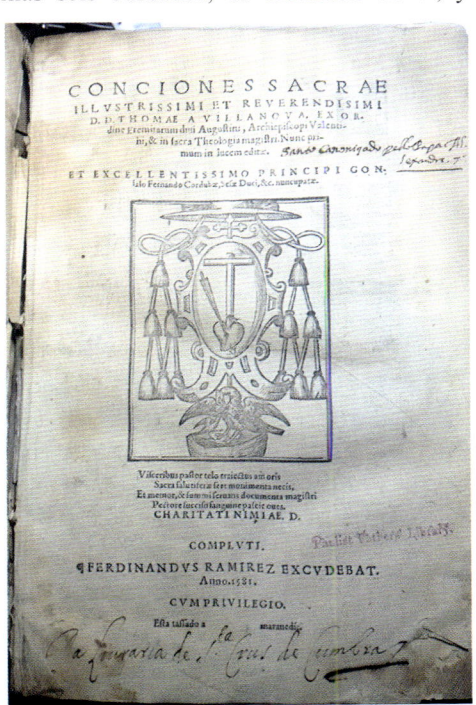

Conciones sacraes. Illustrissimi et reverendisimi D. D. Thomae a Villanouva, ex Ordine Eremitarum diui Augustini... (1581), reedición de la edición príncipe impresa por la Compluti 1581. Propiedad del Ayuntamiento de Fuenllana.

Las «conciones» o sermones de santo Tomás de Villanueva no están fechados. La predicación fue una actividad constante desde sus inicios como religioso y pastoralmente como obispo. La recopilación de su obra culmina entre los años 2010-2015 con los cuatrocientos cincuenta y cuatro sermones publicados en la edición bilingüe (latín y castellano) en diez volúmenes en once tomos, con el título genérico de *Santo Tomás de Villanueva: Conciones*.

Santo Tomás no estaba muy convencido del valor literario de sus *Conciones*. Él no mostró ningún interés en publicar los sermones. Predicaba en romance ya que el latín lo entendía muy poca gente. Antes y después de su muerte hasta finales del siglo XVII, sus escritos se difundieron en copias manuscritas por conventos, seminarios, colegios, aulas universitarias, etc. Prueba de ello es el manuscrito de 1642, procedente del convento de la Cartuja de Porta-Caeli, copiado a mano por el *Venerabilis Doctor ac Presbyter AntoniusTraserra*. Se trata de cinco sermones de santo Tomás de Villanueva que se conserva en la Biblioteca Municipal Quevedo de Villanueva de los Infantes. En la portada luce un bello grabado del santo, adornado de un florido marco, realizado por un miniaturista. En otra hoja del manuscrito hay otra iluminación del mismo estilo, y al pie del grabado se dice que es obra del editor y grabador Cornelis van Tiemen.

Admirado por sus coetáneos y profesado con devoción por su caridad cristiana, la figura de santo Tomás de Villanueva ha sido, en varias ocasiones, fuente de inspiración para pintores y poetas: loas, sonetos, décimas, redondillas,

Manuscrito (1642) de Antonio Traserra. Copia de sermones de santo Tomás de Villanueva. Dos miniadas de Cornelis Van Tiemen. Fotografía de Sobrino Comunicación Gráfica, 2018.

liras y oraciones se han compuesto en loor a santo Tomás de Villanueva. Hay documentos que confirman la existencia de comedias dedicadas al santo: una comedia de Jacinto Alonso Maluenda, perdida, y la de Juan Bautista Diamante, localizada; aunque no existe confirmación de que alguna de las dos obras hubiese sido representada.

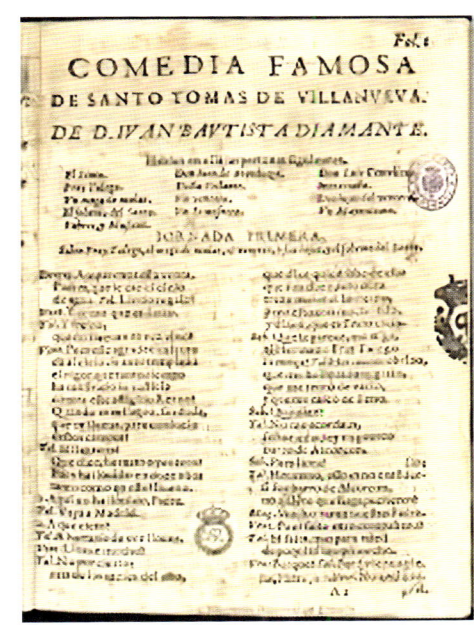

El dramaturgo campomontileño Juan de Cueto y Mena desde Cartagena de Indias dejó dos obras impresas con motivo de la canonización de santo Tomás de Villanueva en1660. El humanista Fernando Ballesteros Saavedra, en su obra el *Regidor cristiano* (1619), exhorta a las autoridades de la villa a que sea nombrado patrón tutelar de Villanueva de los Infantes. El dómine Bartolomé Jiménez Patón le dedica la primera parte de su obra *El virtuoso discreto* (1629); además de relatar en

Portada de la *Comedia famosa de Santo Tomás de Villanueva* (1665), de Juan Bautista Diamante. Fuente: Biblioteca Nacional.

su libro la *Relación de las fiestas a la beatificación de fray Tomás de Villanueva en Villanueva de los Infantes* (1620).

El conceptista don Francisco de Quevedo escribiría la obra en prosa *El epítome de la historia de la vida ejemplar y religiosa muerte del bienaventurado F. Tomás de Villanueva* (1620). Una obra encomendada por el agustino fray Juan Herrera por hallarse cercana la fiesta de la beatificación de fray Tomás de Villanueva en 1618. La compuso apresuradamente en doce días durante el verano de 1620 en conexión con personas que estuvieron próximas al proceso de beatificación en Villanueva de los Infantes. Quevedo ensalza las cualidades de santo Tomás:

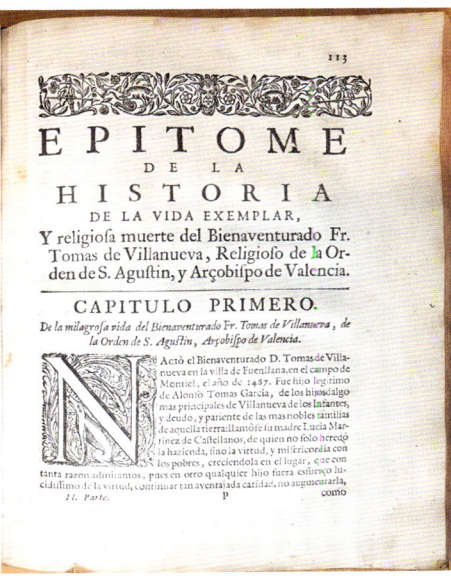

[…] Vivió con tanta pobreza siendo arzobispo, que por muchos años anduvo con el hábito que profesó

Portada de *Epítome de la historia de la vida ejemplar…* (1670), de Francisco de Quevedo.

roto y remendado. Los jubones entretenía mudándoles las mangas. El propio se aderezaba, y tenía hilo y agujas por ahorrar gastos que pudiese excusar con sus manos a la hacienda de los pobres. Los que son cristianos con melindre más que con fervor, tendrán esto por indignidad y excusado ahorro; más no lo entendió así san Pablo, cuando despidiéndose de sus ovejas, protestando la integridad de su oficio, dijo, que sus manos le dieron de comer a él y a los que con él estaban, como se lee en los Actos de los Apóstoles. Aquéllas son manos de obispo católico, y verdaderamente padre de los pobres y pastor de sus ovejas, que reparten entre los pobres la hacienda de los frutos de la iglesia, que trabajando excusan gastos y vanidad, tan culpable en los prelados. De dos camisas que no podían servir, hacía una que servía de silicio. Dos veces vistió de nuevo, y fue del paño más barato que halló en Valencia, y la última vez anduvo con un remiendo en las espaldas tan grande, que movió a los canónigos y cabildo a suplicarle se tratase como arzobispo en su persona y su casa, de manera que le conociesen por tal. Respondió que el ser arzobispo entendía él que era para tratar bien a los pobres, y mirar por ellos y no por sí; que le dijesen el hábito que siendo pobre fraile y arzobispo, administrador de hacienda ajena podía traer, que por darles gusto le traería. (Quevedo 2012, 155-156).

ANTONIO DE MOLINA Y HUELVA (Villanueva de los Infantes, 1550-La Cartuja de Miraflores, 1612)

Si santo Tomás de Villanueva se encuadra en el primer florecimiento de la literatura ascética del siglo XVI, fray Antonio de Molina pertenece a la plenitud del apogeo ascético y místico de finales del siglo XVI y primera mitad del XVII. Considerado un escritor ascético, su obra hace recordar que estamos en el Siglo de Oro de la literatura española, apareciendo al lado de los grandes doctores ascéticos y místicos de España. Es autor de *Exercicios espirituales para personas ocupadas de cosas de su salvación* (1613). Se conocen casi cincuenta ediciones y también fue traducido al latín, francés, italiano y portugués y alguna lengua indígena de Filipinas. Se doctoró en Teología y Cánones y enseñó Teología como lector de su orden en el convento de Soria, donde también era prefecto; posteriormente pasó a la Cartuja de Burgos, donde al morir desempeñaba el cargo de prior, allí está sepultado. Su celebridad es debida a sus escritos.

Escribió en español una celebérrima *Instrucción de sacerdotes* (1608), de la que se conocen casi noventa ediciones, once en la vida del autor, entre ellas tres en Colonia y dos en Amberes. Después de la séptima edición hispalense fue traducida al latín por el dominico Nicolás Jansenio. Se tradujo al francés, inglés e italiano. Se trata de un manual de formación continua para eclesiásticos.

Las obras *Instrucción de sacerdotes* y los *Ejercicios espirituales* fueron muy populares, manuales de formación continua para generaciones de eclesiásticos. Por la calidad y riqueza de su lenguaje la Real Academia le incluyó en el *Diccionario de Autoridades de la Lengua*.

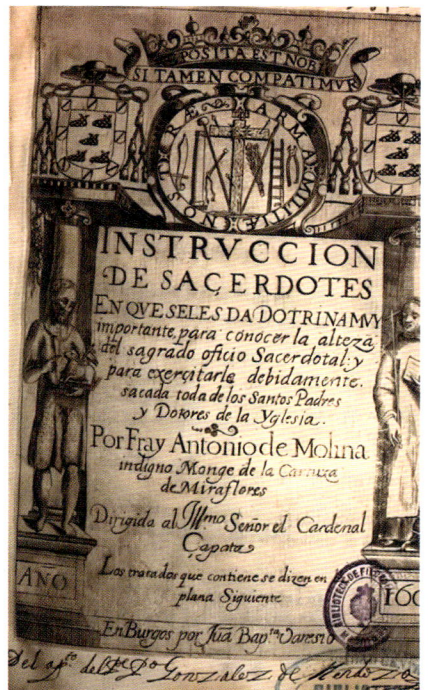 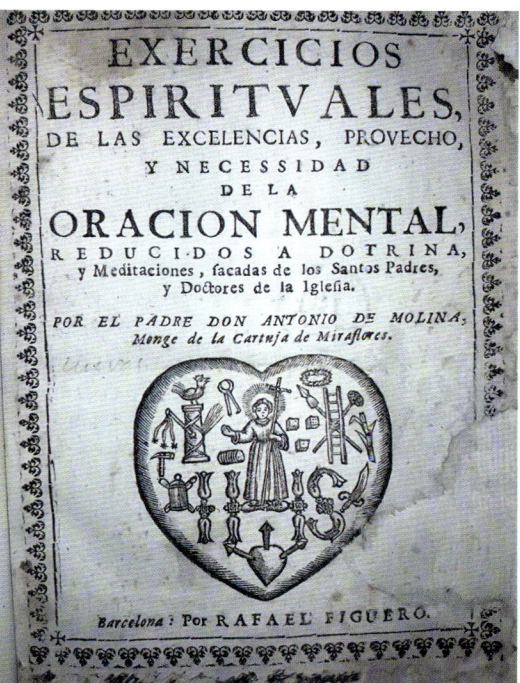

Portadas de *Instrucción de sacerdotes* (1608) y de *Exercicios espirituales* (´613), de fray Antonio de Molina.

4.3.2. El Barroco

Desde finales del siglo XVI y principios del XVII se va transformando el concepto que de lo «bello» tenía el Renacimiento. El arte y la literatura evolucionan hacia formas más complicadas. Será lo que se denominará el Barroco, exaltando los valores individuales que el Renacimiento había descubierto. En España correspondería a los reinados de los Austrias menores: de Felipe III (1598-1621) a Carlos II (1665-1700), tiempo en el que todas las formas de la vida idealista del siglo XVI entran en profunda crisis, dando lugar a una nueva visión del mundo. Esta transformación no supone una ruptura sino un continuo, y aquí se sitúa a Cervantes y a Lope de Vega, cuya acción es revolucionar los géneros que cultivan: novela y teatro. En cuanto a la lírica, incorporará numerosos elementos retóricos, asociados a dos escuelas: el Culteranismo y el Conceptismo, destacando Góngora y Quevedo respectivamente.

En el caso del Campo de Montiel es el momento de gran esplendor, caracterizado por la presencia activa de grandes personajes de las artes y de las letras. Uno de los valores culturales de esta comarca es la vinculación directa de autores que por su convivencia física o imaginaria en estas tierras han pasado a la historia de la literatura: Miguel de Cervantes, Francisco de Quevedo, Lope de Vega, Bartolomé Jiménez Patón, Fernando Ballesteros Saavedra, Jerónimo de Medinilla, etc., como se verá más adelante. Este esplendor literario y cultural arranca con la actividad del comercio del libro en Villanueva de los Infantes a finales del siglo XVI. El ambiente de creación literaria y estima por los libros, la producción y el comercio no se improvisan. En 1572 en esta ciudad está instalado el librero Miguel de Morales. En 1588 este librero mandaría edificar la ermita de San Miguel, colocando en el frontis el escudo del gremio de los libreros, al carecer por su condición social de escudo de armas (Jiménez 2021, 23). La actividad de libreros y mercaderes está documentada: «Véndese en Villanueva de los Infantes en casa de Juan Martínez, librero», se puede leer en el libro del *Perfecto predicador* (1612) o «en casa de Francisco Valverde. Mercader de libros» en el libro de los *Proverbios morales de Heráclito de Alonso de Varros* (1615) de Bartolomé Jiménez Patón (Campos 1999, 1.050).

MIGUEL DE CERVANTES SAAVEDRA (Alcalá de Henares, 1547-Madrid, 1616). Presencia del Campo de Montiel en el *Quijote* y en algunas *Novelas ejemplares*.

En toda recreación literaria es necesario el dónde y el cuándo; el creador actúa a la inversa del geógrafo, mira al territorio. Los geógrafos, por su infinidad de referencias, recurren al uso de la literatura como instrumento de profundización para observar el territorio. Como acción creativa, don Quijote es producto de un territorio. La Mancha y el Campo de Montiel están en la obra literaria *Don Quijote de la Mancha* (1605) de Miguel de Cervantes, evidentemente en un tiempo y lugar histórico. La vida de Cervantes fue una pericia constante en lucha con las circunstancias, que se reflejará en su obra. Las dificultades e infortunios contribuyeron a formar su carácter. Creyó firmemente en los valores del hombre, enfocando su vida con un sereno optimismo. Se le sitúa entre el Renacimiento y el Barroco. Sus obras son una síntesis genial de ambas épocas.

Portada de la primera parte de *El ingenioso hidalgo don Quijote de la Mancha* (1605), de Miguel de Cervantes.

La referencia novelesca a La Mancha en general y al Campo de Montiel en particular en *El Quijote* es muy significativa, aunque la emplease con propósito literario uniendo a su manera el discurso a este espacio. Cervantes inmortalizó La Mancha, región natural e histórica situada en el centro de España, dando a don Alonso Quijano el sobrenombre de don Quijote de la Mancha. Eligió La Mancha y, dentro de ella, un lugar del Campo de Montiel; comarca donde se halla la aldea en la que inicia don Quijote sus aventuras. La cronología de las aventuras de don Quijote es lineal y las alusiones temporales son escasas, aunque en la fantasía del personaje viva en la Edad Media, la época de los caballeros andantes a los que trata de imitar. Según la crítica, Cervantes en su obra solo pretende ridiculizar a dichos caballeros, ya que las novelas caballerescas habían pasado de moda. En el prólogo Cervantes advierte al lector:

> […] ¿Quién duda sino que en los venideros tiempos, cuando salga a la luz la verdadera historia de mis famosos hechos, que el sabio que los escribiese no ponga, cuando llegue a contar esta primera salida tan de mañana, desta manera?: «Apenas había el rubicundo Apolo tendido por la faz de la ancha y espaciosa tierra las doradas hebras de sus hermosos cabellos, y apenas los pequeños y pintados pajarillos con sus arpadas lenguas habían saludado con dulce y meliflua armonía la venida de la rosada aurora que, dejando la blanca cama del celoso marido, por las puertas y balcones del manchego horizonte a los mortales se mostraba, cuando el famoso caballero Don Quijote de la Mancha, dejando las ociosas plumas, subió sobre su famoso caballo Rocinante y comenzó a caminar por el antiguo y conocido Campo de Montiel». Y era la verdad que por él caminaba (Cervantes 1989, 41).

La realidad y la ficción se han mezclado. La marcada influencia cultural de la novela de *El ingenioso hidalgo don Quijote de la Mancha* ha permitido a escritores, poetas e historiadores contribuir y consolidar cierta identidad al hacer referencia expresa a La Mancha en el título, donde una buena parte del desarrollo de la misma se identifica con el Campo de Montiel; entonces una parte importante de la provincia manchega en el Reino de Toledo. La aventura se inicia en un amanecer de la estación veraniega desde un lugar del Campo de Montiel.

La novela comienza:

> En un *lugar de la Mancha*, de cuyo nombre no quiero acordarme, no ha mucho tiempo que vivía un hidalgo de los de lanza en astillero, adarga antigua, rocín flaco y galgo corredor [...] (parte I, cap. I). (Cervantes 1989, 31).

Inicia la primera salida en el Campo de Montiel, no sale del distrito:

> Y comenzó a caminar por el antiguo y conocido Campo de Montiel y era verdad que por él caminaba (parte I, cap. II). (Cervantes, 1989, 41).

Placas de distancias en referencia al "lugar de la Mancha", en Villanueva de los Infantes[6].

La segunda salida la inicia desde el Campo de Montiel, transcurriendo sus aventuras por parajes de La Mancha y Sierra Morena:

> [...] Acertó Don Quijote a tomar la misma derrota y camino, que él había tomado en su primer viaje, que fue por el Campo de Montiel (parte I, cap. VII). (Cervantes 1989, 86).

Don Quijote, cuando vuelve a su pueblo en la segunda salida de la primera parte, se había internado en lo más profundo de Sierra Morena buscando escapar a la acción de la justicia, para regresar de nuevo días después a la venta de Maritornes con motivo del engaño urdido por el cura para recoger a don Quijote y traerlo a su pueblo. Obligatoriamente tuvo que recorrer parte de este último trayecto desde Sierra Morena –Castellar de Santiago– donde se encuentra la Sierra del Cambrón –Torre de Juan Abad, Villanueva de los Infantes– por el Campo de Montiel para volver a su pueblo.

> Pisó por ella el uno y otro lado
> de la gran Sierra Negra, y el famoso
> Campo de Montiel, hasta el herboso
> Llano de Aranjuez, a pie y cansado.
> (Cervantes 1989, 560).

En la segunda parte hace don Quijote la tercera salida comenzando desde el Campo de Montiel. Recorre otros paisajes de La Mancha, vuelve al Campo de Montiel –Lagunas de Ruidera, cueva de Montesinos–, Aragón, Barcelona, vuelta y entrada de don Quijote en su pueblo:

> [...] Y pongan los ojos en las que están por venir, que desde ágora en el camino del Toboso comienzan, como las otras comenzaron en los Campos de Montiel. (parte II, cap. VIII). (Cervantes 1989, 630).

Cueva de Montesinos. Parque Natural de las Lagunas de Ruidera.

Cervantes relata costumbres que, aunque no exclusivas de la comarca, sí son características, como el baile de las espadas en Albaladejo descrita en el capítulo de las Bodas de Camacho; la práctica de curar heridas con romero masticado; cazar con perdigón y hurón; las seguidillas; el lenguaje arcaico de la comarca, etc. En las Lagunas de Ruidera, paraje natural del Campo de Montiel, se encuentra la cueva de Montesinos. Después de terminar la boda, don Quijote mostró su deseo de bajar a la cueva de Montesinos. En la segunda parte, don Quijote bajó a dicha cueva y vivió uno de los momentos más surrealistas de su vida caballeresca. Finalmente, tres días estuvieron con los novios, donde fueron regalados y servidos como cuerpos de rey. Pidió don Quijote al diestro licenciado le diese una guía que le encaminase a la cueva de Montesinos, porque tenía gran deseo de entrar en ella y ver a ojos vistas si eran verdaderas las maravillas que de ella se decían por todos aquellos contornos. El licenciado le dijo que le daría a un primo suyo, famoso estudiante y muy aficionado a leer libros de caballerías, el cual con mucha voluntad le pondría a la boca de la mesma cueva, y le enseñaría las Lagunas de Ruidera, famosas asimismo en toda La Mancha, y aun en toda España (parte II, cap. XXII).

El autor del *Quijote* era consciente de los ecos mágicos y proféticos que el Campo de Montiel tenía entre el público gracias a las leyendas y romances sobre el rey don Pedro. En la novela ejemplar *El Coloquio de los perros* (1613), escenifica la conversación entre dos perros, Cipión y Berganza, que guardan el Hospital de la Resurrección en Valladolid. Berganza, en relato con Cipión, es identificado en el corral por la vieja hospitalera, preguntándole:

> […] ¿Eres tú, hijo Montiel?», «Hijo Montiel, vente tras mí… por lo cual ella se acabó de enterar en que yo era el perro Montiel […] (Cervantes 2009, 336).

También en la comedia de carácter jocoso y burlesco, *El retablo de las maravillas* (1615), unos pícaros, Chanfalla, el propietario del retablo, y su compañera Chirinos, entran en un pueblo con la idea de ofrecer una función teatral de marionetas. Chanfalla se presenta con el nombre:

> […] yo, señores míos, soy Montiel el que trae el Retablo de las maravillas (Gómez Canseco 2017, 330).

Resonancias Literarias de La Membrilla

No será la única mención que haga Cervantes a esta comarca. En la Novela ejemplar de *El licenciado Vidriera* (1613), Cervantes hace mención al vino de La Membrilla, cuando pasados a Italia Tomás Rodaja (licenciado vidriera) y el capitán don Diego de Valdivia, llegados a Génova junto con un hospedero, se pusieron a hacer mención de los vinos que conocían y aquellos que les presentaban entre los que mencionan:

> […] Esquivias, Alanís, Cazalla, Guadalcanal y La Membrilla… Finalmente, más vinos nombró el huésped, y más les dio, que pudo tener en sus bodegas el mismo Baco […] (Cervantes 2009, 48).

Certeramente Miguel de Cervantes tendría conocimiento de esta villa de La Membrilla por sus cinco o seis tiendas de mercería de paños y sedas que se proveían de Toledo, en ella se labraban paños vellorís muy buenos; según indican las *Relaciones Topográficas*. Cervantes realza la descripción de este hidalgo en su vestimenta en el capítulo dieciséis de la segunda parte, con la palabra «galán» en tono de cortesía con que se saludan y después de cuatro días en casa de don Diego, don Quijote decide proseguir su camino a Zaragoza, aunque antes quiere ir a la cueva de Montesinos.

GERÓNIMO SALAS DE BARBADILLO (Madrid, 1581-1635)

Dramaturgo y poeta madrileño, amigo de Cervantes. Ensalza el vino de La Membrilla, tenido como «vino precioso». En su novela picaresca *La hija de Celestina o la ingeniosa Elena* (1612) escribía:

> Musas del cuartel de Baco
> que, desgreñadas, cantáis
> canciones a La Membrilla
> por el buen fruto que da.
> (Salas 1737, 211)

También lo menciona en el libro *Don Diego de noche* (1624), en la epístola octava, cuando se reprende a la lavandera Mencía porque se casó con un lacayo borracho:

> «Mencía, si tu marido supiera que…Todas las mas tardes te vas a Manzanares, y él viene a las noches como si viniera de La Membrilla. Tú tienes por oficio una ocupación aguada, y él por naturaleza un deleite envinado» (Salas de Barbadillo 2008).

Es esta localidad de Membrilla, con marcadas resonancias literarias, la que inmortalizó Lope de Vega en su obra *El galán de la Membrilla*, ensalzando sobremanera los vinos de este pueblo, aludiendo a sus vinateros y bodegas:

> [...] diciéndole, que a comprar
> viene un hombre a Manzanares
> el vino de su bodega,
> y le escribe por saber
> si se le puede vender,
> porque tragina y trasiega
> cuanto hay aquí en Membrilla
> por la corte
> (Lope de Vega 2007, 25).

> [...] El rico vino
> que tienen la Memhrilla y Manzanares
> En el mundo, he pensado
> que no hay un sueño tan dulce y descansado [...]
> (Lope de Vega 2007, 82).

Francisco de Quevedo visitaría Membrilla asiduamente en connivencia con su amigo Lope y el filólogo Bartolomé Jiménez Patón. Son muchos los autores que siguen a Lope o se cuentan entre sus amigos, vivir en el tiempo de Lope es formar parte de un diseño previamente esbozado por Lope. Todo el mundo escucha y amplifica a Lope. Es lo que Gómez-Porro llama «La Lopeada» (Gómez-Porro 1998, 68).

LOPE DE VEGA (Madrid, 1562-Madrid, 1635)

El paso de Lope de Vega por La Mancha y Membrilla queda patente en la redacción de la comedia *El galán de la Membrilla*, escrita en 1615, fecha que coincide con la de la publicación de la segunda parte de *don Quijote de la Mancha*. Esta coincidencia de ambos literatos, en donde ambientan sus obras en unos lugares del Campo de Montiel, se puede interpretar como que Lope intenta con esta comedia restar protagonismo a Cervantes, donde el manco de Lepanto recreó en este territorio su universal novela.

El galán de la Membrilla es una obra de tema amoroso con trasfondo histórico, una comedia realista de costumbres manchegas, ambiente bodeguero y fértiles viñedos; tomados del paisaje local. La acción se desarrolla hacia 1243, después de las conquistas de Córdoba y otras ciudades por Fernando III el

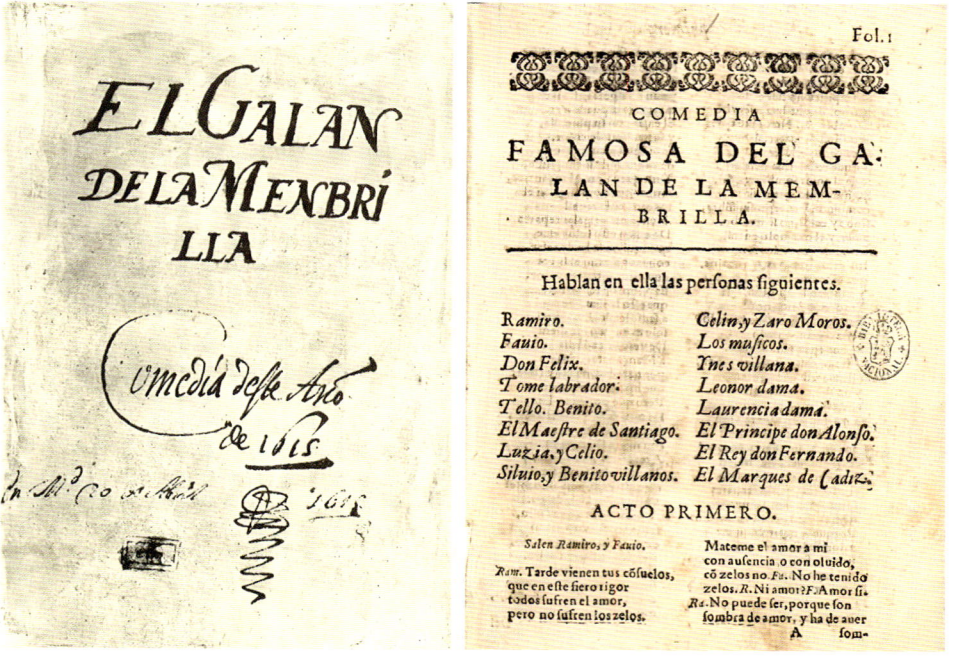

Portadas del manuscrito y de la edición de *El galán de la Membrilla* (1615), de Lope de Vega.

Santo. Momentos en los que este rey y su hijo Alfonso el Sabio mantenían luchas contra los moros en su intento de reconquistar territorios para la cristiandad, en las que participó el protagonista don Félix de Trillo, hidalgo pobre de Membrilla.

Cuenta la comedia *El galán de la Membrilla* la historia de los amores que mantienen dos jóvenes, uno natural de Manzanares, otro natural de La Membrilla, ambas localidades de La Mancha. Lope de Vega parte para la composición de su comedia de una copla tradicional. En la jornada III es cantada por los músicos:

> Que de Manzanares era la niña,
> y el galán que la lleva, de la Membrilla
> El galán hidalgo, bizarro y libre
> Llebóse la niña de los melindres;
> ella fue la Circe de nuestra villa,
> y el galán que la lleva, de la Membrilla.

Monumento a Lope de Vega en Membrilla.

Puede que la copla la oyese Lope en algunos de sus viajes a La Mancha y al Campo de Montiel, o que escuchara el cantar en boca de los trajinantes de Membrilla que tenían puestos fijos en varias plazas de Madrid para la venta de su afamado «vino precioso».

La intriga amorosa es la historia de los amores que mantienen dos personajes: Félix, un hidalgo pobre natural de Membrilla, y Leonor, una dama natural de Manzanares, hija de un villano rico, Tello, propietario de tierras y bodegas. Esto contribuye a dar realismo generalizador al argumento por el ambiente vinatero; aunque Menéndez Pelayo lo califica de realismo costumbrista manchego, al formar parte de los aspectos materiales para la construcción de otros personajes en cuanto a la satisfacción del buen comer y el buen beber. El vino contribuye, de forma importante, a la creación del nudo de la comedia por los enredos y equívocos concretos, facilitando la aparición de momentos cómicos anticlimáticos, ligados a la figura del gracioso.

Menéndez Pelayo con perspicacia señaló la obra *El galán de la Membrilla* de «intrínseca belleza» considerándola como una buena comedia en el género realista. En las «Observaciones preliminares» la elogió con este comentario:

> [...] Esta preciosa comedia no puede calificarse de histórica [...] Acción interesante y sencilla, sin recursos novelescos ni melodramáticos; personajes de mediana condición, más próximos a lo vulgar que a lo heroico; afectos muy humanos sin mezcla de sutilezas caballerescas, ni quintas esencias de honor; Lope de Vega tenía un profundo sentido de la geografía de España... es gran maestro de la comedia regional. En *El galán de la Membrilla* todo es manchego: la tierra seca e inamena [...] los hombres recios, avalentonados, algo sentenciosos, positivos y nada soñadores. De las bodegas, principal riqueza del país. Los principales tipos del lugar se reducen a tres, admirablemente dibujados. Tello es la personificación del labrador viejo y prudente, sin pensamientos superiores a su condición [...] D. Félix de Trillo, el soldado galán, el hidalgo arruinado, pero de nobles pensamientos, heroico aventurero y fino enamorado; Ramiro, personaje equívoco y de índole aviesa, ricachón necio, grosero y vicioso con tacha de linaje judaico y palabras y actos de mal caballero [...] (Menéndez y Pelayo 1923, 208).

Tradicionalmente la obra el *Laurel de Apolo* (1630) es presentada como un catálogo de poetas y de escritores coetáneos de Lope de Vega y de la antigüedad. Compuesta por siete mil versos donde elogia a poetas y escritores, es un autohomenaje de Lope a su monarquía literaria, un mapa de las letras hispánicas ordenado a mayor gloria suya. En él no aparece Cervantes, quizá porque se burló de los prólogos novelísticos de Lope, sin nombrarle en el prólogo al *Quijote* (Riquer 1984, 209). Por el *Laurel de Apolo* concurren más de trecientos escritores y una gran variedad de textos citados; entre ellos los elogios a los humanistas campomontieleños Pedro Ambrosio de Onderiz, Bartolomé Jiménez Patón y Fernando Ballesteros Saavedra.

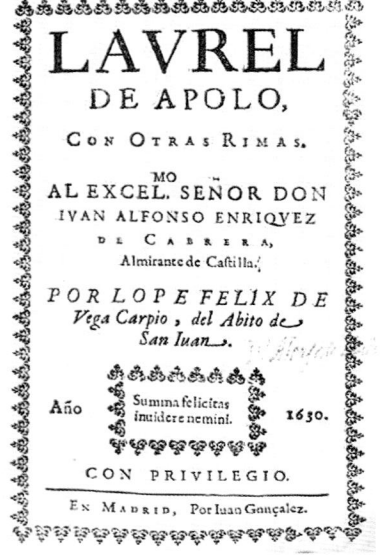

Portada de *Laurel de Apolo* (1630), de Lope de Vega.

Francisco de Quevedo (Madrid, 1580-Villanueva de los Infantes, 1645). El señorío de Torre de Juan Abad

Francisco de Quevedo y Villegas, nacido en 1580, recibió una enseñanza humanística, estando dotado de una gran inteligencia y de una gran capacidad de aprendizaje de las lenguas clásicas y de los idiomas modernos. Aprovechó sus veinte primeros años en formar una personalidad ambiciosa, entregada por completo a vivir y a sentir una época en que ya no eran realizables los ideales de esa cultura renacentista, que situaba al hombre como centro del universo y que concedía a la naturaleza la categoría de marco de perfección del desarrollo vital. Quevedo consideraba su labor literaria como una actividad de segundo orden, frente a su más importante vocación, la política. Esas dos facetas conformaron su existencia.

Quevedo, como sus padres, se entregará a la vida de la Corte. Por la muerte de su madre en 1604, doña María de Santibáñez, dama de la reina Margarita de Austria, Quevedo empieza a tener relación con la comarca sobre 1610. Su estancia es frecuente, ya que por la herencia recibida le corresponde un señorío en Torre de Juan Abad, en el que gastará salud y dinero en pleitos y litigios durante más de cuarenta años. Catorce años, repartidos en estancias alternativas, permaneció el poeta en Torre de Juan Abad, de la que fue señor de vasallos desde 1621, en que se hizo con la propiedad directa de los bienes propios de su jurisdicción. En 1597 Torre de Juan Abad compró su independencia jurisdiccional respecto al partido de Infantes. El esfuerzo resultó tan gravoso que determinó un gran endeudamiento para la Torre de Juan Abad provocando la sumisión a un nuevo señor, don Francisco de Quevedo. Pese a los numerosos pleitos interpuestos por los vecinos de la villa ante los tribunales, no dejó por ello el poeta de cantar las excelencias del paisaje comarcano en el romance »Retirado de la Corte responde a la carta de un médico»:

> [...] Si me hallo, preguntáis,
> en este dulce retiro,
> y es aquí donde me hallo,
> pues andaba allá perdido.
> Aquí me sobran los días,
> y los años fugitivos
> parece que en estas tierras
> entretienen el camino. [...]
> (Quevedo 1995, 2.229)

El 12 de septiembre de 1628 desde Villanueva de los Infantes escribe una carta Francisco de Quevedo a Lucas Van Torre, prestigioso humanista belga:

> Aquí los días se deslizan con lentitud, asistimos a la fuga insensible de las horas, los alimentos son abundantes y baratos, gozamos sin remordimiento y

casi de balde de los placeres de la naturaleza. No conocemos la concupiscencia, ignoramos las tentaciones y el pecado; pero en medio de esta parquedad, no soy pobre, antes desembarazado de cuanto es impuro. Perder estas mancillas no es perder nada, sino adquirir. Confieso que mi ausencia me hace disipar una gran parte de mi fortuna y de mis rentas; pero me refugio en la doctrina de los estoicos como en un puerto, por temor de que la inclinación a las cosas indiferentes no venga a turbar la tranquilidad de mi alma (Lozano 2001, 20).

La relación con el círculo cultural de Villanueva de los Infantes sería razón para que los agustinos recoletos le encargasen una biografía de santo Tomás de Villanueva, recién beatificado en el 1618, unido a su fama como escritor de prestigio, escribe *El epítome de la historia de la vida ejemplar y religiosa muerte del bienaventurado F. Tomás de Villanueva* (1620), que será su primera obra impresa. Es un escrito muy breve dirigido a un lector no eclesiástico. Usó la primera edición de la biografía de M. B. Salón (*De los exemplos...*). Recurre a figuras retóricas como prosopopeyas, alegorías, etc. Muchas de sus obras están fechadas en Villanueva de los Infantes: *Execración contra los judíos* (1633), *De los remedios de cualquier fortuna, etc.*, incluido su testamento. La insistencia en firmar las obras de esta época en Villanueva de los Infantes y no en Torre de Juan Abad debe de significar que se alojaba temporalmente en esta villa.

Monumento a Francisco de Quevedo, obra de García Donaire, en Torre de Juan Abad.

El 2 de enero de 1635 escribe a su amigo Sancho de Sandoval desde la Torre dándole cuenta de lo que sucede en el ambiente local del poder político de Villanueva de los Infantes, centro del poder del partido de la Gobernación y de la Vicaría de la comarca:

> [...] Ayer vine de Villanueva, y aquel lugar es el Campo de Agramante. Árdese de jueces entre el juez de la Cruzada y el de La Mesta. El vicario y el gobernador son una disensión y batalla permanente. Hierven en chismes. Yo salí dél huyendo [...] (Jauralde 1999, 782).

En Torre de Juan Abad escribió versos a su amada Floris, donde cantó las delicias primaverales del paisaje, y declarará «donde tuve mi casa por cárcel». Allí concluyó su obra *Política de Dios y gobierno de Cristo* (escrita entre 1619-1621) donde escribe consejos para que los privados ejerzan con rectitud el arte de gobernar. Por las cartas dirigidas a su amigo Sancho de Sandoval a partir de 1635 se sabe cómo fue su vida en Torre de Juan Abad. Desde aquí solía partir hacia Beas de Segura, domicilio de Sandoval, con quien pasaba temporadas de caza en Sierra Morena. Escribe un soneto titulado «Desde La Torre», pueblo donde solía retirarse del bullicio de la Corte, en el campo donde crecen el trigo y los olivos. Un soneto que le envía a su amigo, el humanista González de Salas, algunos años antes de su prisión.

> Desde La Torre
>
> Retirado en la paz de estos desiertos,
> con pocos pero doctos libros juntos,
> vivo en conversación con los difuntos
> y escucho con mis ojos a los muertos.
>
> Si no siempre entendidos, siempre abiertos,
> o enmiendan, o fecundan mis asuntos;
> y en músicos callados contrapuntos
> al sueño de la vida hablan despiertos.
>
> Las grandes almas que la muerte ausenta,
> de injurias de los años vengadora,
> libra, ¡oh gran Don Josef!, docta la Imprenta.
>
> En fuga irrevocable huye la hora;
> pero aquella el mejor cálculo cuenta,
> que en la lección y estudios nos mejora.
> (Quevedo 1997, 178)

Este soneto es un homenaje a Torre de Juan Abad donde el poeta se retiró, bien huyendo de las persecuciones y de las intrigas políticas de la Corte o bien para tratar de restablecer, como en los últimos años de vida, su delicada condición física. Se puede visitar la Casa Museo del escritor en esta villa, donde el poeta residió en diferentes periodos de su vida.

En 1636 apareció la obra en prosa satírico-moral de gran complejidad *La honra de todos y la Fortuna con seso,* escrita en su totalidad en Torre de Juan Abad. A finales de 1639 fue encarcelado en el convento de San Marcos de León, de donde no saldría hasta 1643; apenas dos años de vida le quedan y los empleará en preparar la edición de sus obras, retirado definitivamente en Torre de Juan Abad. El 10 de enero de 1645 se trasladó a Villanueva de los Infantes a casa de su amigo Jiménez Patón, donde recibió el cuidado de amigos y admiradores. Apenas podía escribir, pero no dejó de hacerlo, fue entonces cuando escribió el célebre soneto «Miré los muros de la patria mía». El 15 de abril abandonó la casa de la viuda de Patón y se instaló en el convento de Santo Domingo:

> Por la devoción que yo tengo a la Religión, a su santo patriarca y al angélico doctor (…) En entrando en la casa parece que resucité y diéronme los padres della una celda admirable, y todos los doctos y religiosísimos que me asisten, de manera que tengo grandes esperanzas de breve convalecencia (Jauralde 1999, 848).

Murió el 8 de septiembre de 1645, preparando para la imprenta la *Vida de Marco Bruto* (escrita en 1636) y ordenó que lo enterrasen en vía de depósito en el convento, lo que no cumplieron los dominicos y sus restos fueron sepultados en la capilla de la parroquia propiedad de los Bustos. El autor se prepara para su muerte con este soneto escrito en Villanueva de los Infantes:

Celda de Quevedo del convento de Santo Domingo, en Villanueva de los Infantes.

Ya formidable y espantoso suena
dentro del corazón el postrer día;
y la última hora, negra y fría,
se acerca, de temor y sombras llena.

Si agradable descanso, paz serena,
la Muerte en traje de dolor envía,
señas da su desdén de cortesía;
más tiene de caricia que de pena.

¿Qué pretende el temor desacordado
de la que a rescatar, piadosa, viene
espíritu en miserias anudado?

Llegue rogada, pues mi bien previene;
hálleme agradecido, no asustado;
mi vida acabe y mi vivir ordene.
(Quevedo 1997, 171)

4.3.3. Humanistas campomontieleños. El Estudio o Escuela de Gramática

El origen de las escuelas de gramática hay que buscarlas en la Baja
Edad Media. El *Código de las Siete Partidas* de Alfonso X *el Sabio* habla
ya de cómo debían de ser y a quiénes estaban dirigidas. Durante los siglos
XV y XVI se produce en España un incremento de ellas. Las cátedras o escuela de gramática eran donde se enseñaban las lenguas clásicas. sobre todo
el latín, lengua que usaba la Iglesia y necesaria para ir a la Universidad.
Cualquier libro que tratase de Teología, Leyes o Medicina estaba escrito en
latín y no en romance. Decía el humanista Antonio de Nebrija que el latín
era «la base de cualquier ciencia».

No se podía acceder a la Universidad porque se necesitaba el latín para
entender los tratados científicos. Era por tanto una lengua de eruditos humanistas. En esta época surgen dos modelos humanísticos de educación. El promovido por los ayuntamientos y el promovido por la Iglesia. Ante esta realidad,
los municipios estaban interesados en crear y sostener escuelas de latinidad
para que los vecinos aprendieran latín y acudiesen a la Universidad, lugar de
formación para el estado moderno. Cualquier población de más de quinientos
vecinos contaba a comienzos del siglo XVII con su cátedra de latinidad y los
pueblos de menos habitantes tenían un preceptor particular o párrocos que se
encargaban de suplir esta falta. El biógrafo de santo Tomás de Villanueva el
padre Salón confirma que, cuando este llegó a la Universidad de Alcalá de
Henares, lo hizo con «buenos principios de latinidad que traía de su tierra».
En el recién fundado convento de los franciscanos (1483), muy vinculado a su
familia, se impartía esta enseñanza en Villanueva de los Infantes.

En Castilla las escuelas de gramática o latín como centros de educación eran muy importantes. Las autoridades municipales invertían fondos para pagar a los preceptores y construir escuelas de gramática y de latín. El humanista de la época sabía latín y griego, pero no pecisaba de saber hebreo, porque era una lengua para teólogos. El humanista debía leer a todos los autores antiguos. Se dedicaban a traducir, a anotar y a rescatar autores clásicos e interpretarlos, además de ser buenos conocedores de las escrituras.

En el último tercio del siglo XVI surge el «Estudio o Escuela de Gramática» en Villanueva de los Infantes, donde sería preceptor Pedro Simón Abril[7] (1530-1595), el más grande de los humanistas castellano-manchegos, autor de gramáticas latinas y griegas. La primera documentación en la que se hace mención al «Estudio o Escuela de Gramática» en Villanueva de los Infantes es del 27 de julio de 1597, en un legajo del archivo municipal en el que se dice que fueron contratados los «estudios de gramática». El 16 de agosto de

"Casa de los Estudios", Escuela de Gramática, en Villanueva de los Infantes.

1600 se contrata a un preceptor para «que lea en esta villa gramática», así se denominaba a la impartición de las clases. El preceptor será Bartolomé Jiménez Patón, vecino de Almedina, por «dos años, para que enseñe a los niños de esta villa y forasteros que a ella vinieren, gramática». El salario es de 35.000 maravedís por año, el cual se percibiría a partir del día 20 de mayo de 1601, cuando se cumple el concierto que tenía el Ayuntamiento con el preceptor del convento de Santo Domingo. Se pagaría en tres veces cada cuatro meses. El resto del salario correspondería a los estudiantes, «cada mes a cada uno, quatro reales e que no deba lleva», es decir cobrar, «a los estudiantes que fueren pobres». Obligándole el Ayuntamiento a residir en la villa y no abandonarla mientras durase el contrato ni ir a leer gramática a otra parte. El 10 de enero de 1603 se le hace el segundo contrato por otros dos años y le «alargan el salario hasta cien ducados cada año». La mayoría de las obras de Jiménez Patón hace constar que están escritas en el «Estudio» de Villanueva de los Infantes.

En el «Estudio» enseñaría gramática, retórica y poética Bartolomé Jiménez Patón, acaso también lo haría, anterior a este, el gramático Simón Abril. El mismo Jiménez Patón dice en su obra *Mercurius Trimegistus* (1621) «mi antepasado Simón Abril». El «Estudio» sería la escuela donde posiblemente Pedro Ambrosio de Ondériz se formaría en el estudio de lenguas clásicas como discípulo del humanista Pedro Simón Abril (Vicente Esteban 1990), siendo este un gran defensor de las matemáticas. El Humanismo manchego estará representado por los campomontieleños: Bartolomé Jiménez Patón, Pedro Collado Villalta, Fernando Ballesteros Saavedra, Pedro Ambrosio de Ondériz, Jerónimo de Medinilla, Gonzalo Navarro Castellanos y el presbítero vecino de La Membrilla, catedrático de Latinidad y Elocuencia, Juan Íñigo Velasco.

PEDRO AMBROSIO DE ONDÉRIZ (Villanueva de los Infantes, 1556-Madrid 1596). Su contribución al desarrollo del Humanismo

Pedro Ambrosio de Ondériz participó muy activamente en el desarrollo de la Academia de Matemáticas en Madrid en 1582, creación de Felipe II. Fue nombrado cosmógrafo mayor del Consejo de Indias, y en 1595 cronista mayor de Indias y piloto mayor de la Casa de Contratación de Sevilla. En 1585 publicó la obra *La perspectiva y Especularia de Euclides. Traduzidas en vulgar castellano,* impresa en Madrid por la viuda de A. Gómez, que se reeditó en 1685, posiblemente para conmemorar el centenario de su publicación.

De las lecciones de cosmografía impartidas por Ondériz en la Academia se conserva un manuscrito en la Universidad de Salamanca titulado *Uso de los Globos leydo en Madrid el año 1592 del señor Amb. Onder. Letor de matemáticas y cosmógrafo del rey nuestro señor.* Se trata del uso de globos celestes y terrestres para hallar el lugar del Sol, la altura del polo, la declinación de los astros, los arcos diurnos y nocturnos, las horas del día y de la noche, distancias cenitales de planetas y estrellas, y las distancias entre lugares del globo terrestre, entre otros usos.

Bartolomé Jiménez Patón recuerda a Ondériz en sus «Lecciones» en el Estudio o Escuela de Gramática de Villanueva de los Infantes para enseñar a sus alumnos. En el libro *Los comentarios de erudición* (1621), Patón defiende la importancia de conocer la lengua latina y menciona a Pedro Ambrosio de Ondériz «por ser amigo suyo y de su tierra» para referirse a este como traductor del libro *Perspectiva y especularía de Euclides* (1585). *Los comentarios de erudición* de Patón es una obra eminentemente docente; el gramático recoge las lecciones dedicadas a sus alumnos, donde el dómine a través de Laminio, el alter ego de Patón, anota que al finalizar la clase los alumnos repasaban lo oído y uno de ellos lo menciona por ser «un cosmógrafo de Rei Filipe II».

Portada de *Perspectiva y especularia de Euclides* (1585), traducción de Pedro Ambrosio de Ondériz.

Otra referencia de Patón en relación con Ondériz se encuentra en *Partes del Instrumento necesario, Instrumento necesario para el conocimiento de las ciencias y entendimiento de los autores* (1604). En el capítulo once del libro uno, referente a la lección del concepto de cantidad, Patón en el margen precisa: «Euclides in perspectiva». El dómine toma la explicación de cantidad como medida de instrumento de la traducción del libro de Ondériz explicando que «las maneras de cuantidad continua son: línea, superficie, cuerpo, tiempo a quien se junta lugar» y añade: «La línea es un ser larga, sin ser ancha ni gruesa ni alta, la cual o es recta, como el diámetro, pie, vara, estadio o torcida, como ballesta, arco, guadaña, garabato».

Patón manejó en sus clases una traducción de Pedro Ambrosio de Ondériz del libro *Lamentaciones de Jeremías,* de las que había circulado en pliegos manuscritos. Se trata de un texto de las Sagradas Escrituras que los autores del Siglo de Oro utilizaban con finalidad docente. En el «libro decimoséptimo» de los *Comentarios de Erudición* de Patón se encuentra la «Primera Lamentación de Jeremías», donde Laminio, el alter ego de Patón, dice: «yo no he visto más de las que habéis repetido». Patón cree que Ondériz debió de traducirla en su totalidad, él solo conoce las recitadas y él completa la traducción de las trece estancias siguientes, adaptándolas al mismo metro y estilo utilizados por Ondériz (Bosch, 2011). Por otro lado, Patón en la obra que se tenía por perdida *El virtuoso discreto* (1629), señala al comienzo de la segunda parte que dedica a san Jerónimo por ser «preceptor ejemplar de gramáticos y retóricos, patrón de este estudio de Villanueva de los Infantes» (Garau, 2012). Se pregunta C. Bosh: «¿Qué afán pudo mover a Patón para versificar la obra del profeta Jeremías, aunque fuera para completar las canciones perdidas de un sabio matemático, buen conocedor del latín? ¿Podría tratarse de la pequeña vanidad de asociar su nombre con figuras conspicuas del Siglo de Oro?». Nuestra respuesta a ambas interrogaciones es sencilla tras estudiar a los dos y estar vinculados con la escuela de gramática de Villanueva de los Infantes. Ondériz era «amigo suyo y de su tierra», anota en los *Comentarios de erudición*. Patón siempre estuvo orgulloso de ser el gramático y preceptor del «Estudio» de Villanueva de los Infantes, lo que le lleva a recordarlo por ser Ondériz un antiguo alumno y un sabio del Siglo de Oro, tal y cómo es reconocido en los anales: un prestigioso matemático, cosmógrafo, cartógrafo, geómetra y traductor de textos científicos del último tercio del siglo XVI. Ambos compartían el lugar común del «Estudio», Onderiz como alumno y posteriormente Patón como prefecto.

Para María del C. Bosch, Ondériz fue posiblemente maestro de Lope de Vega[8], que lo cita en el libro quarto de su obra *El peregrino en su patria* (1604), donde intercala cuatro autos sacramentales, mencionándole en la serie del «Auto del viaje del alma», donde dice: «Ambrosio de Ondériz, claro geómetra». Ambos, maestro y discípulo, relacionados con Bartolomé Ximénez Patón.

"Casa de los Estudios", Escuela de Gramática, en Villanueva de los Infantes.

Lope de Vega, en su obra *Jerusalén conquistada* (1609), cita el libro del Antiguo Testamento *Lamentaciones de Jeremías,* atribuido al profeta Jeremías. posiblemente fuese la traducción de Onderiz la que utilizaría. Más tarde Francisco de Quevedo haría una versificación libre de la obra titulada *Lágrimas de Hieremias castellanas* (1613) en un «intento más de piadoso que de atrevido, habida cuenta de las traducciones de tantos y tan esclarecidos escritores», puede ser que se refiera a la traducción de Ondériz.

BARTOLOMÉ XIMÉNEZ PATÓN (Almedina, 1569-Villanueva de los Infantes, 1640)

Gramático y humanista, estudió en Madrid, Baeza y Salamanca. Enseñó gramática y humanidades en Alcaraz y en Villanueva de los Infantes. El Ayuntamiento de Villanueva de los Infantes lo contrató el 16 de agosto de 1600, exigiéndole residir en el pueblo, al que permanecería ligado durante toda su vida como docente en la Escuela de Gramática. La figura de Patón es la de un destacado dómine –catedrático de Latinidad y Humanidades–. Menéndez Pelayo le llamó «oráculo de los dómines manchegos y del reino de Jaén». Fue un hombre muy querido por sus contemporáneos, amigos y discípulos; admirado por literatos como Lope de Vega y Quevedo. Para Jiménez Patón, Lope de Vega es una de las autoridades preferidas. Se relacionan precisamente con Quevedo por el medio en el que viven: en Torre de Juan Abad y Villanueva de los Infantes. Ambos tienen amigos en común con residencia en Villanueva de los Infantes: los humanistas Jerónimo de Medinilla y Fernando Ballesteros Saavedra. Los filólogos A. Quilis y J. M. Rozas han estudiado la admiración que Patón tiene a Lope de Vega; le envía sus obras, le solicita que las enseñe a sus amigos comunes, a cambio el humanista lo alaba. La admiración era mutua, Lope de Vega en su obra *Laurel de Apolo con otras rimas* (1630) le dedica al dómine la admiración que sentía por él en la silva IV los siguientes versos:

> De hoy más, porque la envidia no se atreva,
> pues Jiménez Patón enseña y prueba
> que están en su *Retórica* difusas,
> llámese «Villanueva de las musas»,
> Y no «de los Infantes» Villanueva.
> Las figuras confusas
> antes de su elocuencia,
> con el sol de su ingenio y de su ciencia
> tan claros manifiestan sus secretos
> que le deben colores y concetos
> cuantas plumas escriben,
> y en la docta región de Apolo viven.
> La elocuencia española,

que fluctuaba entre una y otra ola,
puerto agradezca a su valiente pluma,
pues en cualquiera suma
del que no sabe le halará la nave,
y para saber más el que más sabe.
(Lope de Vega 2004, 529)

BARTOLOMÉ JIMÉNEZ PATÓN

Bartolomé Ximénez. Patón, ilustración de Miguel
Medina.

También en *Jerusalén conquistada* (1609) Lope elogia a Patón, sintiéndose correspondido por su atención en la *Elocuencia española en arte* (1604):

Y la nueva Rhetorica divina
de Ximénez Patón, a quien la fama
con una letra más Platón le llama.
(Lope de Vega, 2004)

Patón en su juventud escribió comedias de las que solo se conocen títulos un
tanto profanos: *Los amantes engañados, El casamiento deshecho, La tungacilla
princesa, etc.* Hecho que coincide –entre la muerte de Felipe II en 1598 y la
publicación del *Arte Nuevo de hacer comedias* de Lope en 1609– con el cierre
de corrales y la promulgación de ordenanzas en el teatro y prohibición de comedias; disminuyendo la libertad de expresión y la capacidad satírica del teatro.

Jiménez Patón mantuvo muy buenas relaciones con el filólogo Francisco Cascales y también correspondencia epistolar con Villamediana y un sinfín de dómines de toda la zona centro, vinculados a él por la correspondencia. Anduvo relacionado con varias academias de Toledo, como la Academia de Fuensalida y la del conde de Mora, y con el círculo de amigos de Lope que allí residía. Fue notario del archivo de la Inquisición de Murcia y correo mayor de Villanueva de los Infantes.

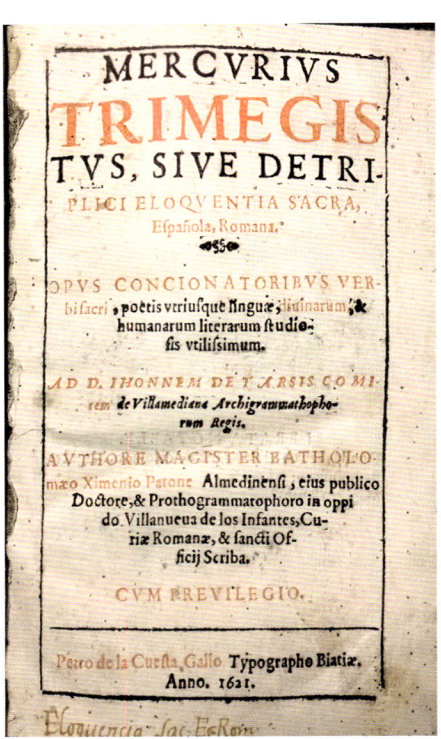

Portadas de *Elocuencia española en arte* (1606) y *Mercurius Trimegistus* (1621), de Bartolomé Ximénez Patón.

Los gramáticos tenían el acatamiento del magisterio de enseñar con el libro de Patón *Mercurius Trimegistus*. Producto de su actividad puramente filológica es *Elocuencia española en arte* (Toledo, 1604*), el Epítome de la ortografía latina y castellana* (Baeza, 1614) y *Perfecto predicador* (Baeza, 1612) que trata sobre la oratoria sacra, del arte de escribir cartas, *El virtuoso discreto* (1629), etc. También escribió diversos opúsculos: *Discurso en favor del santo y loable estatuto de la limpieza de sangre* (1638); *Reforma de trajes* (1638), *Proverbios concordados*, *Discurso de la langosta* (1638*), etc.

En el manual *Decente colocación de la Santa Cruz* (1635) da consejos del uso de la Cruz, muestra el especial arraigo y devoción por la Cruz en Villanueva de los Infantes; cuya vigencia continúa enraizada pues la gente todavía sigue santiguándose ante el paso por la capilla. Patón escribe que la Cruz es:

> [...] El principio de todas las cosas, al levantarnos de la cama, al salir de casa, al entrar a la Iglesia, al oír truenos, al ver relámpagos y en cualquier suceso o peligro [...] (Patón 1635).

Sugiere poner la Cruz por devoción en el pecho, en el cuello y en los escudos de los dinteles de las casas. Aconseja su uso en puertas, ventanas, aposentos, portadas y cruces de caminos. Así se estaba haciendo en Villanueva de los Infantes en el siglo XVII.

Los *Comentarios de erudición* suponían la recopilación de la obra completa del gramático y se proyectaba en un conjunto de ocho tomos, cada uno de los cuales comprendería cinco libros, lo que supondría un total de cuarenta libros. El dómine anunció varias veces tenerlos terminados y dispuesto para imprimir. La obra es aludida varias veces por escritores en obras y recordada en otros libros, no llegando a ver la luz. Cuando se creía perdida su obra reapareció el tomo cuarto, que comprende los libros decimosexto a vigésimo, obra conservada en poder de sus herederos,

Manuscrito del tomo cuarto, que comprende los libros decimosexto a vigésimo, del *Libro de los Comentarios de erudición*, de Bartolomé Ximénez Patón. Propiedad de herederos de doña Caridad Patón. Fotografía de Sobrino Comunicación Gráfica, 2018.

lo que ha permitido que en la primera década del siglo XXI su obra haya sido de interés para estudiosos filólogos y publicada en ediciones críticas. El tomo contiene entre otros escritos la *Relación de fiestas que se hicieron en Villanueva de los Infantes por la canonización de Tomás de Villanueva*. En él mezcla obras de erudición pura con discursos sobre temas de actualidad, junto con cuentos o historias verdaderas, intercalando versos entre la prosa y traducción de los clásicos entre el relato de autores modernos.

Patón hizo contribuciones notables a la filología hispánica. Acuña el término Culteranismo y el de «aliñanado», para referirse a Pedro Liñán de Riaza (1556-1607), muy amigo este de Lope de Vega, precursor en cierto modo del conceptismo retorcido de Quevedo.

RELACIÓN DE JIMÉNEZ PATÓN Y LOPE DE VEGA CON EL AUTOR DEL *QUIJOTE*

Para el filólogo Abraham Madroñal, autor de la monografía *Humanismo y filología en el Siglo de Oro en torno a la obra de Bartolomé Jiménez Patón* (2009), es imposible que el maestro de Villanueva de los Infantes no conociera *El Quijote*. Como ya se ha señalado, Jiménez Patón es uno de los hombres más doctos de su tiempo; era ante todo un gramático y se consideraba muy orgulloso de su puesto en Villanueva de los Infantes. Se podría decir hoy en día que era un crítico literario. Había publicado en Toledo (1604) su famosa obra *Elocuencia española en arte,* primera retórica en la que incorpora la novedad de ejemplificar con textos, no de los clásicos, sino de poetas coetáneos españoles, en la que brilla especialmente Lope de Vega. Nada más debió de halagar al vanidoso de Lope que verse retratado en la *Elocuencia Española en Arte* de Patón. Aunque quien también brilla, pero por su ausencia es el autor de *La Galatea*. En la segunda edición de *Elocuencia* (1621), Patón no lo cita. Cervantes tampoco cita a Patón en su *Viaje al Parnaso* (1614) ¿Cuál será el motivo?, se pregunta el filólogo Madroñal. Este analiza la obra de ambos y de sus contemporáneos a través de los textos. Sus conclusiones son determinantes para conocer nuevas interpretaciones e investigaciones sobre «el lugar de la Mancha» y los académicos a los que dedica Cervantes los últimos versos que aparecen en la novela.

Se sabía de la buena relación de Jiménez Patón con Lope y de este, la mala relación con Cervantes. Madroñal pone en evidencia, la mala relación de Jiménez Patón con Cervantes y su curiosa reacción sobre todo a la primera parte del *Quijote*, que debió de entender como un ataque casi personal. Poco se sabe si tuvo trato con Cervantes; desde luego Jiménez Patón conocía la obra –como no podía ser de otra manera–, indudablemente cercana por la geografía. En las obras de Patón no aparecen los libros del genio alcalaíno, no aparece *La Galatea,* ni se cita al *Quijote,* ni las *Novelas Ejemplares*, ni el *Persiles…* Es imposible que Patón no conociera el *Quijote* y que no se sintiera aludido por las continuas referencias al Campo de Montiel. Patón está al día de las modas literarias, está perfectamente enterado de las novedades, sobre todo si habían cosechado éxito de público, como ocurrió con la primera parte del *Quijote*. Se puede pensar que censura la obra de Cervantes, por diversas razones, y evita citarlo… Quizás por haberse atrevido con un tema tan sagrado como la locura, que ya había dado en Villanueva de los Infantes un ejemplo sobresaliente a principios del siglo XVI, posible antecedente de don Quijote, en la figura de Juan de León. Demasiado cercano para considerarlo una simple coincidencia que un siglo después un escritor enemigo de su amicísimo Lope volvía a recordar el asunto y a denigrar la misma tierra con otro loco similar. Puede que a Patón el tema de la obra cervantina le disgustase, sintiéndose atacado y burlada su patria, y así lo pone de manifiesto en la burla de la locura en su obra *el Albergue de pobres* (Madroñal 2009, 25). Patón aconseja a sus alumnos en su obra *El virtuoso discreto* sobre los libros de caballerías:

[…] No lean autores deshonestos y sin provecho como son los libros de caballerías, porque las hablas deshonestas corrompen las buenas costumbres […].

Jiménez Patón permaneció ligado a su entorno geográfico durante toda su vida, ejerciendo la docencia principalmente en Villanueva de los Infantes desde 1600 hasta 1640; es decir, en el abanico en que Cervantes está escribiendo y publica las dos partes de su genial obra. Son bien conocidas aquellas palabras del prólogo de la primera parte del *Quijote,* cuando Cervantes finge hablar con un amigo y le dice que no sabe qué escribir en la introducción de su obra ya que carece de erudición y doctrina y por tanto también de citas de autores clásicos:

> […] De todo esto ha de carecer mi libro, porque ni tengo que acotar en el margen, ni que anotar en el fin, ni menos sé qué autores sigo en él, para ponerlos al principio como hacen todos, por las letras del A B C, comenzando en Aristóteles y acabando en Xenofonte y en Zoilo, o Zeuxis, aunque fue maldiciente el uno y pintor el otro. También ha de carecer mi libro de sonetos al principio, a lo menos de sonetos cuyos autores sean duques, marqueses, condes, obispos, damas o poetas celebérrimos, aunque, si yo los pidiese a dos o tres oficiales amigos, yo sí que me los darían […] (Cervantes 2007, 15).

Los estudiosos han señalado que parece aludir y criticar en especial a Lope porque en sus obras había abusado de tales preliminares. Continúa en el prólogo cervantino:

> […] una leyenda seca como un esparto, ajena de invención, menguada de estilo, pobre de conceptos, y falta de toda erudición y doctrina, sin acotaciones en las márgenes, y sin anotaciones en el fin del libro como veo que están otros libros, aunque sean fabulosos y profanos, tan llenos de sentencias de Aristóteles, de Platón y de toda la caterva de filósofos, que admiran a los leyentes, y tienen a sus autores por hombres leídos, eruditos y elocuentes? […] (Cervantes 2007, 15).

Parece ser que aquí Cervantes se está refiriendo a Jiménez Patón, «leído, erudito y elocuente». Los vasos comunicantes continúan y una lectura lleva a otra. Nos estamos refiriendo al estudio *Una hipótesis sobre don Quijote de Avellaneda: de Liñán de Riaza a Lope de Vega* (2005) de J. L. Pérez López. Este autor llega a la conclusión de que los autores del «Quijote de Avellaneda» son Lope de Vega y sus «secuaces». Investigando en el entorno de Lope llega a una serie de conclusiones y argumentos basados en indicios obtenidos tras la investigación. La hipótesis es que el «aragonés» Pedro Liñán de Riaza fue el autor, siempre de acuerdo y en colaboración con su íntimo amigo Lope de Vega, de una primera versión de lo que luego llegó a ser el llamado *Don Quijote apócrifo de Avellaneda*, publicado en 1614, el cual Liñán empezaría a escribir en 1605 (o quizá en 1604), inmediatamente después de la publicación del *Quijote* cervantino. La obra, el *Quijote apócrifo*, se escribió en defensa de Lope y en venganza de las burlas, sátiras e impugnaciones de la obra del Fénix a que Cervantes le sometió en el *Quijote*. Liñán falleció en 1607 y dejó su *Quijote* inacabado, pero trazado en sus principales líneas argumentales y quizá enmendado y acabado por el propio Lope, sin duda espoleado por las burlas a que Cervantes le sometió en el nuevo prólogo de las *Novelas Ejemplares* de 1613. El *Quijote de Avellaneda* no es por tanto obra de oscuros escritores de segunda fila, sino el producto de dos grandes escritores dominadores de todos los recursos: Pedro Liñán de Riaza y Lope de Vega. Liñán fue un maestro reconocido por Lope, por Quevedo en *El Buscón* y por los teóricos como Jiménez Patón.

Muy interesante es el triángulo Cervantes, Jiménez Patón, Lope de Vega. Luz tendrá que arrojar este último, pues no se debe olvidar la relación de Lope de Vega con Membrilla, un lugar del Campo de Montiel que inmortalizó con su obra *El galán de la Membrilla*.

En los albores del siglo XXI Literatura y Ciencia se han cruzado y con enjundia científico-metodológica se ha descubierto cuál fue el «lugar de la Mancha» de cuyo nombre no quiso acordarse Cervantes, viéndose afectados los lugares tradicionales que se habían postulado como dicho lugar. Una metodología operacional y cuantitativa, como la derivada de la Teoría de Sistemas, demostró cómo el pueblo de Villanueva de los Infantes es el que presenta mayores posibilidades de ser el «lugar de la Mancha».

> [...] —Los sucesos lo dirán, Sancho —respondió don Quijote—; que el tiempo, descubridor de todas las cosas, no se deja ninguna que no las saque a la luz, aunque esté escondida en los senos de la tierra [...] (Cervantes 2004, 750).

PEDRO COLLADO PERALTA Y DIEGO RAMÍREZ (Villanueva de los Infantes 1589-Antequera, 1641)

Humanista y pedagogo. Maestro de humanidades, desempeñó la cátedra de Latinidad en Alcaraz y Villapalacios, contrayendo la obligación de explicar la *Elocuencia Latina y Española*, de B. X. Patón, al igual que el catedrático de Latinidad y Elocuencia Íñigo Velasco en Membrilla. Publicó en Valencia *Explicación del libro cuarto del arte nuevo de gramática de Antonio de Nebrija* (1630). Su labor fue de reformador de los estudios de gramática. Patón califica el libro de Collado como una «obrita interesante que defiende los estudios de Gramática en los pueblos, que se justifican por la gran cantidad de alumnos significativos que han salido de ellos».

Fernando Ballesteros Saavedra (Villahermosa 1576-Villanueva de los Infantes, 1657)

Nació en Villahermosa, por los cargos que desempeña su padre, Juan de Ballesteros, como regidor y depositario general, se trasladó con su familia a Villanueva de los Infantes. Su formación inicial tuvo que ser en el convento de San Francisco de esta ciudad. Se casó con María Pérez Canuto, hija de un rico hacendado de Villanueva de los Infantes, descendiente de Fuenllana. Es opinión generalizada en la comarca del Campo de Montiel, que este enlace matrimonial en 1597 pudo ser la boda que relata Cervantes en el capítulo XX de la segunda parte del *Quijote* en el episodio de « Donde se cuentan las bodas de Camacho el rico, con el suceso de Basilio el pobre».

Traductor y comentarista literario de excepcional interés. Capitán de Infantería de las milicias del Campo de Montiel, regidor perpetuo de Villanueva de los Infantes y alcalde en 1597. Escribió *El regidor cristiano* (1616), un manual de la administración local. Fue autor conocido y apreciado en ciertos círculos literarios, a juzgar por las dedicatorias y referencias que dejaron algunos autores.

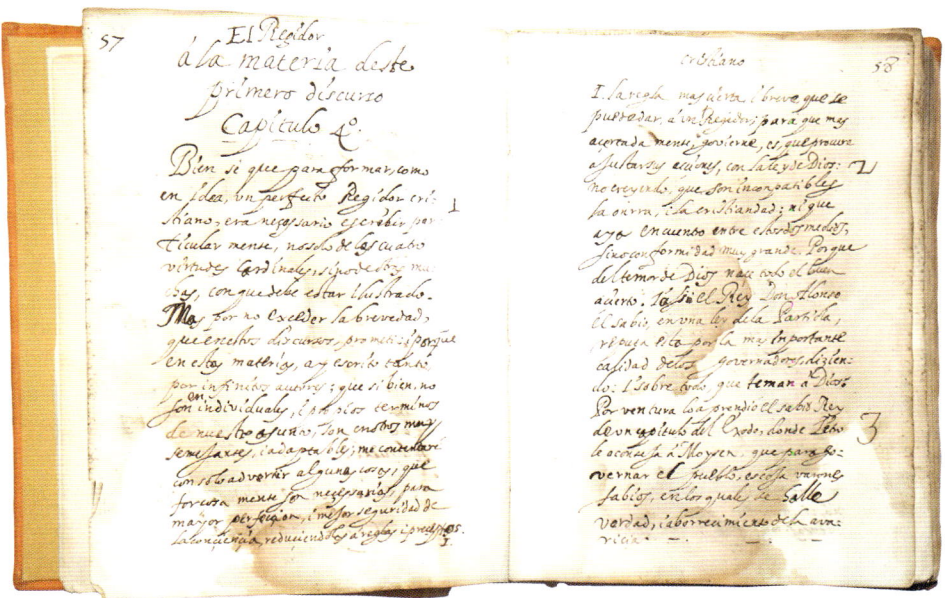

Manuscrito de *El regidor cristiano* (1616), de Fernando Ballesteros Saavedra. Propiedad de la Biblioteca Municipal Quevedo de Villanueva de los Infantes. Fotografía de Sobrino Comunicación Gráfica, 2018.

Su acertada traducción al castellano de la *Comedia Eufrosina* (1631), del portugués Jorge Ferreira Vasconcelos, con la aprobación en Villanueva de los Infantes de Bartolomé Jiménez Patón el 24 de julio de 1630 y sus atinados comentarios sobre la obra de *Elocuencia española en arte,* del erudito gramático almedinense le valieron el reconocimiento del mundo literario «Aunque fábula, es de muy delicada corteza, con substancia y copia de sentencias y consejos».

Las palabras introductorias de don Francisco de Quevedo a don Fernando de Ballesteros en *La Eufrosina* le alaba de esta manera:

> «A los que leyeren esta comedia»: Don Fernando de Ballesteros y Saavedra con suma diligencia la ha traducido, de suerte que hablando castellano no deja de ser portugués ni deseo de verse como nació, donde empieza ahora a vivir. Merece don Fernando grande alabanza en haber hecho que tenga Castilla parte en obra tan grande y digna de encarecida estimación (Jauralde 1999, 615).

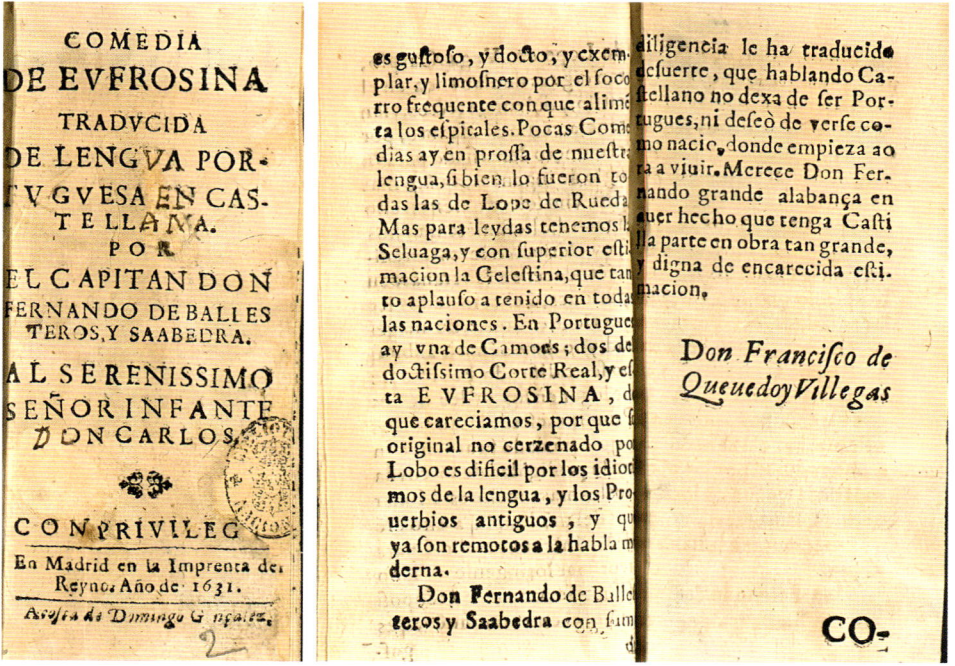

Portada de la *Comedia Eufrosina* (1631), traducción de Fernando Ballesteros Saavedra y prólogo de Francisco de Quevedo para la *Comedia de Eufrosina* (1631), traducción de Fernando Ballesteros Saavedra.

Menéndez Pelayo en su estudio *Orígenes de la novela* (tomo IV), al estudiar las distintas ediciones de la *Eufrosina,* califica la traducción de:

> [...] curiosidad literaria, difícil de hallar, no solo en la edición príncipe de 1631, a cuyo texto nos ajustamos [...] en algunos puntos el traductor no penetra bien el sentido de los proverbios portugueses, pero generalmente es fiel, está escrita con soltura y da idea bastante aproximada de los méritos y defectos del original [...] (Pelayo 1962, 119).

Ballesteros Saavedra también fue elogiado por Lope de Vega en su *Laurel de Apolo* (1630) en la silva IV, junto a Jiménez Patón, ambos amigos de Lope; este le dedica en su obra los siguientes versos laudatorios:

> Tiene por don Fernando Ballesteros
> seguro Villanueva el lauro verde,
> como la voz al instrumento acuerde,
> que no mella la pluma los aceros.
> Esmalte de los nobles caballeros
> es la virtud, que con la ciencia enlaza
> la gloria y fama que a las dos abraza.
> (Lope de Vega 2004, 530)

GONZALO NAVARRO CASTELLANOS (Villanueva de los Infantes, 1616-¿1683?)

Humanista y crítico teatral. Discípulo de Jiménez Patón en el Estudio de Villanueva de los Infantes, fue preceptor de Juan Manuel Fernández Pacheco y Zuñiga, VIII marqués de Villena y duque de Escalona, el cual a decir de sus biógrafos hace alusión a que «tuvo muy buenos maestros que hicieron despertar en él el saber, aplicación al estudio y gusto por adquirir libros, en especial el humanista Gonzalo Navarro Castellanos». El pupilaje de Navarro Castellanos al marques de Villena debió de ser fundamental en el gusto por las humanidades; en 1713 fundará la Real Academia Española (RAE). También fue maestro de Juan José de Austria.

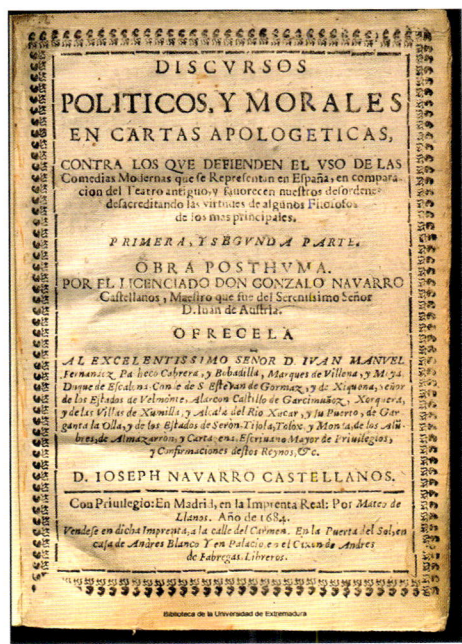

Tras su muerte, su sobrino publicó su obra *Discursos políticos, y morales en cartas apologéticas, contra los que defienden el uso de las Comedias Modernas que se representan en España, en comparación del teatro antiguo y favorecen nuestros desordenes, desacreditando las virtudes de algunos Filósofos de los más principales. Primera y segunda parte* (1684), comenzada alrededor de 1666 y terminada en 1682. La obra está escrita en torno a la «Aprobación eclesiástica» (1682-1684) y la moralización de la comedia redactada por el padre fray Manuel de Guerra y Ribera. Gonzalo

Portada de los *Discursos políticos…* (1684), de Gonzalo Navarro Castellanos.

Navarro, enumera las «mañas» a las que recurren los defensores de las comedias para legitimarlas. A través de treinta y cuatro cartas que componen la primera parte de sus *Discursos,* argumenta la inmoralidad de algunas obras teatrales modernas (Herzig 2008, 81). La «Aprobación» tuvo sus defensores y enemigos; entre estos últimos se encuentra este teatrófobo, como le ha denominado la crítica moderna.

JUAN DE CUETO Y MENA (Villanueva de los Infantes, 1604-Cartagena de Indias, 1669)

Considerado como dramaturgo de la colonia, aunque español de nacimiento, Juan de Cueto y Mena pasó en plena juventud a América para establecerse en Cartagena de Indias donde vivió la mayoría de su vida, de manera que se le considera neogranadino (Nueva Granada, Colombia).

Estudió Derecho sin que nunca ejerciera como tal, obteniendo una robusta formación humanística. Rompió sus afectos familiares y amistosos para lanzarse en pos de su imaginación, allende los mares. Ejerció la profesión de farmacéutico, siendo su establecimiento el principal de la ciudad. Gozó de gran reputación por su erudición profunda de latinista. Cueto y Mena participó igualmente en otros negocios, como el comercio de azúcar o el préstamo bancario, que le permitieron mantener una holgada posición económica. Así lo demuestra el inventario de sus bienes, entre los que se cuentan cuatro casas situadas en diversos barrios de la ciudad, no menos de doce esclavos, una bodega de vinos, numerosos objetos de plata labrada y una biblioteca con más de doscientos ejemplares.

De él se conocen dos obras: *La competencia en los nobles y discordia concordada* (1659), inspirado en los autos sacramentales de Calderón, y *La paráfrasis panegírica* (1660). Esta obra conmemora la canonización de santo Tomás de Villanueva en 1660, desde Cartagena de Indias, en forma de coloquio de la milagrosa vida y muerte del arzobispo de Valencia. Dedicada al Cabildo y al Ayuntamiento de Villanueva de los Infantes, patria del santo, Cueto y Mena escribió la relación de

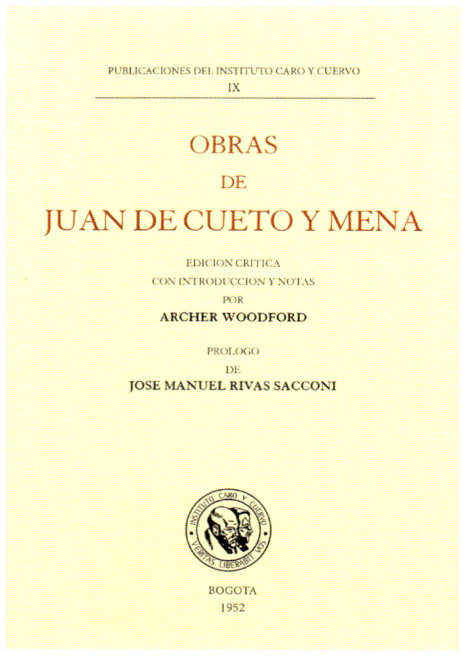

PUBLICACIONES DEL INSTITUTO CARO Y CUERVO
IX

OBRAS
DE
JUAN DE CUETO Y MENA

EDICION CRITICA
CON INTRODUCCION Y NOTAS
POR
ARCHER WOODFORD

PROLOGO
DE
JOSE MANUEL RIVAS SACCONI

BOGOTA
1952

Portada de las *Obras de Juan Cueto y Mena* (1952), edición de Archer Woodford.

las insignes festividades celebradas entonces en Cartagena de Indias, obra con la que alcanzó fama y renombre entre los colonos de la ciudad. Dos años más tarde, en 1662, vio la luz en la imprenta madrileña de Francisco Nieto un volumen recopilatorio de sus textos, entre los que figuraban varios autos sacramentales de carácter alegórico, muy semejantes a los elaborados por Calderón de la Barca en aquellos mismos años.

El hispanista Archer Woodford honró su legado al editar sus obras en el Instituto Caro y Cuervo de Santa Fe de Bogotá, bajo el título *Obras de Juan de Cueto y Mena* (1952). Juan de Cueto y Mena, sin duda, se erige como una figura fundamental en el panorama teatral y literario del Siglo de Oro español y neogranadino.

UTOPÍA DE TOMÁS MORO, PRIMERA TRADUCCIÓN AL CASTELLANO. JERÓNIMO DE MEDINILLA

Podemos imaginar un ambiente cultural con estos mimbres en el siglo XVII en el Campo de Montiel en general y en Villanueva de los Infantes en particular. La primera versión traducida al castellano de la obra *Utopía* de Tomás Moro escrita en 1516, está realizada en Villanueva de los Infantes en 1637 por Jerónimo de Medinilla y Porres, gobernador del Campo de Montiel. Muy pronto le sucedieron ediciones en otras lenguas como el alemán y el francés. La obra va precedida por diversas aprobaciones y de las opiniones de dos insignes humanistas: Bartolomé Jiménez Patón y Francisco de Quevedo y Villegas. En cualquier edición antigua o moderna de esta obra de Tomás Moro en castellano, se podrá leer en los preliminares y notas el prólogo de Francisco de Quevedo: «nota, juicio y recomendación de la Utopía. Quevedo, paseando por el Campo de Montiel importunó a Jerónimo de Medinilla a su traducción», hecho que realiza con la aprobación del gramático Bartolomé Jiménez Patón.

VTOPIA
De
THOMAS MORO,
TRADVCIDA DE LATIN en Castellano por Don Geronimo Antonio de Medinilla i Porres, Cauallero de la Orden de Santiago, Cavallerizo de su Magestad, Señor de las Villas de Bocos, Rozas, i Remolino, Corregidor, i Iusticia mayor de la Ciudad de Cordova, i su tierra.

A D. IVAN DE CHAVES I MENDOZA
Cavallero de la Orden de Santiago, Presidente del Real Consejo de las Ordenes, del Consejo, i Camara de su Magestad, Conde de S. Cruz, i Señor de la Calçada, &c.

Dilecta ex his, & constituta Republicę forma, laudari facilius, quàm evenire, vel si evenit, haut diuturna esse potest. C. Corn. 7.
Ann. lib. 4.

CON PRIVILEGIO.
EnCordova. Por SALVADOR DE CEA. A. 1637

Primera traducción española de la *Utopía*, por Jerónimo Antonio de Medinilla (Córdoba, 1637)

Portada de *Utopía* (1637), de Tomás Moro. Primera traducción al castellano de la obra por Jerónimo de Medinilla.

4.4. EL CAMPO DE MONTIEL COMO ESPACIO ESCÉNICO EN EL TEATRO ÁUREO Y EN LOS SIGLOS XIX Y XX

Por influencia del Concilio de Trento (1545-1562) el teatro quedó relegado de los claustros y atrios de las iglesias. Los cómicos instalaron sus escenarios en plazas y calles céntricas. Las representaciones más importantes eran para las fiestas del Corpus Christi. Del ágora, la farsa pasó a espaciosos corrales o patios de las casa o mesones «Por lo general, bastaba con un patio de una posada»; de ahí el nombre de corral dado a los primeros teatros. Durante todo el siglo XVII el teatro fue sin duda, el espectáculo por excelencia que presenciaban desde el rey hasta los más humildes. Un género que producía fama y bienes económicos, por lo que muchos poetas se dedicaron a la creación de piezas dramáticas. Al ser un teatro en verso y polimetría, los modelos épicos y líricos eran de más fácil imitación que la prosa. El teatro español del Siglo de Oro fue muy fructífero. La comedia fue ganando adeptos y convirtiéndose en un espectáculo multitudinario que se representaba en los llamados «corrales de comedias». El autor de comedias o creador de la pieza teatral era el empresario teatral. El corral de comedias en Villanueva de los Infantes contribuyó a convertir a la villa en foco cultural de La Mancha durante el Siglo de Oro. Un corral poco estudiado, aunque han quedado vestigios en la toponimia del callejero.

En cuanto a los temas históricos del teatro áureo, Pedro I y el fratricidio en Montiel se convirtió en uno de los personajes preferidos por los dramaturgos del Siglo de Oro: Calderón de la Barca, Andrés de Claramonte, Lope de Vega, etc., además de otros personajes secundarios como Lope de Figueroa, cercano con el territorio. En el siglo XIX será Zorrilla quien vuelva al tema histórico con la comedia *El zapatero y el rey*.

En el siglo XX el dramaturgo Alejandro Casona pondrá su mirada en esta tierra, con Quevedo en su madurez, en su obra teatral *El caballero de las espuelas de oro*.

4.4.1. El corral de comedias de Villanueva de los Infantes

El momento de esplendor de las fundaciones de los corrales de comedias en España fue en el primer tercio del siglo XVII. Cerca o lejos de la Corte, las compañías de cómicos más o menos importantes tenían a su disposición patios de comedias en poblaciones relevantes del centro peninsular, como Alcalá de Henares(1601), Alcázar de San Juan (1623), Almagro (1628) y Villanueva de los Infantes.

La mayor parte de las obras se representaban en corrales –convertidos en teatros– generalmente instalados en el patio interior de una manzana de casas, en el que se ponía el escenario. En la estructura interior se hallaba un tablado de madera de forma rectangular, elevándose sobre el suelo un metro y medio como mínimo, que se encontraba en el lugar opuesto al de la entrada al recinto, ocupando uno de los lados, donde se encontraban los balcones de apariencias y detrás los vestuarios de los actores. En las comedias de enredo, la escena de los balcones estaba muy vinculada con las conquistas amorosas.

Por alusiones indirectas y la toponimia se sabe que en Villanueva de los Infantes hubo un corral de comedias, aunque no se conoce la fecha de su construcción. No es casual que en Villanueva de los Infantes el corral de comedias estuviese ubicado en el vetusto mesón de Juan Pérez Canuto[9], vecino este de Fuenllana, donde, según una provisión de 1535 al gobernador del Campo de Montiel, suplica que no se le impida explotar su propiedad porque con licencia real declara poseer un mesón en Villanueva de los Infantes donde se jugaba a los dados y se practicaba el juego de la pelota y la mancebía; dando nombre al callejero popular donde estaba ubicado el mesón en la calle del Juego de Pelota. Expone que:

> [...] e que en la dicha casa tiene incorporado un meson para acoger a los caminantes e personas que en el se quisieran aposentar, en el cual dicho meson diz que gastó mucha cuantia de *mrs.*, porque es de muchos e buenos hedificios e provechoso a la dicha villa e a los dichos caminantes [...[(Porras 2010, 521).

Así se estaba haciendo en el siglo XVII con muchos patios de las posadas. El corral o patio de las posadas fue el predecesor de los teatros de los corrales de comedias en España: el corral de comedias de Almagro estaba ubicada en el mesón de la Plaza; el de Granada en la antigua alhóndiga corral del Carbón, que había sido posada musulmana en el siglo XIV; el de Toledo en el mesón de la Fruta, etc.

La bibliografía escrita sobre la casa de comedias de Villanueva de los Infantes es casi nula; alguna breve mención en reseñas dan la noticia del antiguo corral. Por lo que se advierte al lector que el relato que se va a resumir a continuación es una interpretación y transcripción de fuentes indirectas transmitidas por el erudito local don Pedro Castellanos Castellanos. No existe ningún documento escrito formalmente de la época, sino una nota manuscrita que no nombra fuentes o de dónde procede la información:

> «La casa de las Comedias la mandó edificar con permiso del Rey y del Consejo de las Ordenes el matrimonio formado por Juan Gallego Canuto y Ana de Salazar, pasaron a disfrutarlo su nieto Juan Aguado Fernández de Córdoba y Canuto» (nota manuscrita de don Pedro Castellanos).

La nota manuscrita se complementa de dos dibujos hipotéticos del corral con dos planos del primer piso y del segundo, además de la nota simple del registro de la propiedad de 1874, 1984 y 1996 sobre la finca o solar de la casa de comedias. Analizar la información anterior conlleva un ejercicio de búsqueda y revisión de documentación referente a la genealogía de los fundadores del corral de comedias indicado en la nota manuscrita.

Justificar la certeza del contenido de la nota manuscrita –ya que no existe documentación de la época– nos lleva a buscar información de los «hipotéticos» fundadores: Juan Gallego Canuto y Ana de Salazar. El fundador de la casa de comedias es el nieto de Juan Pérez Canuto[10], hijo de su hija María Canuto. Esta casó con el licenciado Andrés Gallego de Villanueva de los Infantes. La hija de Juan Gallego Canuto y de Ana de Salazar, Ana Gallego y Salazar, heredera del mayorazgo de los Gallego, Salazar y Canuto de Villanueva de los Infantes, casó con Francisco Aguado de Córdoba, natural de Alcaraz (nacido en 1601). El primogénito de este matrimonio fue Juan Fernández de Córdoba (1619-1690), regidor perpetuo de Alcaraz, aguacil mayor de la Inquisición, maestre de campo de la Infantería Española y corregidor de la ciudad de Cáceres. Este, igual que su padre, tratando de consolidar su poder de influencias en Villanueva de los Infantes, contrajo matrimonio con Ana María Ballesteros Muñoz y Saavedra, hija de Pedro Ballesteros Muñoz Mexia Orozco (1611), perteneciente a la familia de los Ballesteros que:

> […] Siempre ha estado estimada por ilustre y los sujetos que han usado dicho apellido por hijosdalgo de sangre teniendo como tales las varas de Alcaldes de la Hermandad de que hay distinción y gozando los otros actos de propios caballeros y que los hombres comunes jamás han tenido (Losa, 551-552).

Por todo esto se puede deducir que la casa de las comedias de Villanueva de los Infantes no es un bien propio del Ayuntamiento o del Concejo de esta ciudad, sino de los linajes Gallego, Salazar y Canuto. Un antiguo corral, según consta en el archivo municipal, cuyo edificio sito en la calle Comedias, propiedad de don José Joaquín Salazar Jaraba, fue declarado ruinoso por el Ayuntamiento en 1932.

De este espacio escénico del corral de comedias que hizo las delicias teatrales en Villanueva de los Infantes quedan elementos reciclados, como las columnas, y restos estructurales embutidos en las paredes de las galerías y otros espacios de la casa. Se encontraba ubicado en la calle del Juego de Pelota, que posteriormente se denominó en 1873 calle de las Comedias hasta el último cuarto del siglo XX que pasó a llamarse calle Nuestra Señora Virgen de la Antigua. El hispanista americano John V. Falconieri, profesor de la Universidad de Ohio (1958-1964), hizo una ruta geográfica por los antiguos corrales de España y dejó constancia de este antiguo corral:

> […] En el corazón de la Mancha, en la interesantísima ciudad de Infantes (de fama quevedesca), existía un corral, que desgraciadamente fue arrasado para la construcción de una casa particular, en 1926. Hay, sin embargo, los restos de un pequeñito corral, cuyo escenario ha desaparecido y cuyos aposentos han sido cerrados y cubiertos de argamasa (Falconieri 1965, 105-106).

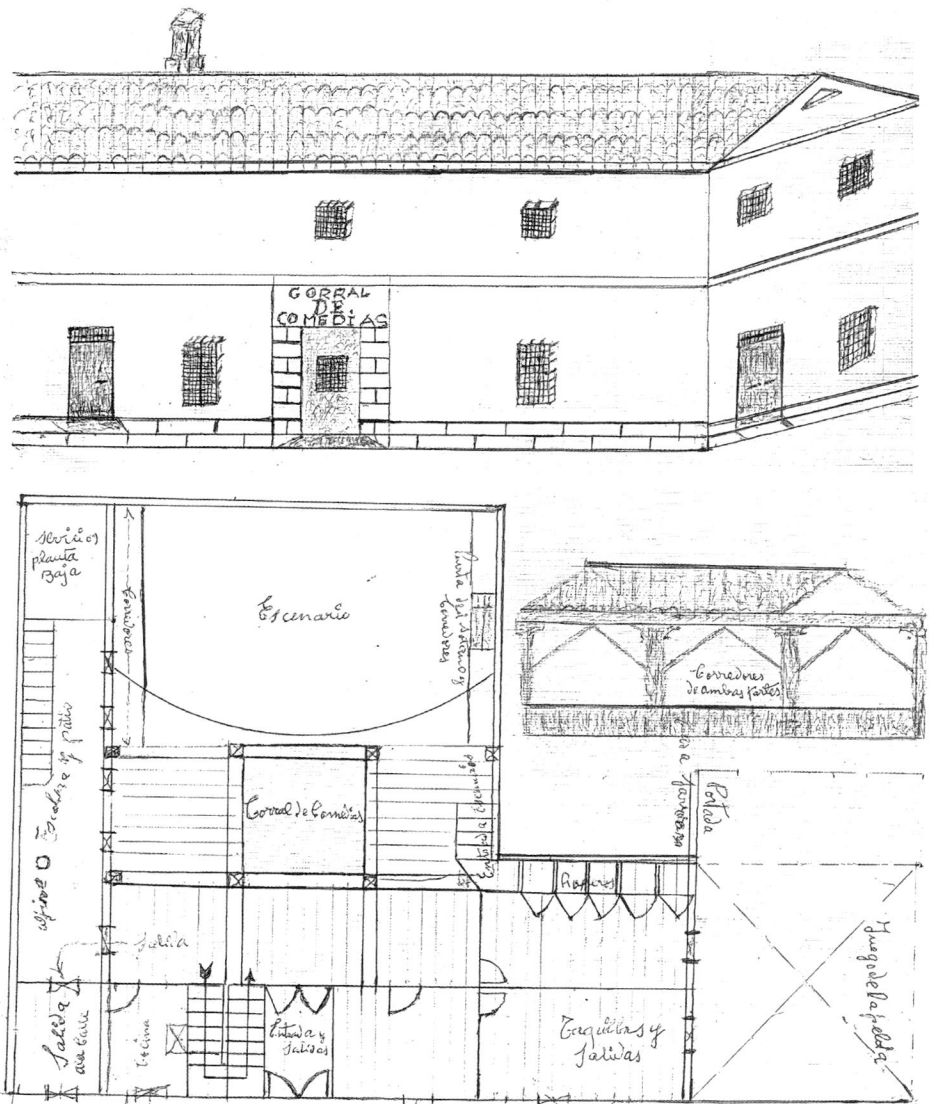

Dibujo imaginado de la fachada (arriba) y plano imaginado (abajo) del trazado interior del corral de comedias de Villanueva de los Infantes.

Los corrales de comedias fueron decayendo en todo el país a finales del siglo XVIII en favor de los teatros románticos o los llamados «a la italiana». El tiempo los hizo desaparecer o quizá fueron olvidados debido a la pérdida de importancia y la aparición de otros teatros.

En la época de Lope de Vega, el autor de una obra de teatro la vendía al director de la compañía, quien la comercializaba libremente, perdiendo el autor todos sus derechos. Si era aceptada por el público se imprimía en un solo texto o por partes. En cuanto a las compañías, a través de referencias bibliográficas de la tesis doctoral de R. A. Sánchez Martínez sobre el *Teatro comercial en Murcia durante el siglo XVII*, encontramos referencias colaterales de autores o directores asentados o compañías que actuarían en Villanueva de los Infantes. En las actas capitulares del Ayuntamiento de Murcia se hallan datos de compañías de teatro que recorrían ciudades y pueblos entre los que se encuentra Villanueva de los Infantes en los circuitos comerciales. A través de una carta de poder, fechada en Villanueva de los Infantes el 20 de septiembre de 1637, el autor de comedias Juan de Nieba da fe ante el escribano Gabriel de Mendoza, otorgando su poder a Martín de Arxona, su criado, para que vaya a la ciudad de Murcia y presente su compañía las comedias para ser representadas en el corral del Toro de Murcia. En esta carta de poder Juan de Nieba, autor de comedias, encontrándose en Villanueva de los Infantes, concierta con la ciudad de Murcia para ir en veinte días desde la firma del contrato. Se compromete a representar cuarenta comedias, advierte que de esas cuarenta solo veinte son nuevas; por lo tanto las otras ya se habían representado o serían textos comprados la temporada anterior. Su criado Martín de Arxona en Murcia el 27 de septiembre de 1637 firma una carta de obligación, usando el poder en nombre de Juan de Nieba, por el cual iría la compañía a la casa de las comedias de la ciudad de Murcia, quedando obligado por tanto a representar cuarenta representaciones, veinte de ellas nuevas. La compañía de Juan Nieba se componía del autor, que hacía de galán, y de su mujer, Luisa Reinoso. Desde esta ciudad de Murcia marchaban a Valencia. Si Juan Nieba residía en Villanueva de los Infantes es de suponer que su compañía representaba en dicha ciudad en el corral de comedias.

> // Sepan quantos esta carta de poder vieren, como yo Juan de Nieba, autor de comedias, por particular merçed de su maxestad, vecino de la villa de Madrid, estante al presente en esta Villanueba de los Infantes, otorgo que doy todo mi poder cumplido que el de otro neçesario a Martin de Arxona, mi criado, especialmente para que en mi nombre vaya a la ciudad de Murçia y otras partes y asiente con la dicha ciudad y con el arrendador de las casa de comedias de dicha ciudad y con quien más sea necesario, el representar con mi conpañía todas las comedias que le parezca asta cantidad de cuarenta, con beynte comedias nuevas. Y sobre ello otorgue el concierto y asiento que le parezca, otorgando en mi nombre las escrituras de obligación./
>
> En forma y la otorgue ante escribano público y testigos en Villanueba de los Ynfantes a beynte días del mes de setiembre, de mil y seiscientos y treynta y siete años, siendo testigos Santos de Çea y Juan de Canpoy y Miguel Ruiz, rresidentes en esta villa y lo firmo el otorgante a quien yo el escribano doy fe que conozco. Juan de Nieba ante mí Gabriel de Mendoça […].
>
> Sepan quantos esta carta de obligación vieren como yo Martin de Arxona, criado de Juan de Nieba, autor de comedias.
>
> […]

Usando el dicho poder y en nombre del dicho Juan de Nieba (…) le obligo (.. de los señores del ayuntamiento de esta noble y muy leal ciudad de Murcia, y de los cavalleros comisaros della y su ayuntamiento a que el dicho Juan de Nieva, autor de comedias, por su persona y su compañía, vendrá a esta ciudad y casa de comedias, ello dentro de veinte días desde oy veinte y siete de septiembre deste año de mil y seiscientos y treinta y siete, en donde se obliga y queda obligado a representar y hacer quarenta representaciones, veinte de ellas comedias nuevas y por rraçon dellas de más de su entrada y los señores del ayuntamiento e cavalleros comisarios (…) de aprovechamiento de la casa que toca al (…) que assi a sido trato.

Y de esta manera yo el dicho Martin de Arxona obligo al dicho Juan de Nieva autor de comedias, que dentro del dicho tiempo vendrá con su compañía … ciudad y hará las dichas rrepresentaciones continuando en ella (…) sus casas de comedias (…) aver representado en (…) las dichas quarenta , las veyte dellas nuevas.

En Murcia en veinte y siete de septiembre de mil y seicientos y teunta y siete años ante el escribanoi público y testigos […]// (Sánchez 205, 340).

En otro documento de un acta capitular de Murcia del 9 de abril de 1638 se acuerda «librar seiscientos reales en propios y la librança se despache» para que el autor de comedias Lorenzo Pintado vaya a representar a Murcia. Se trata de un autor de fama y la ciudad tiene constancia de que llevaba muy buenas obras de teatro. Este autor de comedias Lorenzo Pintado tenía como objetivo llegar a la ciudad de Valladolid para representar en ella las fiestas del Santísimo Sacramento. En su camino de Murcia a Madrid y de Madrid a Valladolid encontraría otras poblaciones donde se representarían las comedias: Hellín, Albacete, Villanueva de los Infantes, Almagro, Aranjuez, Alcalá de Henares y Madrid. Una vez que Lorenzo Pintado estuviese en Murcia, con ese dinero financiaría a la compañía para pagar salarios y transporte, que causaban un gran gasto.

4.4.2. «El antiguo y conocido Campo de Montiel» en obras de Calderón de la Barca y Andrés de Claramonte

El tema de don Pedro «el Cruel» o «el Justiciero» ha llamado la atención tanto a poetas anónimos desde los primeros romanceros como de los poetas y dramaturgos del Siglo de Oro. Posteriormente, en la época romántica, con el afán de resucitar la Edad Media, vuelven a rememorar los hechos históricos acaecidos en Montiel. Un rey cruel que rechazó a su legitima esposa, doña Blanca de Borbón, para continuar con su amante, doña María de Padilla, encerrando a su mujer en un castillo donde murió. Perdió la vida y el trono en su última lucha contra su medio hermano el infante don Enrique. Este es el tema contado en los romances de los siglos XV y XVI.

En el teatro áureo la figura del rey Pedro I y los hechos acaecidos en Montiel le convirtieron en uno de los monarcas preferidos por diversos dramaturgos, Calderón de la Barca (1600-1681) lo presenta en *El médico de su honra* (1637) rodeado del presagio que terminará con el fratricidio en Montiel. Don Pedro, andando por Sevilla, oye a unos músicos, lo que parece ser una profecía:

> (*Música*) Para Consuegra camina,
> donde piensa que han de ser
> teatros de mil tragedias
> las montañas de Montiel
> (Calderón 1978, 192)

El dramaturgo Andrés de Claramonte (1580-1626), en el drama *Deste agua no beberé* (1617), en el tercer acto, con la batalla de Montiel como trasfondo de la acción, sitúa a don Pedro, que huye por el campo de las fuerzas victoriosas de su hermano. Una sombra predice su muerte. Se aproximan las fuerzas de don Enrique, Mencía que vive en el bosque y a quien don Pedro no reconoce, le esconde en una cueva para protegerle. Mencía al final de la segunda jornada alude:

> Los campos de Gelvé
> Dios a Montiel pasó.
> Malditos campos seáis,
> y en la más sangrienta lid
> pierda su Absalón David.
> (Claramonte 1951, 521).

La escena se desarrolla en tres espacios bien determinados: Alanís, Sevilla y el Campo de Montiel. En este último escenario se mantiene a lo largo de toda la tercera jornada. Comienza en «Un monte, sigue en el castillo», tiene un eje central en la «ciudad», para volver al «castillo» y terminar en el «monte». Todos los auspicios se materializan en el Campo de Montiel, donde morirá el rey don Pedro, dando fin a la dinastía castellana.

Al final de la comedia, Claramonte atribuye al Campo de Montiel un paisaje bélico; los augurios sobre el rey don Pedro que habían comenzado en la primera jornada se cumplen (Canseco, 325):

> Parece que aquestos campos
> llenos de abrojos y adelfas,
> están provocando, tristes,
> espanto, horror y tristeza.

Cercano a este territorio mítico es un personaje histórico –don Lope de Figueroa–, que participó como militar en los Tercios, en la batalla de la

Monolito al rey don Pedro I en Montiel.

Isla Terceira en 1582 a las órdenes de don Álvaro de Bazán, señor de la villa de Valdepeñas, marqués de Santa Cruz, comendador mayor de León y de Villamayor, Alhambra y La Solana en la Orden de Santiago. La fama de don Lope de Figueroa como buen militar suscitó interés para varios autores del Siglo de Oro que lo inmortalizaron como personaje literario. En la obra dramática *El alcalde de Zalamea* (1636), de Calderón de la Barca, se cuenta la venganza del alcalde Pedro Crespo, que da muerte a don Álvaro, el arrogante capitán que ha secuestrado a su hija. Calderón introduce personajes reales como Lope de Figueroa (1541-1585), caballero de la Orden de Santiago, comendador de los bastimentos del Campo de Montiel entre 1582 y 1585. Su blasón, aunque de linaje foráneo, aparece en la casa Tercia del bastimento de Cózar por ser comendador y titular del bastimento de Montiel. Un personaje que coincidiría con Miguel de Cervantes cuando este sirvió como soldado entre 1569 y 1584. En 1572, tras su vuelta por haber sido herido en la batalla de Lepanto, se incorporó al tercio de Lope de Figueroa. Coincidencias o no, confluirán ambos en el mítico Campo de Montiel.

Lope de Vega también estuvo como soldado en este tercio e introduce a Lope de Figueroa en la tragicomedia histórica *El asalto de Mastrique* (1614), compuesta probablemente en 1604. Luis Vélez de Guevara lo incorpora en *El águila del agua* (1642) donde dramatiza la figura de don Juan de Austria y la batalla de Lepanto, y en *El cerco del Peñón;* Bautista Diamante, en la *Defensa del peñon* (1670); y Agustín Moreto, en *La traición vengada* (1681).

4.4.3. El teatro romántico. El drama de José Zorrilla

A mediados del siglo XIX la fama de Pedro I «el Cruel» o «el Justiciero» siguió siendo motivo de inspiración. José Zorrilla (1817-1893) admiraba la importancia histórica de Montiel y lo pone de manifiesto en el drama *El zapatero y el rey* (1841). Un drama romántico en cuatro actos basado en un episodio de la guerra entre Pedro I el Cruel y Enrique de Trastámara. El protagonista es el capitán Blas Pérez, hijo de un zapatero y al servicio del rey don Pedro, a quien debe cuanto tiene, incluso su carrera militar. El meollo de la obra es la lucha entre la deuda de gratitud al rey don Pedro y el amor de doña Inés. En la escena última don Pedro se encuentra cercado en Montiel por las tropas de Beltrán Dugesclin al servicio de don Enrique. A don Pedro se le vaticina un desgraciado final:

> CAPITÁN: ¿Quién es don Enrique?
> DON ENRIQUE: Yo
> ¿Qué demanda? ¿Quién es él?
> El capitán que en Montiel
> El rey don Pedro dejó.
> ....
> DON ENRIQUE: Vendrás a ofrecerme el oro
> que habrá escondido mi hermano:
> ....
> sal sin temor de Montiel;
> que ambas a dos las desprecio.
> ....
> CAPITÁN: Un crimen más en Montiel
> Y otro cadáver en tierra. (Zorrilla 1981, 207-213).

4.4.4. *El caballero de las espuelas de oro* de Alejandro Casona

A mediados del siglo XX el dramaturgo Alejandro Casona (1903-1965) reflejará la vida del escritor español Francisco de Quevedo en la obra de teatro *El caballero de las espuelas de oro* (1962), en el esplendor de su madurez, con su ambición y su ingenio; así como sus famosos enfrentamientos con Luis de Góngora y el ocaso de la vejez, ya cercana la muerte, tras su salida de prisión. La obra de teatro fue estrenada por primera vez en Puertollano en 1964.

Una obra de inspiración temática histórica-tradicional sobre la figura política literaria de Quevedo en dos tiempos. El Tiempo I, en Madrid, en los últimos años de Felipe III; y el Tiempo II, veinte años más tarde, bajo Felipe IV, en Madrid y en Villanueva de los Infantes. El cuadro primero, inicia la escena en una taberna donde se reúnen los cofrades de la Risa para nombrar cofrade al poeta don Francisco de Quevedo. El vino de Membrilla, considerado como «precioso» en *La hija de la Celestina* de Salas Barbadillo y en *El licenciado Vidriera* de Cervantes, en esta obra sale también a colación:

> […] QUEVEDO: Y bien salado, que necesitamos mucha sed para todo lo que pensamos beber. ¿Qué vino tienes?
> HOSTELERO: De todos, lo mejor. El pardillo de Luque, que es sangre de uva; el nuevo de La Membrilla, que todavía sabe a vendimia; el tostado de Esquivias, que calienta como una moza… […] (Casona 1994, 40).

En la segunda parte se ve a un Quevedo que ha dejado de ser polemista. Su lucha con el conde-duque de Olivares le ha llevado a San Marcos de León, donde soporta grilletes en pies y manos. De allí sale para Villanueva de los Infantes, donde muere. En el cuadro séptimo, la acotación indica: «En Villanueva de los Infantes, cuatro años después. Casa de labranza limpia y confortable, servida por DIEGO Y LORENZA, criados campesinos». Al final de su vida aparece Sanchica, una rapaza montaraz cantando el romance de Fontefrida, del que entablan conversación sobre romances. En el cuadro octavo: «En el mismo lugar, tiempo después anocheciendo». Aquí encuentra a Sanchica, Quevedo morirá en sus brazos. Sanchica simboliza el pueblo llano, real, sin instrucción, pero nutrido por la canción y la poesía.

Al elenco de personajes del teatro áureo, se une el de Quevedo, que llegará a ser un personaje de ficción en múltiples novelas por autores de finales del siglo XX y principios del XXI. En cuanto al personaje de fic-

Portada de *El caballero de las espuelas de oro* (1962), de Alejandro Casona.

ción, el *Quijote* continúa siendo por escritores motivo para buscar y revivir los enclaves y episodios quijotescos en el Campo de Montiel.

4.5. EL CAMPO DE MONTIEL EN LA LITERATURA DE VIAJES

Los relatos de viajes han servido de base para noticias asombrosas. En la Antigüedad y en la Edad Media hubo viajeros que se trasladaron a tierras lejanas y dejaron su testimonio escrito. Religiosos que en sus desplazamientos pretendían evangelizar o bien otros por viajes con fines comerciales. La peregrinación de san Vicente Ferrer en su viaje de predicación castellana a principios del 1411 recorrió el itinerario que discurrió por Murcia, Molina, Cieza, Jumilla, Alcaraz y La Moraleja, esta última se refiere a Villanueva de los Infantes denominado de esta forma en aquellas fechas. Será en la Edad Moderna cuando los libros de viajes comenzaron a ser un género literario. Los espacios urbanos toman el protagonismo en los relatos de viajes.

El viaje ha sido desde siempre la mejor forma de conocer un país y su cultura. Los viajes eran parte de la educación de las clases privilegiadas, se hacian con el objetivo de ampliar conocimientos; de ahí la importancia de su planificación. Los viajeros narran acontecimientos a los que asisten, describen todo aquello que les parece digno de ser reflejado en sus textos. Los relatos de viajes con sus detalles tienen una relación estrecha con la literatura y la geografía. Son testimonios de singular belleza que nos hacen ver, palpar y contemplar una realidad. La narración se desarrolla cronológicamente en torno a un itinerario. Los temas tratados son muy diversos, suelen depender de intereses personales del autor y de la finalidad de su viaje. Los viajes han servido a sus autores para superar la melancolía, aprovechar los conocimientos, para evadirse y realzar mitos, para revelar el espíritu de un pueblo o del propio autor. La Generación del 98 en sus textos revelan el espíritu de una nación a través de su paisaje y su paisanaje. La finalidad de los libros de viajes es informar estableciendo una relación entre el individuo y el espacio.

El Campo de Montiel ha sido tierra de paso para viajeros que recorrieron España. En su caminar desde Malagón (Ciudad Real) hacía Beas de Segura (Jaén), para fundar otro de sus conventos carmelitas, partió santa Teresa de Jesús un 14 de febrero de 1575. El camino que siguió fue desde Daimiel y Manzanares, entró por la Encomienda de la Orden de Santiago en Membrilla; posteriormente tomaron el Camino Real de Andalucía, que seguía por La Solana en dirección a Alcubillas, de allí entre «cerros e valles e montes de encinares e robledales» seguirían a Cózar para entrar, de ese modo, al atardecer a Torre de Juan Abad, rodeada de viñedos y olivares. Pernoctaron en el hospital destinado a «dar recogimiento a los pobres viajeros». A la mañana siguiente comenzaba la Cuaresma, –era miércoles de ceniza–, todos los miembros del sequito «recibieron en sus frentes la ceniza bendita» en la iglesia parroquial Nuestra Señora de los Olmos. El paso quedó inmortalizado por la pluma de la madre Ana de Jesús, una de las religiosas que acompañaban a la monja andarina.

En la literatura de viajes encontramos viajeros que atravesaron el Campo de Montiel dejando en sus relatos breves descripciones de algunos pueblos.

Sus impresiones del patrimonio artístico de los lugares que habían visitado, sus testimonios son una fuente documental muy valiosa. el viaje de santa Teresa de Jesús a su paso para ir a Beas de Segura, la travesía de Cosme III de Médicis por España y Portugal y el viajero franco-americano A. Floriano Jaccaci por tierras de La Mancha.

4.5.1. La travesía de Cosme de Médicis III por el Campo de Montiel. Siglo XVII

Entre lo literario y la historia se encuentra el libro del viaje del heredero del gran ducado de Toscana que realizó por España y Portugal entre 1668 y 1669. Su objetivo era conocer las cortes europeas. La comitiva se componía de treinta y nueve personas, representantes de la nobleza y la cultura florentina. Entre los que destacan, el diplomático e intelectual toscano Lorenzo Magalotti, autor de la relación del viaje, y el arquitecto y pintor Pier Maria Baldi, que realizó ciento veintinueve acuarelas en las que plasmó las ciudades y lugares recorridos. En la minuciosa relación del viaje se describen las ciudades, villas y lugares por las que pasaron y el paisaje del itinerario; anotaron la producción de la tierra y las costumbres de sus habitantes, lo que hace del mismo una completa visión de la España de finales del siglo XVII.

Cosme de Médicis y su séquito entraron en La Mancha en su trayecto desde Toledo hasta Andalucía. La primera localidad fue Mora, para continuar por Consuegra. Desde Consuegra fueron a Villarta de San Juan. Llegaron a Membrilla el día uno de diciembre, plasmando Baldi con sus dibujos en acuarela el paisaje de Membrilla, Villanueva de los Infantes y la Venta Nueva en Villamanrique.

> […] Fuera de Manzanares comienza inmediatamente el Campo de Montiel al cual pertenece Membrilla, que todavía es del Rey. Calatrava es una llanura desierta y sin otro confín que el del horizonte. Membrilla tiene el origen de su nombre de la abundancia en verano, otras veces mucho más que ahora, de manzanas y membrillos. Las vides son de poca frondosidad, produciendo pocos y claros carpones, por lo que el pueblo en general no es abundante en vinos. Sin embargo el poco que hacen es bueno (generoso) y en un año y medio está perfecto y dura al menos cuatro años (Cauci 2004, 173).

En Membrilla escuchó misa el día dos en la parroquia de Santiago, que era «grande y gótica de arquitectura» y después de comer partieron para Villanueva de los Infantes, dejando a mano izquierda La Solana, situada en una colina. En el itinerario menciona que a mano izquierda ven otra faja de colinas donde se ve Alhambra y otra villa rodeada de silvestres árboles frutales y una capilla llamada el Santo Cristo de Santa Elena; se refiere a San Carlos del Valle, entonces villa dependiente de Membrilla.

Panorámica de Membrilla (1668), acuarela de Pier Baldi. Biblioteca Laurenciana de Florencia.

El segundo día se escuchó misa dicha por el Padre S. en la parroquia de San-tiago gobernada por el vicario de la Orden de Santiago dependiente del Consejo de Órdenes con veinticuatro sacerdotes subordinados con títulos de capellanes. La Iglesia es grande y de arquitectura gótica. De aquí se regresó a la posada para el almuerzo después de lo cual se partió a Villanueva de los Infantes a siete leguas de camino. El campo visto en este día se extendía a una y otra parte por larguísimo trazado, hasta dar con algunas colinas dobles de monte. Está cultivado de viñas y de grano y de hermosos olivos como los nuestros. Dejamos a mano izquierda La Solana la mayor parte de tierra del Rey, situada en una colina y se pasó por una bellísima agua llamada Azuel por un molino de don Sebastián de Ortuño. Hacia la mitad del camino se encuentra una faja de colinas silvestres las cuales para pastos no pueden ser más hermosas que las del pueblo de Sierra del Peral. Antes de entrar allí se ve en lo alto, a mano izquierda otra tierra del Rey llamada Alhambra. A la entrada de la citada desembocadura hay una villa rodeada de silvestres árboles frutales y una capilla llamada el Santo Cristo de Santa Elena. Se dice que esta imagen del Cristo Crucificado es muy milagrosa […] Saliendo de la Sierra del Peral, que está formada por un único orden de montañas, el paisaje llano se extiende a derecha e izquierda hasta donde alcanza la vista y solo al frente se divisa la primera frontera de las montañas de Sierra Morena sin ser visto. Más cerca del Peral se cultiva con trigo, grandes tocones de encinas silvestres rejuvenecidas por cortas y espesas de nuevos cultivos pero a medida que nos acercamos a Villa Nouva este residuo de encinas silvestres se va perdiendo sustituido por bellos cultivos de vides que luego nos acompañaran sin más hasta el citado lugar donde, justo fuera de él, sobre un pequeño cerro encontramos una pequeña ermita titulada Nuestra señora de la Cera.

La crónica de Magalotti en cuanto a Villanueva de los Infantes dice:

Villa Nueva llamada de los Infantes, porque los Infantes de Lara la edificaron, es un lugar tan bien situado y tan lleno de buenas construcciones que merece, ni no el nombre de ciudad, al menos algo más que villa. La iglesia principal de san Andrés, la de los dominicos y las hermanas de santa Clara, la calle mayor, la calle de san Francisco que ambas van a dar a la plaza, y la plaza en sí está construida enteramente como el exterior de la iglesia en piedra con una arquitectura de logias. Las que sostiene todos los edificios que la rodean, son partes que no se diferencian de una ciudad italiana. Sin embargo, los barrios más exteriores pueden reconocerse como edificios castellanos al ser casi todos de tierra. Habrá quinientos hogares, habrá viviendas muy cómodas para más de mil. La jurisdicción temporal es del Rey, en la espiritual depende como Membrilla de la orden de Santiago que provee la iglesia de un superior eclesiástico con título de vicario. A quien están subordinados treinta capellanes y su dignidad es inamovible. Hay dos Ordenes de dominicos y franciscanos regulares y dos conventos de monjas. Uno de la Orden de san Francisco y el otro de Santiago. Había siete u ocho caballeros de Santiago con residencia en el gobierno de la misma, en calidad de Alcalde el señor Antón María de Padilla. Los arcabuces de Villa Nouva tienen algunos nombres acordes con la lejanía de Sierra Morena, la tierra más fértil para el salvamento de toda España, inculcando el genio de la caza a los habitantes de aquellos alrededores. De esta manera refinó su artesanía. Villanueva de los Infantes está, sin embargo, en el Campo de Montiel, y es uno de los lugares más importantes de la región, como el mismo Montiel, del que toma su nombre y que no llega a ser la mitad de ella. El mayor mérito que hoy hace ilustra a esta tierra es que fue patria de santo Tomás dicho por él la Villanueva, fue arzobispo en Valencia. Se puede ver iniciada una capilla, que fue construida en su honor en la iglesia principal al lado derecho de la puerta principal de las cuales no quedó otro hecho que la incrustación en el exterior de S.S. en el convento de los dominicos.

Panorámica de Villanueva de los Infantes (1668), acuarela de Pier Baldi. Biblioteca Laurenciana de Florencia.

La plaza Mayor de Villanueva de los Infantes Magalotti la consideró digna de estar en Italia. Según el relato, sabemos que Cosme de Médicis visitó la iglesia de San Andrés, la de Santa Clara, la plaza y la calle Mayor, acompañado por el alcalde mayor. También el convento de los dominicos porque se alojó en él. Menciona que había un convento de franciscanos y otro de monjas de Santiago (este lo confundió probablemente con el hospital de Santiago). Indica que este lugar era el del nacimiento de santo Tomás de Villanueva, aunque en realidad nació en Fuenllana, y que en esos momentos se estaba construyendo una capilla en su honor en la iglesia de San Andrés.

Después de la comida Su Alteza se dirigió al convento de los dominicos donde se alojó. Después de la misa saludó a Su Alteza, el Alcalde Mayor; después se adelantó al desayuno como lo había hecho el día anterior, y mientras se cargaba todo, fue Su Alteza a ver la Iglesia Mayor, la plaza, la calle Mayor, y la Iglesia de Santa Clara. Luego entró en el carruaje alrededor de las nueve, e iniciaron el camino rápidamente, para llegar a la Venta Nueva a siete leguas de allí. En cuanto se sale de Villanueva de los Infantes, el terreno empieza a ser desigual, y aunque cementado en partes sigue habiendo muchas zonas por encima y por abajo salvajes y por consecuencia de La Mancha y de Castilla, se encuentra una muralla baja de tierra fuera de la cual comenzamos inmediatamente a subir hacia Sierra Morena así continúa por tres leguas hasta Villamanrique, el último pueblo de Castilla e último pueblo del Campo de Montiel y de Castilla, donde hay una muralla baja de tierra; nada más pasarla se empieza a subir hacia Sierra Morena, que parece más una cadena de grandes colinas que de montes, los cuales se separan en varias líneas en un área de terreno bastante amplia. El terreno es todo estéril, pedregoso y salvaje al estar extremadamente cubierto de encinas y donde la lluvia ha arrastrado la tierra, deja al descubierto unas vetas de canto esponjoso y negro, que dicen que han dado su apellido a la Sierra. Es muy abundante en perdices y conejos y por eso, aunque esté desierta de casas, está igualmente poblada de cazadores. El camino es completamente desigual, a veces subiendo, a veces descendiendo, a veces caminando por el segundo nivel que exige la costa, a veces por el valle, a veces por la cresta de las citadas montañas. Subiendo hacia la Venta Nueva se descubre a lo lejos, a mano izquierda la Sierra Nevada, cuyas altísimas montañas dividen Andalucía desde Granada hasta la costa, para llegar a un lugar llamado Tomotrel […]

Panorámica de la Venta Nueva de Villamanrique (1668), acuarela de Pier   Baldi. Biblioteca Laurenciana de Florencia.

Otras veces los viajeros cuando transitaban por zonas rurales no solían hacer descripciones muy detalladas de los núcleos de población que encontraban a su paso, se limitaban a mencionar el nombre del lugar y algunos rasgos como el número de habitantes; caso de las menciones de Alhambra, La Solana y Villamanrique. El 3 de diciembre, Cosme de Médicis y su séquito continuaron su camino hacia Andalucía, llegaron a Villamanrique, donde apenas se detuvieron, porque Megalotti no describe nada del lugar, pero sí indicó que era «el último pueblo del Campo de Montiel y por consecuencia de La Mancha y de Castilla».

La Venta Nueva es una casa pobre que se mandó construir recientemente por el duque de Medina para que pudieran descansar los viajeros, y se

compone de dos míseras habitaciones en la primera planta, una en la planta
baja, un henil, y un cuarto con chimenea donde se cocina, situado delante
de un establo muy grande donde se pasó la noche junto a las bestias. El
mismo día cuatro oyó misa en esta casa, y cuando terminó se montó a
caballo una hora después del amanecer, y entró en el bosque, al lado de
la carretera principal, con perros y cazadores y fue a cazar codornices, dos
de las cuales eran bien hermosas. Cuando hubo recorrido la mitad de ese
camino entró en el camino principal, desmontó y se subió a la calesa y
avanzó durante cinco leguas hasta la Venta de San Andrés, donde llegó una
hora y media antes de que se pusiera el sol, situada casi en la frontera que
divide La Mancha, y por tanto Castilla, de Andalucía (Cauci 2004, 173).

4.5.2. Viajeros románticos del siglo XIX en el Campo de Montiel. Augusto Floriano Jaccaci (1856-1930)

Los viajes del Romanticismo están más centrados en lo exótico. La principal
motivación es la huida, tanto interior como exterior; donde cobra importancia lo
íntimo y lo subjetivo. Tras la Guerra de la Independencia, España experimentó
una invasión de viajeros extranjeros, atraídos por la nueva corriente romántica,
empeñada en atribuir a nuestro país características propias de un lejano reino
de Oriente. Gracias a aquella «moda», que se prolongó durante todo el siglo
XIX, la península recibió incontables visitas de grandes literatos, pensadores,
artistas e incluso burgueses. Muchos de ellos buscaban revivir enclaves y episodios quijotescos. Otros, insatisfechos de sí mismos, con la monotonía de su
existencia, buscaban lo diferente, lo genuino, las formas de pensar tan diferentes
a las suyas. Los lugares más deseados eran Andalucía, por su visible huella
árabe, y La Mancha, por el escenario de los episodios del *Quijote*, que todo
buen romántico debía haber leído; enclaves en los que, además, era posible
contemplar una variada y colorida galería de tipos españoles.

La presencia del paisaje de La Mancha suponía una vívida y real representación de un entorno que hasta entonces parecía haber sido poco representado
en el arte. Históricamente ha sido un territorio denostado cuyas características
morfológicas no coincidieron con los gustos imperantes. Esto ocasionó una falta
total de identificación con su paisaje por parte de intelectuales, viajeros o artistas, algo que llevó a la idea generalizada de ser un espacio poco representado.

El escritor, historiador, pintor, crítico literario y viajero franco-americano
Augusto Floriano Jaccaci escribió el libro *On the trail of D. Quixote* (1896)
traducido al español como *El camino de don Quijote (Por tierras de La Mancha)*. La fecha del viaje a La Mancha por Jaccaci se acota entre 1892 y 1894.
El libro posee brillantes ilustraciones de su amigo el pintor y dibujante español
Daniel Ubarrieta Vierge (1851-1904), que supo captar las explicaciones que
realizó Jaccaci de las gentes y del paisaje a lo largo del camino. Su testimonio
está basado en el trayecto que realizó Vierge a La Mancha por separado en

Monteil.

LE CHATEAU DE PIERRE LE CRUEL VU DE MONTIEL.

Monteil

Henry of Trastamara was fought, in March, 1366, and where Henry murdered his king and brother, unfairly held down by some French Knights, whose conscience rebelled at striking Don Pedro themselves, but permitted them to aid and abet the foul deed. Our audience worked itself up into a frenzy against the French Knights of 1369. "These pigs of foreigners, we would settle it with them, but they have never dared come back since," said the most rabid.

That such pages of history should remain vividly impressed on the minds of these nineteenth century ignorant folk, and still be so

Monteil.

Castillo de Pedro "el Cruel" visto desde Montiel y diversas vistas de la localidad (1893), dibujos de Daniel Viarge para el libro de Augusto Floriano Jaccaci *On the trail of don Quixote being a record of rambles in the ancient province of La Mancha* (1897).

ENTRÉE DE L'ERMITAGE DE SAELICES.

RUINES DE L'ERMITAGE DE SAELICES.

TYPE DE CHEVRIER, CROQUÉ PRÈS VILLAHERMOSA.

UNE FEMME DE MONTIEL.

Arriba, entrada y ruinas de la ermita de Saelices en Ossa de Montiel (1893). Abajo, tipo de cabrero, cerca de Villahermosa, y una mujer de Montiel (1893), dibujos de Daniel Viarge para el libro de Augusto Floriano Jaccaci *On the trail of don Quixote being a record of rambles in the ancient province of La Mancha* (1897).

1893, acompañado del pintor manchego Carlos Vázquez, visitando los lugares que también había visitado Jaccaci: La cueva de Montesinos, los Batanes, Argamasilla de Alba, el Campo de Montiel, Valdepeñas, Venta de Cárdenas; e incluye otros lugares que Jaccacci pasó por alto: Villanueva de los Infantes, Santa Elena, etc. Vierge plasmó una colección de bocetos y acuarelas en el libro de viajes escrito por Jaccaci. El libro se publicó en Estados Unidos en 1896, se tradujo al francés en 1901 y al español en 1915, advirtiendo el autor en el prólogo que pocos son los cambios que han acontecido en esta tierra desde tiempos de Cervantes. El amor por el *Quijote* lleva a Jaccaci a visitar los lugares legendarios, y a tratar con gentes que podrían haber sido figurantes de la célebre novela. Fascinado por las grandes aventuras, el valor humano y el espíritu libre de don Quijote, consiguió recuperar lugares, ambientes y rincones por donde transcurre la novela de Cervantes. Visita lugares evocados en el *Quijote* con el propósito de recuperar la esencia de las gloriosas hazañas del personaje cervantino, lo que le sirve para comprender mejor la obra de Cervantes; permite crear una obra de «peregrinaje literario» con hipertextos de la historia de don Quijote. En su viaje observa incluso cómo las gentes de La Mancha están todavía impregnadas de héroes legendarios de los romances.

El eje central de su viaje es Argamasilla de Alba, siguiendo la tradición por considerar esta población como «el lugar» y lo estructura en tres «salidas» a la manera quijotesca, acompañado por su particular escudero Ezequiel. El libro está dividido en siete capítulos dedicados a las poblaciones admitidas tradicionalmente en las que se inspiró Cervantes para crear a sus personajes. Su tránsito le llevó a recorrer Manzanares, Argamasilla de Alba, El Toboso, Campo de Criptana; del Campo de Montiel las poblaciones de Ruidera, Ossa de Montiel, Villahermosa y Montiel. El capítulo tres está dedicado a la cueva de Montesinos, los Batanes, Ruidera, Ossa de Montiel y las Lagunas de Ruidera. Pasan la noche en el cortijo de San Pedro y al día siguiente pasan por la ermita de Saelices donde don Quijote, Sancho y el estudiante pararon tras haber visitado la cueva de Montesinos. Bordean las lagunas y observan el castillo de Rochafrida, recordándoles los famosos romances de Rosaflorida y Fontefrida. Hace una crítica irónica y mordaz sobre los personajes que encuentra en el camino (cabreros, guardia civil, etc.) y de su gastronomía. Describe la impresión que le invadió al bajar a la cueva de Montesinos y sitúa la ermita de San Pedro, siguiendo lo escrito por Cervantes en su novela. El capítulo cuatro, dedicado a Montiel y a sus gentes, incluye a Villahermosa. Realiza una descripción pintoresca de los lugares, una tierra desolada y estéril, que imprime carácter, convirtiendo a sus habitantes en reservados, taciturnos y sombríos; aunque muy cordiales, donde el tiempo se ha detenido. Así describe a Villahermosa:

[…] Hacia las diez, al final de un ascenso agotador y tortuoso, llegamos a unas casas apiñadas alrededor de una iglesia grande y deslucida. Si alguna

ARRIVÉE A VILLAHERMOSA. — LA BOUTIQUE DU BARBIER.

ENTRÉE DE LA « CAVE DE MONTESINOS ».

Llegada a Villahermosa y entrada de la cueva de Montesinos(1893), dibujo de Daniel Viarge para el libro de Augusto Floriano Jaccaci *On the trail of don Quixote being a record of rambles in the ancient province of La Mancha* (1897). Fuente: https://archive.org/details/ontrailofdonquix00jaccrich/page/16/mode/2up

vez el nombre de un pueblo ha encontrado su apariencia, ese es el nombre de esta sórdida aldea ¡Villahermosa! No hace falta describir la casucha que tiene por posada, o el miserable almuerzo que encontramos en ella. Basta decir que en cuanto pudimos preparar la mula salimos de nuevo a dar una vuelta a unas millas al sur hacia Montiel a la caza de compensaciones románticas para las triviales penurias de mi «yo sanchopancesco [...] (Bautista 2010, 182).

Una vez visitado Montiel y de vuelta a Argamasilla, relata su impresión al cruzar Villahermosa:

[...] Pasamos silenciosamente por el escenario de esta matanza fratricida con el castillo de Montiel luciendo imponente y solitario a nuestras espaldas, mientras que, ante nosotros, Villahermosa despliega una púrpura silueta de casa, como un merlón dominado por la inmensa torre de su iglesia, bajo un cielo trágico, con un escuadrón sangriento de nubes de formas fantásticas que corretean como un ejército a la fuga [...] (Bautista 2010, 182).

4.6. EL CAMPO DE MONTIEL EN LA LITERATURA DE LA TRANSICIÓN DEL SIGLO XIX AL SIGLO XX. LA GENERACIÓN DEL 98

La literatura de viajes de los siglos XVI y XIX entronca con la crónica de Azorín de principios de siglo XX y con el relato de Víctor de la Serna por estos parajes campomontieleños. Quince años después del viaje de Jaccaci por tierras de La Mancha tras los pasos de don Quijote, publicado en el libro *El camino de don Quijote (Por tierras de La Mancha);* le siguió Azorín por La Mancha con sus crónicas periodísticas de la *Ruta de don Quijote* (1905), encargadas por el director del rotativo *El Imparcial* con motivo del III Centenario de la publicación de la primera parte del *Quijote.* Azorín se quedó en Argamasilla de Alba, donde alquiló un carro, y desde allí visitó Puerto Lápice, Campo de Criptana y Ruidera. El monovarense trazó su particular ruta literaria ignorando el «famoso y conocido Campo de Montiel». La literatura de viajes es subjetiva, el autor da su opinión sobre lo que ve y elige lo que quiere incluir en el relato.

Los hombres de la Generación del 98 se destacaron por su amor a la naturaleza, al paisaje y a la pasión por Castilla. España perdía sus últimos territorios americanos y asiáticos. Cuba, Puerto Rico, Filipinas y Guam fueron las colonias que se cedieron a los Estados Unidos de América. Pérdidas que supusieron una ola de pesimismo en la nación. En el continente africano, quedaban las posesiones de Guinea Ecuatorial, Sidi-Ifni, Sahara o Marruecos. Ante tal cúmulo de desgracias, unos cuantos escritores, a los que se suponía cierta afinidad, conformaron la generación llamada del 98.

4.6.1. José Martínez Ruiz, Azorín (Monóvar (Alicante), 1873-Madrid, 1967)

La novela de *Antonio Azorín: pequeño libro en el que se habla de la vida de este peregrino* (1903) es, junto con *La voluntad* (1902) y *Confesiones de un pequeño filósofo* (1904), donde Azorín muestra elementos autobiográficos e impresiones suscitadas por el paisaje. El protagonista es Antonio Azorín, del cual el autor tomará el seudónimo; un personaje de ficción que se convierte en la conciencia de su creador. El autor entabla una estrecha relación con el personaje literario. En el desarrollo de esta relación, el personaje Antonio Azorín se abrirá camino hacia la vida y poco a poco desplazará a José Martínez Ruiz hasta lograr suplantarlo casi por completo.

Al igual que ocurre con *La voluntad*, la novela de *Antonio Azorín* se relaciona, en cierta medida, con la crisis finisecular del XIX y la situación que se vivía en España a raíz de los desastres coloniales del 98 y la consiguiente decadencia económica, política y social que se instauró en el seno de la sociedad española de los primeros años del siglo XX. Antonio Azorín se nos presenta como uno más de tantos españoles de aquella época, caracterizados por la abulia, la desgana, la apatía y, como decían los noventayochistas, la falta de romanticismo e idealismo, elementos fundamentales para la necesaria regeneración del país.

La novela acoge una estructura propia del ensayo, del cuento, de la crónica, el género epistolar e incluso reminiscencias del diario o del artículo periodístico. No hay intriga, ni dramatismo. El protagonista observa

Portada de *Antonio Azorín* (1903), de José Martínez Ruiz.

la naturaleza y se relaciona con un rosario de figuras humanas generalmente marcadas por la huella corrosiva del tiempo, la desilusión o el fracaso, en un constante cambio de escenario que le lleva a la casa familiar de Monóvar, a Petrel, a Villena, Alicante y Orihuela, en compañía de Sarrió, y luego a Madrid donde reanuda la actividad periodística que le empujará a nuevos viajes por pueblos castellanos. Es en la tercera parte (capítulos IX-XIV) donde recoge las crónicas de los viajes de Azorín por los pueblos de Torrijos, Valdepeñas e Infantes.

En Infantes

Cuando me despierto oigo en la calle, a través de las maderas cerradas, voces, ruido continuo de sonoros pasos, campanadas, trinos de canarios, ladridos de perros. Me levanto; por los cristales veo, enfrente, una ringla de casas bajas enjalbegadas, con las ventanas diminutas, con unos soportales vetustos formados por pilastras de piedra. En una tabla colocada en un balconcillo, a manera de banderola, leo, escrito en gruesas letras: *Parador Nuevo de la Plaza –de Juan el Botero– Pajasuelta, agua dulce.* «Cervantes –pienso– dice que la posada del Sevillano, en Toledo, se veía muy concurrida por la abundancia de agua que se hallaba siempre en ella. El agua, en estos pueblos secos, es un señuelo hoy como en los tiempos de Cervantes».

El cielo está límpido, radiante. Salgo. Camino por las blancas calles de altibajos solados con guijarros. De cuando en cuando aparece un caserón enorme, dorado, negruzco, rojizo, con la portalada monumental de sillería. Dos columnas dóricas a cada lado de la puerta sostienen el largo balconaje de ancho saliente; otras dos columnas a una y otra banda del hueco rematan en un clásico frontón triangular con las cornisas de enroscadas volutas. Y a una y otra parte de la fachada, en los grandes paramentos de los muros blancos, resaltan sendos y afiligranados blasones pétreos.

Recorro la maraña de engarabitadas callejas. Las puertas y ventanas de los viejos palacios están cerradas; las maderas se hienden, corconan y alabean; se deshacen en laminillas los herrajes de los balcones; desconchanse los capiteles de las columnas y se aportillan y desnivelan los espaciosos aleros que ensombrecen los muros... Desemboco en una plaza; el sol la baña vívido y confortable; me siento en el roto fuste de una columna. Enfrente se levanta un paredón ruinoso, resto de un antiguo palacio; a la derecha veo las ruinas de una iglesia, con la portada clásica casi intacta, con un arco ojival fino y fuerte, que se destaca en el cielo radiante y deja ver, en la lejanía, entre su delicada membratura, el ramaje seco de un álamo erguido en la llanura inmensa... A la derecha, otra iglesia ruinosa permanece cerrada, silenciosa, y se desmorona lenta e inexorablemente (Azorín 1991, 253).

Infantes sintetiza esa España arruinada, despojada y vencida tras el desastre de 1898. En 1902 Azorín recorrió La Mancha y cuando llega a Villanueva de los Infantes se encuentra con una ciudad abandonada y decadente. El 24 y el 25 de febrero de 1903 publica en *El Globo varios* artículos que formarían parte del libro *Antonio Azorín: pequeño libro en que se habla de la vida de este peregrino señor.*

Los artículos «La evolución de un pueblo. Hacia Infantes» y «La evolución de un pueblo. Infantes», ofrece la visión de una tierra empobrecida marcada por el espíritu literario de Quevedo y la grandeza de la España imperial hundida tras el desastre colonial. Azorín recorrió las calles de Infantes con las *Relaciones Topográficas* de Felipe II en una mano y la huella de Quevedo en otra. Se trata de crónicas con un tratamiento de erudición de datos estadísticos, análisis

Calle de la Reina Gobernadora (1923-1924) de Villanueva de los Infantes.

regeneracionista y observaciones. Azorín, con mirada subjetiva y afectividad negativa, presenta su personal punto de vista literario; describe a Villanueva de los Infantes con una visión negativa, quizás influenciado por los postulados de una España contemplada por los escritores de la Generación del 98.

4.7. SIGLO XX. NOTICIAS, MIRADAS, MENCIONES, ESPACIOS NO-VELÍSTICOS REALES DEL CAMPO DE MONTIEL. AUTORES CAMPO-MONTILEÑOS EN LOS GÉNEROS LITERARIOS DE LA NARRATIVA, LA POESÍA, EL TEATRO Y LA NOVELA GRÁFICA

Con motivo del III Centenario de la publicación del *Quijote*, 1905 se convierte en el año literario de la crónica de viajes, una manera de homenajear los escenarios donde aconteció el periplo del genial caballero don Quijote de la Mancha.

Noticias en prensa, miradas, menciones, voces y palabras de escritores que dejaran en forma de crónicas, entrevistas, novelas, relatos, viajes…, miradas y pequeños guiños literarios en artículos, poemas o menciones a determinados pueblos del Campo de Montiel.

4.7.1. Crónicas, miradas, guiños literarios

El cervantista y periodista Francisco Navarro Ledesma publica en 1905, en la revista ilustrada *Blanco y Negro* y en el diario *ABC*, un especial dedicado a don Quijote. El 6 de mayo publica la revista *Blanco y Negro* el reportaje «La tierra de don Quijote», una crónica de viaje siguiendo la estela de don Quijote refundida de otras crónicas previas como las de Jaccaci y Azorín, describiendo tipos y lugares reales de la época. Para conseguir los datos y la fotografía, fueron Rómulo Muro y Manuel Asenjo quienes viajaron desde Madrid directamente a Sierra Morena; de Despeñaperros a Venta de Cárdenas; atravesaron el Campo de Montiel por Villanueva de los Infantes, Villahermosa, Los Zampoñones, Ossa de Montiel, Ruidera, Argamasilla de Alba, el castillo de Peñarroya, Alhambra, etc.

> […] Henos ya en plena llanura, con el sol sobre la recalentada sesera, con el infinito por el horizonte. Las ideas grandiosas se apoderan de nuestra mente. Estamos en el famoso Campo de Montiel, en medio del cual se alza sobre una loma el memorable castillo de la traición. Allí se defendió en sus postreros días el rey Cruel; con infames engaños le hizo bajar de allí su hermano el fratricida. Los arrieros y pastores nos enseñan aún, en medio de la impecable llanura, el sitio donde se alzaron las tiendas del bastardo de Trastámara. Por allí pasaron los héroes de la tragedia medieval; por allí había de pasar el héroe de la epopeya española (Navarro 1905, 7).

V.STA DEL CAMPO Y CASTILLO DE MONTIEL

Montiel, revista *Blanco y Negro*, 1905

Miradas y pequeños guiños literarios como el poema de Antonio Machado publicado en la revista *España* en 1915 bajo el título «Mujeres de España», haciendo mención a las mujeres de Infantes, una poesía dedicada «A

Dulcinea». El poema lleva por título «La mujer manchega», teniendo como protagonistas al ama y a la sobrina de don Quijote, la esposa de don Diego, la hija del ventero…, mujeres abnegadas de La Mancha. El poema se encuentra recogido en el libro *Campos de Castilla*, donde el poeta explora la belleza de la tierra y la cultura de Castilla, ensalzando a la mujer manchega. Dice así:

> La Mancha y sus mujeres… Argamasilla, Infantes,
> Esquivias, Valdepeñas. La novia de Cervantes
> Y del manchego heroico, el ama y la sobrina
> (el patio, la alacena, la cueva y la cocina,
> la rueca y la costura, la cuna y la pitanza),
> la esposa de don Diego y la mujer de Panza,
> la hija del ventero, y tantas como están
> bajo la tierra, y tantas que son y que serán
> encanto de manchegos y madres de españoles
> por tierras de lagares, molinos y arreboles.
>
> Es la mujer manchega garrida y bien plantada,
> muy sobre sí doncella, perfecta de casada.
> (Machado 1994, 209).

El relato de viaje *La vuelta a la Mancha a pie* (1923) son notas del camino emprendido el 15 de octubre de 1922 por el periodista Juan Larreta del diario *La Región* de Valdepeñas, acompañado del fotógrafo Francisco Prieto. Al año siguiente la aventura se publicó en dos tomos. El segundo tomo relata el periplo que les llevo la vuelta a Villanueva de la Fuente desde Alcaraz, pasando por Villahermosa e Infantes, concluyendo en Torre de Juan Abad. La intención de Larreta es escribir la crónica del viaje «a la manera de Azorín» en cuanto a la forma peculiar de describir el paisaje y el paisanaje de los que lo habitan. La crónica del viaje da detalles de la arquitectura urbana, del estado en el que se encuentra los monumentos, etc. Son recibidos por las autoridades, visitan los ayuntamientos, el archivo y leen actas, visitan colegios y asilos, industrias, etc.; analizan la economía, el turismo, las fondas y posadas. Impresiones, curiosidades, y critica el mal estado de las carreteras que atraviesan el Campo de Montiel.

> […] Y eso es todo lo que vemos de Villanueva de la Fuente. A decir verdad, vimos otra cosa ya a la salida del pueblo y al principio de la carretera que había de llevarnos a Infantes: una plaza de toros, toda ella de material… Vista desde lejos evoca la idea de los restos de algún pequeño circo romano. […] Se ven algunos trozos de tierra inculta, pero son escasas; en toda la extensión que puede abarcar la vista los terrenos aparecen surcados, líneas rectas y paralelas trazadas por el arado, con la misma seguridad y precisión que hubiese intervenido la regla y el tiralíneas, atestiguan los recónditos conocimientos matemáticos de los labradores que hacen perfectas aplicaciones de geometría, sin sospechar, siquiera, que existe una ciencia así llamada. (Larreta 1923, 9).

Mercado en la Plaza Mayor (1926) de Villanueva de los Infantes. Fotografía de Loty.

[…] (Las siete de la mañana en la Plaza de Infantes).

Frio. Aire. Grupos de indígenas estacionados ante los distintos puestos del mercado al aire libre.

En un ángulo de la plaza, se hallan Larrea y Prieto. Esperan la llegada del auto de Valdepeñas… el monstruo amarillo desemboca en una de las calles que dan sobre la plaza…

Los periodistas errantes hacen gala de la cordialidad, chistes y chascarrillos; lo que Larreta reprocha a Prieto al usar relaciones nominales por querer imitar el estilo Azorín en la «Ruta del *Quijote*».

[…] En plena digestión. Y en los jardines de Infantes. Porque Infantes tiene jardines. Estamos todos reunidos […] El alcalde, el teniente alcalde, el secretario y el corresponsal hacen honores al pueblo […] para cenar en casa de Soldorado.

Soldorado es el rey de los cocineros… nos improvisa una cena que honra a Infantes. Devoramos.

[…] Estamos en el Ayuntamiento de Infantes, sentados frente a una mesa en la cual se amontona unos legajos. Son papeles, actas, en las que está encerrada, toda la verdad que hasta ahora, se conoce de los restos de Quevedo. Consultamos ávidamente los papeles […] Don Santiago (el exalcalde) habla de Quevedo con el mismo acento que toman ciertos fervientes de Cervantes al tratar su ídolo….

[…] En Infantes ha sobrevivido el espíritu de los tiempos pasados… persiste en este floreciente pueblo de la llanura manchega, un ambiente de amable arcaísmo, atemperado por las manifestaciones de la vida moderna…

Pasean por las calles, visitan iglesias, conventos, San Andrés, Santo Domingo, San Sebastián, la Trinidad, San Francisco y otros edificios infanteños:

> [...] Ante un vasto edificio, de aspecto monacal, y cuya portada filigrana pregona el gusto y la ciencia de los anónimos artistas que la cincelaron, hubieron de decirnos:
> —Esto es un convento. Hoy es un teatro.
> —¡De convento a teatro! ¡De la celda al camerino! Bonitos títulos para una cualquiera de esas obras tan en boga entre esos literatos cultivadores de la antítesis —exclama Prieto....
> [...] y no obstante, Infantes no es, ni mucho menos, lo que debiera ser entre los pueblos manchegos. Le falta un elemento esencial para alcanzar la plenitud de su desarrollo, el ferrocarril.
> ¿Por qué no pasa por Infantes una línea de ferrocarril?
> Hemos hecho a varias personas calificadas esta pregunta y estamos en posesión de datos que serán expuestos [...] nos conceptuamos perfectamente capaces de declarar, que la carencia de ferrocarril en Infantes, obedece al formidable azote condensado en las siguientes palabras: FALTA DE UNIÓN.
> Esas tres palabras [...] representan un obstáculo por el cual el movimiento comercial de Infantes queda hoy, reducido a la categoría que no le corresponde.
> Se han presentado proyectos, se han hecho estudios...
> [...] No deben ustedes marcharse sin ver el asilo... Nuestra presencia en ese local donde la más hermosa de las virtudes teologales se manifiesta en sublimes realidades [...] En un ambiente donde se hallan mezclados en dosis iguales de feminidad y el misticismo, el trabajo y la oración [...] Miramos. Curioseamos [...] y ahora ya en la calle, después de la visita a esa casa de paz y abnegación, experimentamos una sensación extraña, agradable, casi física [...] algo así como si termináramos de beber un agua muy fresca...
> —Ahora iremos al hospital
> [...] Hoy ha sido un gran día. Abnegación por un lado, filantropía por otro, amor al prójimo en las dos; eso es lo que hemos visto...

La siguiente jornada de estos periodistas andantes los lleva a Torre de Juan Abad, pasando por Cózar.

> [...] Nuestra entrada en Torre de Juan Abad causa alguna sensación. Los niños nos miran con recelo; las mujeres con curiosidad [...] Un zagal nos informa de la dirección de la posada, y nos acercamos a ella, [...] La iglesia tiene un magnífico retablo donde doce figuras, figurando los doce apóstoles, atestiguan el arte incomparable de los escultores que orientaron el talento hacia fórmulas puestas en práctica por el coloso Miguel Ángel.
> [...] Existen en Torre de Juan Abad comercios admirablemente surtidos [...] la industria está bastante bien representada [...] Habíamos oído hablar del tintero de Quevedo. Del sillón de Quevedo, de la casa de Quevedo, y esperábamos con impaciencia el momento de ver todas esas cosas. Las hemos visto [...] (Larreta 1923, 61-67).

A las percepciones del paisaje e impresiones, se une la de Pío Baroja, en la revista *La Estampa,* en su artículo del 20 de abril de 1935, titulado «Sobre la ruta del General Gómez por los caminos de España», cruza el Campo de Montiel buscando por donde este carlista debió de pasar. Tras su periplo por tierras de España, Baroja llegó a Ossa de Montiel, Ruidera, Villahermosa e Infantes donde entabla conversación con las gentes de cada uno de estos pueblos para recabar información del itinerario de la expedición del general Gómez en la Primera Guerra Carlista por estos parajes.

Recogemos algunos fragmentos del artículo:

En Ossa de Montiel:

Seguimos la ruta del caudillo carlista y vamos a Ossa de Montiel (Albacete). Ossa supone uno que podría proceder de la palabra vasca Otsa (frío), pero la etimología ésta no tiene muchas probabilidades. Ossa de Montiel es un pueblo cuyas atracciones turísticas son hallarse cerca de las Lagunas de Ruidera y de la Cueva de Montesinos. Entro en la botica y pregunto:

—¿No habrá ningún viejo en el pueblo que sepa historias antiguas?

—Sí —dicen—, hay una vieja que sabe algo de las guerras carlistas.

El practicante de la farmacia me acompaña a la puerta de la iglesia y me indica dónde vive esa mujer.

Me acerco a ella. Cuenta una relación sin fijar fechas. No se le puede exigir una exactitud completa, porque habla de lo que ha oído. Tampoco se comprende si su relato es de la primera o de la segunda guerra carlista.

Dice que en una casa blanca con balcones de la plaza, la casa de Pacheco, la mejor del pueblo, estaba prisionero un capitán.

—Y le trataban muy bien, no crea usted —añade la vieja—. Le daban unas sopas cominas, que nunca había comido mejores, y de postre, garbanzos tostados, que los molía la dueña de la casa en un mortero. Esto no me lo han contado, que yo lo he visto. Y un día llamaron al cura, para confesar al capitán, porque lo querían sacar a la plaza para tirotearle, y como él chillaba, le sacaron a rastras y lo tirotearon.

—¿Y quiénes eran los mejores: los carlistas o los cristinos?

—Eso yo no lo sé. Todos tenían sus queridas.

Para esta mujer, la guerra civil había sido una cuestión del pueblo, y nos cuenta cómo le mataron al Carbonero y al Moreno.

Vamos a comer a la posada y el posadero nos trata de convencer que debemos ir a ver la cueva de Montesinos. Allí van todos los turistas que llegan a Ossa de Montiel.

—¿Cómo se va a ella? ¿Está en la misma carretera?

—No; está a un lado, no muy lejos.

—¿Es fácil de encontrar?

—Hay que llevar a alguno que conozca el terreno para poder entrar.

—¿Es excursión para todo el día?

—Sí.

—Entonces no vamos.

Uno que está en una mesa de al lado dice:

—Hacen ustedes bien; hay allí mucho cuento y no se ve nada.

En Ruidera:

Volvemos hacia Ruidera; nos detenemos a ver cómo construyen un horno de carbón. Ruidera es un puñado de casas sobre un cerro, dominado por un edificio grande, que debe de ser la fábrica de pólvora, que construyó el arquitecto Villanueva.

Yo suponía, no sé por qué, que estas lagunas estarían a flor de tierra, pero no; tienen cerros y montes en sus orillas. Son el ensanchamiento de un río, que supongo que es el Guadiana. Hay un camino que bordea esta laguna, que debe de ser la que llaman del Rey. Al borde del agua no parece que haya cieno en putrefacción. Me paseo arriba y abajo, y a un mozo, que pasa a caballo, le pregunto si se puede seguir el camino de la orilla.

—En auto, no —me dice.

—Habrá sitios bonitos por ahí.

—Está el castillo de Rochafrida.

—Y qué, ¿tiene algunas torres?

—No; unos paredones, nada más; pero aquí se cuentan muchas cosas de ese castillo. Hay también una canción, de la que yo no recuerdo más que el principio.

En Castilla hay un castillo
que se llama Rochafrida;
al castillo llaman rocha
y a la fuente llaman Frida.

Esto debe ser algún romance de Montesinos.

Como ya se hace tarde, dejamos Ruidera, y vamos a dormir a Manzanares, al parador.

En esta fonda se destaca el contraste del aire sexual, erótico de una francesa, de unos treinta años, con sus faldas cortas y su coquetería exagerada, que debe ser la mujer de un ingeniero químico, y el tipo monjil, pálido y apagado, de la muchacha del país que sirve la mesa.

En Infantes y Villahermosa:

Por la mañana salimos de Manzanares para Infantes.

Gómez, que llegó al anochecer a Ossa de Montiel, después de la acción de Villarrobledo pasó revista a sus tropas. Al día siguiente salieron los carlistas del pueblo, cruzaron por Villahermosa y fueron a dormir a Infantes (Ciudad Real). Villahermosa tiene una iglesia de gran aspecto, al menos desde lejos. Infantes o Villanueva de los Infantes, pueblo colocado en el Campo de Montiel, y dominado por pequeñas colinas, tiene muy buen aspecto. La plaza Mayor, con su iglesia y sus casas antiguas, es de gran estilo.

Le llama la atención el hombre de la montera:

Me acerco a los grupos de la plaza y hablo con un hombre tocado con una montera antigua, tipo de aire satírico y socarrón. Donde no ocurrió nada, es imposible que se recuerde el paso de unas tropas, habiendo pasado tantas al correr del tiempo. El hombre de la montera no ha oído hablar del general

"Sobre la ruta del general Gómez por los caminos de España", artículo de Pío Baroja para la revista *Estampa*, 20 de abril de 1935.

Gómez. No insisto en esta cuestión, y le pregunto cómo anda el pueblo. Me dice que anda mal. Él sospecha que los automóviles han arruinado a la Mancha y a toda la nación, porque esos cacharros —añade— no se construyen en España.

—¿Y el pueblo crece? —le pregunto.

—Poco.—¿Y la gente rica antigua sigue en sus casas?

—No.

—Y la República, ¿la han notado ustedes?

—Poco. La hemos notado en algunos nombres de las calles y de las plazas. Esa plaza, por donde han venido ustedes, antes se llamaba de las Monjas, luego se llamó de Alfonso XIII.

—¿Y ahora?

—Ahora se llama de don Alejandro Lerroux.

—Ahí tiene usted —le digo yo, en broma— la Historia moderna de España, en tres lecciones. Total, cero.

Le pregunto después cómo andará la carretera de Villamanrique a Andalucía, para ir hacia Úbeda.

—No creo que andará muy bien. Vale más ir a la carretera general, y por La Carolina y por Bailen torcer hacia Úbeda.

Seguiremos su consejo. Gómez fue hacia Andalucía por Chiclana de Segura y Villanueva del Arzobispo.

Gil Medina García regentó una zapatería-alpargatería en la calle de las Tiendas, en la actual casa llamada de don Manolito en Villanueva de los Infantes. Este comerciante siempre mantuvo el recorte de prensa aparecido el 15 de abril de 1935 hasta su jubilación, a finales de los 70, donde quedó inmortalizado «El bolas» con su montera, un «tipo de aire satírico y socarrón»; quedando en la mente de las gentes del lugar aquella imagen captada por uno de los mejores escritores del panorama de la Generación del 98.

Federico García Lorca visita Villanueva de los Infantes con el grupo de teatro La Barraca en 1933, donde estaba prevista la representación de *Fuenteovejuna* de Lope de Vega; formando parte de este grupo de teatro universitario el fuenllanero Edmundo Rodríguez Huéscar.

La Barraca se encontraba de gira por La Mancha y, tras haber pasado por diversas localidades, llegaron al Campo de Montiel. Edmundo Rodríguez Huéscar se encontraba en Fuenllana reposando tras una lesión y, aprovechando que La Barraca se encontraba por la zona, se acercaron al completo a su casa natal en Fuenllana para visitar a este. Federico García Lorca y los demás

Federico García Lorca con Edmundo Rodríguez Huéscar, en la parte izquierda de la fotografía, y otros miembros de La Barraca (1933).

miembros de La Barraca se alojaron en la casa familiar de los Rodríguez Huéscar, y el poeta tocó el piano que el padre de Edmundo tenía en la casa, además de cantar canciones populares. Julio Bayo ha estudiado la presencia del poeta en La Mancha: sus visitas a Villanueva de los Infantes, Fuenllana y su amistad con Edmundo Rodríguez Huéscar –hermano del filósofo Antonio Rodríguez Huéscar–, miembro de La Barraca. En Villanueva de los Infantes García Lorca se reencontró con el alma espectral de su admirado Quevedo, así lo manifiesta en una entrevista de *La Voz* en 1936:

> [...] Mi amistad con Quevedo data de pocos años, fue un acercamiento melancólico. En un viaje por la Mancha, me detuve en el pueblo de Infantes. La plaza del pueblo, desierta…, muy cerca, la iglesia oscura, con caratulas de los Austrias. En la iglesia sin luz se oían los aullidos de una niña del pueblo que cantaba a los dioses. Entré sobrecogido. Y allí estaba Quevedo, solo, enterrado, perpetuando la injusticia de su muerte… (García Lorca 1998, 263-264)

Miradas y guiños literarios, noticias y menciones aparecidas en la prensa, epístolas desde este trozo de la tierra. El dramaturgo Jacinto Benavente, autor de *Los intereses* creados (1907), a través del género epistolar describe los viajes y estancias entre los años 1892 y 1912 desde el pueblo de Terrinches, donde sus abuelos pudieron residir[11]; al igual que el poeta Miguel Hernández lo haría desde Albaladejo.

Miguel Hernández en su gira con las Misiones Pedagógicas en la provincia de Ciudad Real escribe a su novia Josefina Manresa Marhuenda una carta[12] fechada el 22 de marzo de 1936 desde Albaladejo. En ella hace referencia a su estado y a cómo es el pueblo:

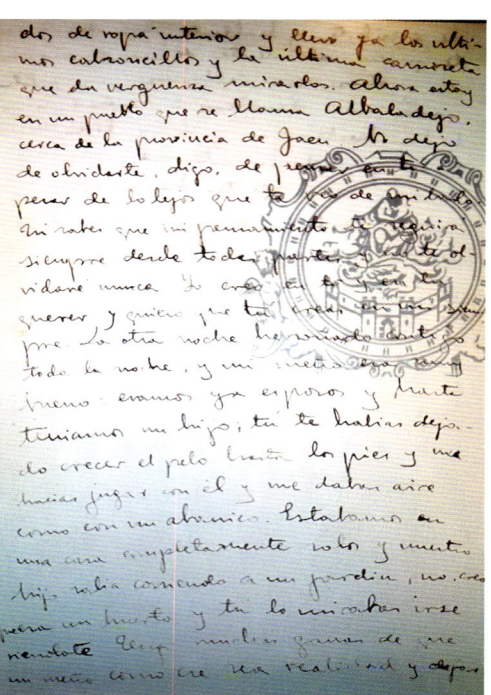

> [...] Por otra parte el no poder recibir carta tuya en estos pueblos tan retirados, donde no hay luz, ni otras cosas, como es el correo, muchas veces, y por el temor de que se pierdan mis cartas… además para colmo de males, de tanto variar de clima, aguas, comidas y camas, he cogido una infección… y llevo ya los últimos calzoncillos y la última camiseta que da vergüen-

Carta manuscrita de Miguel Hernández (1936) dirigida a su mujer desde Albaladejo.

za mirarlos. Ahora estoy en un pueblo que se llama Albaladejo, cerca de la provincia de Jaén (Fragmento).

En los albores de la segunda década del siglo XX el género popular por excelencia en el teatro era la zarzuela. Relacionado con el teatro lírico a nivel nacional sobresale el compositor solanero Tomás Barrera Saavedra (La Solana 1870-Madrid, 1938); autor de libretos, cuya actividad creativa estuvo vinculada al mundo teatral.

La zarzuela como género dramático está representada por el dramaturgo, asturiano de nacimiento, pero de ascendencia manchega, Federico Romero (Oviedo, 1886-Madrid, 1976) que vivió largas temporadas en La Solana, y escogió la localidad como escenario de su famosa obra de zarzuela *La rosa del azafrán*; con música del maestro Jacinto Guerrero (Ajofrín 1895-Madrid, 1951), también manchego. La acción de la obra *La rosa del azafrán* transcurre en La Solana, la costumbre manda que los hombres ayuden a la mujer que «pretenden» en la monda de la rosa del azafrán, esa «flor arrogante». Sagrario, el ama, trabaja sola y Juan Pedro, el gañán, a quien ella adora en silencio, se le ofrece:

Cartel de la I Semana Regional de la Zarzuela de La Solana, 1984.

> […] Pero si una mocita no tiene amante natural es que alguno venga a ayudarle…

Sagrario se lo toma a ofensa, y el mozo se cree despreciado por su humilde procedencia.

La Solana creó la Asociación Cultural Amigos de la Zarzuela «Federico Romero» (ACAZ) en 1983 con el fin de promover la zarzuela como género musical español y por extensión el teatro lírico.

De 1946-1949 data la colección de la revista mensual de exaltación manchega *Albores de Espíritu*, una revista literaria de la posguerra que tuvo difusión e informó del aniversario del nacimiento de Miguel de Cervantes que se celebraría en 1947. Creada por un grupo de emprendedores tomelloseros con un elevado nivel cultural y artístico a los que se unieron un grupo de Valdepeñas, integrado por el poeta Juan Alcaide y Antonio Merlo Delgado, y otro grupo de Ciudad Real, Gregorio Planchuelo, Edgar Agostini, etc., *Albores* nació con la vocación de dar a conocer La Mancha en todas sus parcelas: histórica, social, económica, patrimonial. Aparecen por sus páginas los más representativos parajes naturales y patrimoniales como las Lagunas de Ruidera; sus más destacados artistas: Gregorio Prieto, Rafael de Infantes, etc.; sus más destacados monumentos, como el castillo de Montizón en Villamanrique. En el número 3 de 1947 Antonio Merlo Delgado describe el paisaje comarcano con un lenguaje literario y de forma sensorial brillante de realidades.

> […] ha mediado el otoño, verdadera primavera de la Mancha. Es un día tan azul y tan diáfano que asemeja el cielo una fiesta de añil y de luz.
>
> La gran patena de sol expande sobre los campos sus hostias de oro. Y el campo se esponja bajo la acaricia tibia y placentera. En la plana de las hazas escriben las yuntas el poema eterno de las barbecheras.
>
> Allá en la distancia, sobre el cobre de la gleba de la besana, un sembrador arroja la dorada bendición del trigo, en espera del agua, que obre el milagro germinador. Una mano invisible y despiadada va pelando implacable la fronda de las vides. Por entre la verde plata de los olivos asoman a centenares las perlas negras de las aceitunas […] Clavadas en el horizonte aparecen las casas de Cózar.
>
> Sobre el pardo de la tierra, el pardo de los tapiales.
>
> Y por sobre éstos, la parda montera de los tejados y las negras pipas de las chimeneas.
>
> En el centro del pueblo, la plaza, con su parda iglesia y su torre trunca, igualmente parda.
>
> Cózar, como tantos otros lugares españoles, está esperando de Dios, lo que los hombres le niegan.
>
> Adormecido al sol, sobre la loma, le dejamos atrás.
>
> Un poco más allá, Torre de Juan Abad nos sale al paso.
>
> La sombra del prócer del insigne don Francisco de Quevedo, llena el pueblo. Aún resuenan por las calles aldeanas las pisadas patizambas y el golpear del toledano estoque del formidable escritor […] Caminando despacio por el paisaje ondulado […] Es solo estando encima cuando nos muestra la fortaleza los recios dientes de sus almenas, que fingen un bostezo interminable […].

En el número 1 de *Albores de Espíritu,* Gregorio Planchuelo escribió el artículo «Ruidera y sus quince hijas», el primer trabajo publicado en la revista sobre la ruta legendaria.

> […] Indudablemente, Ruidera, con sus *quince hijas*, cual bellas turquesas forman un paisaje único en su clase en España, el más encantador de toda la Mancha, y sitio digno de ser más conocido por los aficionados a las bellezas naturales y turistas que desean conocer las rutas del inquietante manchego, al par que contemplar un paisaje lleno de luz y color y de encanto singular […].

Aparecen en la revista *Albores* apuntes gráficos en páginas centrales. Joaquín Huertas dedica dos reportajes fotográficos: en 1947 en el número 7, «Ruidera», y en 1948 en el número 22, «Aspectos de Ruidera»; «Infantes» en el número 26 con una fotografía en la portada del templo parroquial de San Andrés; en el número 30, «Alhambra y su castillo» por Antonio Merlo Delgado.

En relación con la literatura viajera es digno de mencionar las impresiones de Francisco García Pavón por los pueblos de la provincia de Ciudad Real, publicadas de forma folletinesca en 1952 en el diario provincial *Lanza* del 11 al 14 de noviembre sobre Infantes; el 21 y 22 de noviembre sobre Torre de Juan Abad y el 27 y 28 del mismo mes sobre Ruidera y la cueva de Montesinos. Se trata del tercer viaje, realizado en septiembre, donde el autor se adentra en una ruta literaria dando cuenta de lo que palpa en conversación con los distintos personajes que encuentra a su paso, de cómo trascurre la vida y el estado en el que se encuentran los pueblos a los que viaja. En el faldón de la página del periódico se publicó este apresurado viaje con el título de «Notas de un tercer viaje apresurado (Infantes, Valdepeñas, Torre de Juan Abad, Ruidera, Cueva de Montesinos y Calatrava la Nueva)»; por su forma descriptiva e interpretativa se anticipa a la *Vía del Calatraveño* de los viajes de Víctor de la Serna que hizo en 1953 por la provincia de Ciudad Real.

A Pavón le interesa la relación de los hombres con nombre propio. En sus notas de Infantes conocerá al caballero Tomás Rueda que hará de Cicerón; además del pintor Rafael de Infantes y el aparejador don Vicente López Carricajo. Un viaje apresurado que trazó con observaciones y pinceladas narrativas.

> […] Salí de Tomelloso, camino de Infantes, en un camión que iba a cargar vendimiadoras; tomando la carretera de Argamasilla de Alba a La Solana […] todo en medio de un paisaje desesperante, rocoso, antaño monte y hoy calvo de toda verdura con alguna tova que, otra amarilla y torcida polvorienta y burlesca como un remedio de la naturaleza […] no estaba en mi programa visitar este antiguo y noble pueblo […] Bien entrada la noche llegamos a la plaza de Infantes […] Mi anfitrión hombre consuetudinariamente de levita y salente; sin corbata entre aquel alborozo villanesco quedó cohibido con la mano puesta la desierta pechera de la camisa sin atreverse a salir, aguardando, y yo con él, a que amainase el temporal del alborozo. Momentos después mi anfitrión y guía me llevó a la farmacia de Arroyo, posada y tertulia de los académicos de Infantes, y allí fue donde conocí al famoso caballero don Tomás […]. Bajito un tanto rechoncho y correctamente vestido, blanco en pelo y tez, pronuncia con esa corrección fonética que tienen los hombres que saben acariciarse blandamente los dientes con la lengua. Esa fonética redonda y muelle de los que ponen toda su vitalidad en cada sílaba. Don Tomás enseguida me enseñó la plaza. La hermosa plaza de Infantes. Perfectamente cuadrada […]

Pavón describe el estado de los edificios, el urbanismo decorativo de plazas y calles; comentarios y conversaciones con sus cicerones:

[…] Don Tomás me decía que Infantes es un pueblo silente y recogido. No se baila en Infantes; la gente no es propensa a los divertimentos mundanos; prefiere meditar en los frescos y bellos patios de sus casas. El párroco de Infantes, y de nerviosos movimientos truena desde el pulpito a través de un modernismo micrófono contra los peligros del mundo y de la carne; del silente mundo de Infantes […] El caballero don Tomás nos lleva a su casa. Quiere el hombre enseñarnos su patio que es magnífico. Es un patio típico de Infantes con robustas columnas de piedra, ancho luminoso […] Don Tomás es soltero –¡gracias a Dios!, dice él–. Vive con otros dos hermanos solteros también. Cada uno de los hermanos Rueda tiene una sirvienta y para el servicio exterior de todos, hay en la casa un criado o mozo de plaza. […]

Don Tomás le enseña su señorial casa del más puro sabor decimonónico donde transcurre su vida. Todo tiene un lejano aroma de romanticismo. Pavón relata su estancia en la fonda, su paseo de noche por el pueblo, el ambiente nocturno; los deterioros en los acerados y los adoquines de la calzada; las imponentes fachadas de iglesias, escudos, rejas y hornacinas con cruces iluminadas. Van al casino.

[…] Don Tomás nos dice que le gusta mucho trasnochar y se levanta hacía medio día. Y es que don Tomás es un señorito a la antigua usanza, que no hace otra cosa que pasear por su querido pueblo. Ya entrada de madrugada me voy a dormir a mi fonda. Al día siguiente mis acompañantes me enseñarán Infantes a toda luz […]

Una visita rápida por Infantes con un itinerario a través de su historia y sus templos: la Trinidad, Santo Domingo, la parroquia de San Andrés…, donde en cada uno de los templos se encontrará con personajes singulares de los que dará cuenta. Desde Infantes, esperando el autocar para ir a Valdepeñas rememora la proximidad de Montiel y la tragedia medieval acaecida en la villa.

El 21 y 22 de noviembre se publica el viaje a Torre de Juan Abad desde Valdepeñas, este último pueblo donde pasó varios días.

[…] Fui a Torre, claro está, olisqueando el rastro querido de Quevedo. Siempre se sorprende de que Quevedo viviera en la Mancha. Quevedo siempre nos suena a hombre cosmopolita, cortesano […] pero la dimensión más importante de Quevedo a mi entender fue su patriotismo. […] Decía yo más arriba que llegué a la Torre. No es fácil decir cómo llegué. Fui en autocar que le llaman «La viajera». Fuimos muchos más de pie que sentados; mascando polvo por la carretera de Cózar […] esta repetidísima «viajera», es la única unión que esos pueblos de Cózar, Torre de Juan Abad y Villamanrique tienen con el mundo –con Valdepeñas concretamente–. Pueblos desterrados por la incuria de tantos años. Yo hago votos porque un día muy cercano, todos esos pueblos con Infantes tengan un ferrocarril que nos lo incorpore a la vida más activa de la provincia. Las líneas generales del ferrocarril, así como las llamadas carreteras generales con la enorme ventaja que dan a los pueblos que tocan imponen una injusta dictadura a los pueblos que la sortean. [...] Me apeé en la puerta de una posada, sin saber dónde ni qué hacer. A nadie conocía. Pedí aposento y con todo el estoicismo que Dios encomienda a los peregrinos me fui en busca del Ayuntamiento. En la plaza pequeña y graciosa, lo encontré. Busqué al alcalde y hallé al secretario, hombre pacífico y amable que enseguida me mostró el que llaman sillón de Quevedo [...]

García Pavón narra al más estilo azoriniano los enseres y la casa solar de Quevedo, de la que salió decepcionado. Confiesa que a él no le impresionan los «cachivaches» de tantos siglos. Prefiere recoger la esencia de los hombres.

> [...] La Torre es un pueblo callado y aislado. Por sus calles apenas se ven gentes. Unos niños que corretean por la plaza; unos corros de campesinos; una mujer de codos sobre la ventana recibe los últimos rayos del sol [...] Hice un poco de tertulia con el secretario y un escribiente. La tarde caía silenciosa y violácea. Me hablaron de que el archivo estaba en un camarón empolvado... (como en Infantes); recordaron las andanzas de Astrana Marín por aquellas tierras rastreando a Quevedo. No pude ver al alcalde que estaba en el campo. Me fui a la posada. Era la primera noche de mi vida que iba a pasar en una posada. Yo soy hombre de fonda; tampoco de hotel. En una habitación grande. [...]

Continua el relato con su estancia nocturna en Torre de Juan Abad. Al día siguiente tomaría «La viajera» para volver a Valdepeñas. Desde aquí rememora a Jorge Manrique, obligado a dejar para otro día su viaje a Villa-manrique. El 27 y 28 de noviembre *Lanza* publica la continuación de este tercer viaje a Ruidera y la cueva de Montesinos. El paisaje, las Lagunas, la cueva de Montesinos, según Cervantes y las leyendas carolingias en La Mancha, será donde se deleite el escritor tomellosero.

Francisco García Pavón (Tomelloso, 1919-Madrid, 1989) es el escritor manchego más significativo del siglo XX. Atento al detalle costumbrista y con gran conocimiento de la geografía manchega describe los enclaves del paisaje de Ruidera y otros pueblos del Campo de Montiel en algunas de sus novelas: *El rapto de las sabinas* (1969), *Vendimiario de Plinio* (1972), *Voces en Ruidera* (1973) y *La cueva de Montesinos* (1974). En sus cuentos y novelas refleja el ambiente, el habla y su impresión sobre quienes habitan en el espacio real. En la novela *El rapto de las sabinas* (1969), Premio de la Crítica de la narrativa castellana, el lector encontrará, junto al misterio y el suspense, una poética descripción del paisaje manchego y un estudio sociológico del pueblo de Tomelloso, que incluye las particularidades psicológicas de los personajes. Manuel González, alias Plinio, jefe de la Guardia Municipal de Tomelloso, es quien, con un espíritu comprensivo, humorista, lleno de sentido común y humanidad, aclarará el misterio de las mujeres raptadas.

> [...] No tenemos más remedio que ir a Ruidera [...] Así que venga don Lotario, nos vamos a Ruidera. Depararemos a la hora de comer... son las diez —dijo mirando su reloj flamante—, es la hora de ir a Ruidera. ¿Y para

qué vamos a Ruidera, si se puede saber…? Siempre estamos en Ruidera… sin más preámbulo tiraron hacia Ruidera […] (García Pavón 1997, 526).

En la novela *Vendimiario de Plinio* (1972) describe la población de Ruidera:

En Ruidera, sus lagunas verdes y solas. Con el octubre y la vendimia, flojeó el poco turismo paisano, y las aguas, como antaño, se solazaban sin más reflejos que el de los pocos árboles, de los cerros granates, de las flores retrasadas y los juncos que se asomaban al agua verde queda. Allí, como siempre, con su cielo y su poema de letras. Aguardando siglos y sonetos, pintores asombrados, y el pescador solero que, desde la orilla, trallea con su caña las aguas cerquitas [….] (García Pavón 1997, 109).

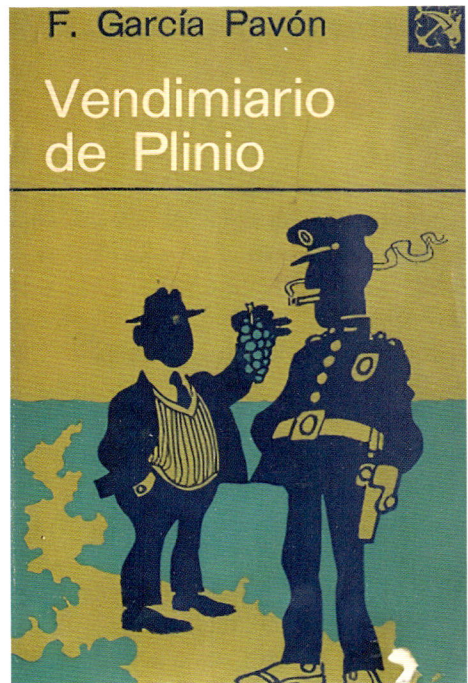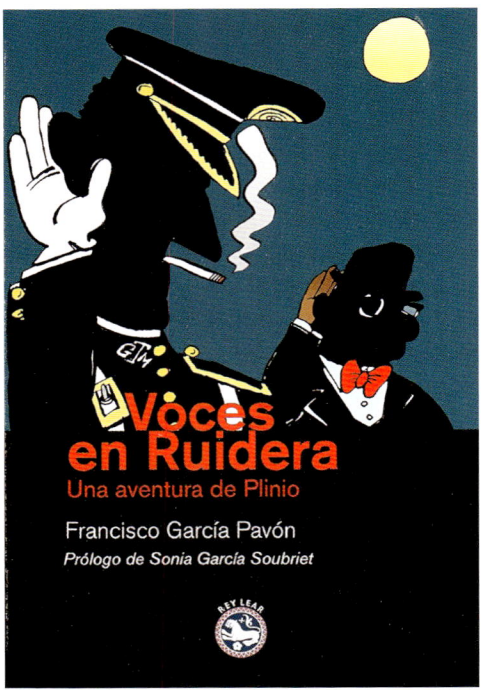

Portadas de *Vendimiario de Plinio* (1972) y *Voces en Ruidera* (1973), de Francisco García Pavón.

La novela más cervantina es *Voces en Ruidera* (1973), que forma parte de la saga dedicada al personaje literario Plinio, jefe de la policía de Tomelloso, creado por Pavón, protagonista de varias novelas y varios relatos cortos. Ambientada en paisajes y escenarios recorridos por don Quijote, intenta dar a conocer a Ruidera a lo largo de sus obras; describiéndolas o bien situando sus relatos en ellas.

[…] Conforme se llega a Ruidera, ya digo, las cuestas se empinan y las curvas se cierran. El estrecho Guadiana a ratos queda alejado de la carretera, tras la barrera de álamos y carrizales […] Entrababan en Ruidera. La primera laguna que se encuentra, la Cenagal, Cenagosa o Cenaguera, es de poca vista y anchura […] (García Pavón 1973, 37-38).

Se detiene en el paisaje, en la gente y en las costumbres, y si lo hace en la arquitectura es para interpretar el carácter del pueblo (Ibáñez 1987, 43).

[…] Pasaron la Ossa. Camino de Villahermosa, chaparretes. El terreno pierde la valentía de las curvas y abultaciones que alcanzó Ruidera, y se modula suave mece-tierra, mece-verde, mece-repechos y colinas. Entre sembradíos, sabinares con las puntas levemente declinadas por el viento. Algún cortijo al fondo, escaso de árboles, como mal avenido con la carretera. Y riachuelos menguados que alientan pordioseros el paisaje… Sabinares con olor a hembra encamada. Por Villahermosa se veían hombres aburridísimos, como sin saber a dónde ir. Se pararon en la plaza, donde está la iglesia que quería ver el catedrático. Iglesia grande, de traza nórdica, con gran portada gótica. Alta torre poligonal y chapiteles de pizarra. En una plaza de casas bajas, la iglesia parecía excesiva, como para una ciudad que ya no existía… Mientras don Julián y sus amigos entraron a ver la famosa iglesia […] (García Pavón 1975, 143-144).

De Fuenllana da una visión de un pueblo semiabandonado:

[…] En la plaza de Fuenllana preguntaron por la casa del amigo de don Ricardo. Las calles estaban casi vacías. Algún viejo sentado al sol. Unas mujeres sacudían mantas en un patio. Bandadas de vencejos, asustados por el ruido del auto, cruzaron la calle. El pueblo aparecía semiabandonado […] Pueblos pequeños, pobres, levantados a la vera de un convento, fuente, señorío feudal o cruce de caminos […] Las mocedades emigran por falta de la industrialización bien repartida o de lugar para asechanzas turísticas […] Todos los pueblos en breve serán solar olvidado]…] (García Pavón 1975, 151).

La cueva de Montesinos (1974) recoge relatos que habían aparecido en libros y revistas publicados entre 1952 y 1972, y lleva el título del último relato, «La cueva de Montesinos», por su frecuente escenario manchego:

[…] La llevé a la Cueva de Montesinos con la secreta esperanza de qué junto al agua de su fondo, en las tinieblas, en aquel ambiente de viejas fábulas y romances, se revolviera un poco la faltriquera de su pensadero, se removieran un poco las frías hojas de su espíritu y diesen señal nueva… Yo no pensaba que hiciéramos el amor en la Cueva de Montesinos […] (García Pavón 1974, 178).

En 1954 se realizaron unas Jornadas Literarias por La Mancha. Sesenta escritores recorrieron la ruta de don Quijote en doce etapas: Alcázar de San

Juan, Campo de Criptana, Tomelloso, Argamasilla de Alba, Lagunas de Ruidera, Infantes, Valdepeñas, Viso del Marqués, Ciudad Real y Malagón. Miguel
Delibes lo resumió en sus conclusiones como «un congreso andante» y «un
experimento cultural que no debería quedar olvidado». Las impresiones sobre
Infantes de Gaspar Gómez de la Serna, José María Castellet, Ramón Carnicer
o Francisco García Pavón, entre otros, fueron publicadas en una antología y
en diversas revistas literarias de la época.

Las catorce crónicas de viaje de
Víctor de la Serna (Valparaíso, 1896-
Madrid, 1958) aparecieron en el diario
ABC entre mayo y junio de 1954. Descubriendo La Mancha de Cervantes, el
viajero elogia lo que iba encontrando en
el camino, ve a los manchegos como
seres escépticos. Las crónicas las dictaba
por teléfono al final de cada jornada y
eran publicadas al día siguiente. Posteriormente aparecieron recogidas en un
libro *La vía del Calatraveño* (1960). El
viajero se detiene en diferentes pueblos:
Puerto Lápice, Alcázar de San Juan,
Campo de Criptana, Ruidera, La Solana,
Alhambra, Villanueva de los Infantes.
En una de sus crónicas inmortalizó a
Villanueva de los Infantes con el sobrenombre de «Santillana de la Mancha».

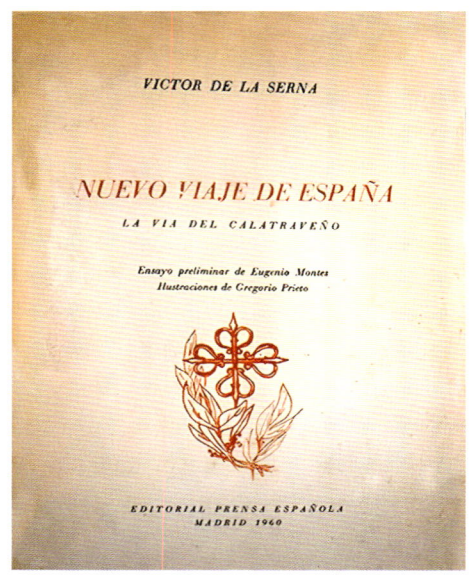

Portada de *La vía del Calatraveño* (1960),
de Víctor de la Serena.

[…] Estoy en mis glorias y lo que yo quería ver en la Mancha eran las
Lagunas de Ruidera, exactamente. El hallazgo del agua es siempre gloria para
un español. Pero el hallarla en este rincón yo ya me suponía que iba ser un
gozo especial. Y, en efecto, lo es.

Ruidera es un pueblecillo de medio centenar de casas agrupadas […] Estamos
ante uno de los lugares más bellos, silenciosos y extraños de España […] las
Lagunas de Ruidera no son exactamente lagunas, sino pequeños lagos […] son
catorce y forman un cintillo maravilloso, una tras otra, engarzadas por canalillos,
cascadas y puentes naturales […] algunas parecen fiordos. A La Solana había yo
llegado sólo para dormir, ya de noche, de Ruidera bajo una hermosa luna. Ya es
sabido el prestigio que cobran bajo la luna estos paisajes como el que media entre
Ruidera y Alhambra: paisaje de monte entreverado con olivares y viñedos, tierras
de candeal y romerales […] Es un paisaje lleno de contradicciones, de sorpresas
extraordinarias y de atractivo Alhambra es hoy un pueblo pequeño. Parece que
fue poderoso a la sombra del Alcázar, que aún se alza, lisiado, y te sobrecoge
en la noche. La Solana tiene en los oídos de muchos españoles resonancias un
poco dramáticas. Por aquí vociferó mucho a principios de siglo, con motivo de

un legado famoso, don Joaquín Costa, es un pueblo formado por honestos y duros pastores de Soria que vinieron a repoblar estas tierras tan romanizadas […] Estos hombres vieron pasar un día cargado de presagios el parvo ejército de don Pedro de Castilla […] camino de Montiel, hacia la traición […] La peculiaridad de tener casi 500 obreros siderometalúrgicos. Esta es otra de las sorpresas que nos reserva La Mancha. En La Solana se fabrican casi todas las hoces con que se siega en Turquía, en Marruecos […].

Porque los hijos de Villanueva de los Infantes están hechos […] a la empresa de la santidad. En esta villa extraordinaria, que para poderse llamar la Santillana de La Mancha necesitaba ser más pequeña, hay dos personajes que son los dos polos de un ser histórico: Santo Tomás de Villanueva y Quevedo. El tercer personaje, todavía vivo, es el vino […] Alguien me invita a subir a la torre de la iglesia […] desde lo alto se divisa, por un lado, los campos de Montiel… hacia el norte, se ve un oasis… es la Fuenlabrada… donde allí se celebraron las fabulosas bodas de una hija de Juan Pérez Canuto… a esa boda asistió. Un hombre entristecido y bondadoso […] y que años más tarde escribió, en el mejor libro escrito […] el capítulo de las bodas de Camacho […] se ve también el mogote del castillo de Montiel y se adivina el camino por el que llegó a la villa don Fernando de Castro con el cadáver del Rey de Castilla, muerto por la traición del bastardo […] pero, sobre todo, he aquí a don Francisco de Quevedo, que achacoso y vencido… abandona su torre para rendir sus días […] (Serna 2000, 984-108) .

El dramaturgo, novelista y poeta Antonio Gala Velasco (Brazatortas, 1930-Córdoba, 2023), en su obra teatral ambientada en la España del siglo XVI *Las cítaras colgadas de los árboles*, estrenada en 1974, en la primera parte la puesta en escena se inicia en un patio o zaguán donde se va a llevar a cabo la matanza de un cerdo, sin mencionar el lugar geográfico donde se desarrolla la acción:

(A telón alzado, pero aún oscuro, comienza a oírse un rebato de campana no eclesiástica, sino como un antiguo zaguán. Las voces van !legando cada vez más presentes. Luego gritos, gruñidos, carreras, alboroto.)

[…] ¡Qué todo el pueblo sepa que yo hoy mato en mi casa!... Traedlo ya!... aliagas… ¡ahora el gancho!... El gancho en la papada *(un grito enorme)…,* … si no, no hay quien lo mate… buenas patadas da… sujetad, los de ahí… ¡sujétalo!... ¡Híncale más el gancho! *(gritos de terror)*... ¡Y atadle bien las manos! ¡Venga! ¡Arriba!... *(Ruido sordo de un cuerpo que cae. Forcejeos, crujidos de madera) … (viene la luz …sobre una mesa tocinera… un cerdo semioculto por quienes lo sujetan…)* […] (Gala 1974, 35-37).

Antonio Gala se documentó presencialmente asistiendo con unos amigos a la matanza tradicional del cerdo en Almedina, un rito rural arraigado en toda la comarca por el mes de noviembre, «por San Andrés mata tu res, mejor antes qué después», dice el refrán popular. Por sus declaraciones en el periódico *ABC*, publicado el 9 de enero de 1974, a la pregunta del articulista

Juan Hernández Petit, Gala aclara: «Fue en Almedina, unos amigos habían organizado para mí un espectáculo que no había visto nunca y me vi forzado a salir de Madrid». A lo que el entrevistador le responde: «Me intriga, ¿qué era?». Responde el dramaturgo:

> [...] La matanza de un par de cerdos. Fue en Almedina, cerca de Valdepeñas... fue por una necesidad profesional... En la comedia en que ahora trabajo... me eran precisos una serie de datos que solo una matanza podía proporcionarme [...] (Gala 1974).

Gala, en su libro de memorias titulado *Ahora hablaré de mí* (2000) narra el montaje de *Las cítaras colgadas de los árboles* y de cómo comienza la obra:

> [...] con un exacerbado realismo: la matanza de un cerdo casi crucificado, pendiente del telar y abierto en canal. Yo no había asistido en mi vida a ninguna matanza: mis padres se negaron siempre a que presenciásemos un acto tan feroz. Para ilustrarme, unos amigos manchegos repentizaron una en el mes de noviembre. Lloviznaba... oí el desgarrador del cerdo: por memoria genética intuyó que aquel día era el de su muerte. Oí la queja ancestral de dolor al recibir la herida del gancho que lo arrastraba [...] y me desmayé como estaba mandado (Gala 2000, 80).

ABC, 09/01/1974   **ABC. M**

UN MES DESPUES

CON ANTONIO GALA

Cuando oigo decir que el teatro es un coto cerrado, sin contradecir me parece volver a oír a Jardiel Poncela: «Después de estrenar, por casualidad, en 1919, yo tuve que esperar otros ocho años para estrenar la segunda comedia. Luego de ser un gran éxito —y lo decía para que no desesperasen los noveles— tuve que esperar otros ocho para estrenar la tercera, que fue pateada ruidosamente. Ni después del pateo, se me ocurrió maldecir de la organización del Universo...» También a Antonio Gala le ha costado imponerse. Pero como es un valor auténtico, ahora está en la cumbre.

—Como ves estreno, aunque «Canta, gallo acorralado» no ha sido estreno original.

Salió a la mañana siguiente, como es costumbre en él. Ni aun siquiera pudo esperar al estreno oficial.

—No; no fue en afán de huida. Es que como suelo aplazar algún compromiso hasta después, como unos amigos habían organizado para mí un espectáculo que no había visto nunca, me vi forzado a salir de Madrid.

Antonio Gala

—Me intrigas. ¿Qué era?

—La matanza de un par de cerdos. Fue en Almedina, cerca de Valdepeñas. Yo iba débil, muy cansado, y la verdad es que estuve a punto de dar el número... Por supuesto que no fui por afición, sino por necesidad profesional. (Ojos de asombro en mí.) En la comedia en que ahora trabajo —o que me trabaja a mí ahora, porque ése es mi sistema: dejarme invadir por ella— me eran precisos una serie de datos que sólo ver una matanza podía proporcionarme.

—¿Cuándo subirá a la escena?

—Supongo que será la pieza que abra la temporada de septiembre.

—¿Título?

—«Las cítaras colgadas de los árboles». Es una frase sacada del salmo 136.

—Volvamos a «Canta, gallo...».

Entrevista del articulista Juan Hernández Petit a Antonio Gala en *ABC*, 9 de enero de 1974.

A través de tres fuentes literarias: el artículo del periódico *ABC*, el texto de la obra teatral *Las cítaras colgadas de los árboles* (1974) y el libro de memorias *Ahora hablaré de mí* (2000) se ha reconstruido esta espacialidad literaria en Almedina.

Al igual que Lucio López Ramírez en sus escritos periodísticos deja constancia de Miguel Delibes de su paso por Almedina como buen aficionado a la caza. La fuente de conocimiento de López Ramírez se debe a los comentarios de un alumno almedinense, el cual practicaba el «ojeo» o de «secretario» en las jornadas de caza.

Pedro Antonio González Moreno (Calzada de Calatrava, 1960), en su libro calificado de literatura viajera *Más allá de la llanura* (2009), dedica el capítulo

«La piedra labrada» al Campo de Montiel, una geografía encantada. Rebosante de lirismo y prosa poética. La visión del viajero se hace poética, donde la piedra adquiere una textura sólida y luminosa, como un mineral recién lavado:

En el Campo de Montiel el agua inventa arquitecturas imposibles y la piedra se vuelve soñadora. Piedras manchadas de sangre en los castillos, ya ruinosos, o piedras doradas por la claridad del trigo. Piedra que se vuelve voladora en alarma o se adormece, engalanada de cal en Fuenllana. Piedra sumergida en Villanueva de la Fuente o piedra deshabitada en Cañamares. Y piedra que en Villanueva de los Infantes se viste con su orgulloso esplendor de blasones. Pero, en todos los casos, piedra soñadora. Piedra sobre la que el hombre de estos campos proyectó sus propios sueños, tantas veces incumplidos.

Hay una piedra altiva, noble y blasonada, con vocación de verticalidad y otra piedra humilde y horizontal que crece en la intemperie de los caminos. Una piedra con delirios de elevación, abrumadora y ostentosa, que se yergue en las torres de iglesias y castillos, o en los pórticos de los palacios y de las casas solariegas. Son piedras que conservan el brillo rutilante de la heráldica, el gesto vanidoso del linaje, el ruido y la gloria de las batallas; piedras que aún albergan un sueño de grandeza, una vocación de poder y dominio. Pero ninguna de esas piedras habla la voz del hombre de estos campos. Del hombre de esta tierra hablan las piedras que saben a intemperie; la de los senderos que no llegan a ninguna parte o la de las antiguas eras por donde ya no resuena el pedernal del trillo; las de los cerros recién roturados o las de las bardas de las huertas; las piedras solitarias de los majanos, las de las casas encaladas o las de los áridos pedregales donde no quiso crecer la espiga. Las primeras hablan de poder y riqueza, y con ellas se escribieron todas las páginas de la historia. Las otras tan solo son la voz anónima del esfuerzo, el grito callado del sudor colectivo, el duro testimonio del vivir cotidiano. Con el sutil ensamblaje de unas piedras sobre las otras funcionando siempre, aquí y en todas partes, la máquina de la historia.

El hombre de estos campos vivió siempre con la costumbre de mirar hacia arriba, unas veces para pedir lluvia a los cielos, otras para pedir misericordia o perdón a los santos, y otras veces para pedir pan o limosna a quienes habitaban en aquellas mansiones de piedra altiva y palaciega. Pero en muchas ocasiones, contrariado, el hombre de estos campos tuvo que mirar hacia el suelo porque la lluvia se transformó en pedrisco, que arruinó sus cosechas; o porque los santos le respondieron con un silencio que quebrantó su fe; o porque los emblemas heráldicos, desde arriba, unas veces le miraron con desprecio y otras cayeron sobre él y aplastaron sus sueños.

En Villanueva de los Infantes la piedra adquiere una textura sólida y luminosa, como de mineral recién lavado, esa textura casi irreal con la que se manifiesta a veces la voz antigua de la arquitectura o de la historia. Infantes es un pueblo que tiene algo de sagrado, y por eso sobrecoge y sorprende con un silencio que es al mismo tiempo de claustro, de sacristía y de túmulo. Todo él se diría que es un bello relicario barroco y plateresco que guarda, entre otras muchas sombras del pasado, la sombra de los huesos de Quevedo. Aquí se vuelve exacta y minuciosa la geometría de la piedra, la sobria monumentalidad de los sillares, la recia armonía de los volúmenes, el equilibrio de los pórticos adintelados. Aquí la rejería de las ventanas forma una densa telaraña de forja donde quedó atrapado el aire de la historia; y las portadas, claveteadas con herrajes metálicos, son como cortinas de madera noble por donde se accede a un mundo que conserva intactos los aromas de su pasado. Por los aleros voladizos no sólo resbala el agua de los tejados sino también, gota a gota, la claridad rojiza de los atardeceres.

Aquí se vuelve el hidalgo, blasonado y solariego, el aire limpio del Campo de Montiel. Sólo aquí la arquitectura manchega podía convertirse en un súbito vuelo de torres herrerianas y chapiteles de pizarra, en una simétrica arquería de soportales o en un primoroso revuelo de capillas barrocas.

En Villanueva de los Infantes el tiempo adquiere de repente una lentitud casi monástica y se detiene en el silencio de los claustros, en las aristas de los sillares calizos, en el capricho plateresco de los púlpitos y en el relieve de los símbolos heráldicos.

En Infantes huele a trigo antiguo de la Alhóndiga y ese aroma da al pueblo el color cereal de las piedras centenarias; y es, tal vez, esa misma vocación cereal la que hace que los arcos parezcan cimbrearse con levedad de espiga. En Infantes se materializa, encarnado en piedra pura, un viejo y noble esplendor; pero también asoman a las fachadas las rústicas llamaradas de la cal, como signos de su irrenunciable identidad manchega. Y como si se tratara de un monumental decorado clasicista y barroco, bajo sus balconadas y sus pórticos se puede ver cruzar la silueta imaginaria de los caballeros de Santiago (Moreno 2009, 121).

Noticias y crónicas literarias, coincidiendo con los últimos actos de la conmemoración del milenario de la lengua castellana, a la que la aportación de Quevedo ha resultado esencial, el periodista Juan Cruz Ruiz (Puerto de la Cruz, 1948) escribe el 11 de noviembre de 1978 en el periódico *El País* e informa de los actos en homenaje a Quevedo en Villanueva de los Infantes. El periodista relata el ambiente intelectual de los convocados en esta ciudad para homenajear al gran genio de las letras.

[…] Adolfo Marsillach recita los sonetos amorosos de Quevedo en los Claustros de santo Domingo., […] Gregorio Marañón Moya y Francisco Rico glosaron la figura del gran barroco español. Música de la época y una visita a la tumba difusa de Quevedo…. El homenaje es también un símbolo de reconocimiento que la lengua castellana debe a la época en la que vivió y escribió este personaje singular. Francisco Nieva, escritor, autor de teatro, natural del pueblo en el que Quevedo murió […] (Cruz,1978)

El periodista Juan Cruz comete un lapsus al indicar a Francisco Nieva como hijo natural de Villanueva de los Infantes, ya que es natural del pueblo vecino de Valdepeñas. Francisco Nieva es quien acompaña a Antonio Gala a presenciar el rito de la matanza en Almedina para componer su dramaturgia de *Las cítaras colgadas de los árboles.*

Contemporáneo es el dramaturgo José Ramón Fernández (Madrid, 1962), el cual por motivo de paisanaje pasará temporadas en Fuenllana, al igual que la luna va rodando por Callao o por La Mancha. Considerado uno de los autores más importantes de su generación, su obra ha sido reconocida con premios como el Nacional de Literatura Dramática, por *La colmena científica o El café de Negrín* (2011); el Premio Nacional de Teatro Calderón de la Barca, por *Para quemar la memoria* (1998), entre otros muchos. Los parajes del Campo de Montiel le servirán para contemplar escenarios y quedar mencionada la vecina Carrizosa en la dramaturgia de su obra *Yo soy don Quijote,* protagonizada por el actor José Sacristán.

Es incuestionable que Villanueva de los Infantes ha llamado la atención de escritores y poetas notables. Implícitamente así lo puso de manifiesto Cervantes en el comienzo del *Quijote*: «En un lugar de la Mancha...». Espacialidades, escenarios o bien por su monumentalidad, urbanismo y personajes célebres han fijado su mirada, dejando su impronta en las letras de molde impresas: *Julepe de menta y otros aperitivos* (1981) del prosista Ernesto Giménez Caballero (Madrid, 1899-1988) con el artículo «Siempre actual Quevedo». Las novelas *La cruz en la espada* (1996) del periodista Néstor Lujan (Mataró, 1922-Barcelona, 1995) como lugar de última morada de Quevedo y *Tu nombre envenena mis sueños* (1997) del escritor Joaquín Leguina (Villaescusa, 1941) muestra un guiño espacial citándola. Al igual que Carlos Rodríguez Garrido (Valencia,1960) la menciona en su novela *New York City Flash: los hilos invisibles* (2022) en una secuencia de la relación de familiares que asisten a una boda. O Ignacio Martínez de Pisón (Zaragoza, 1960) en su libro *Castillos de fuego* (2023), novela coral donde los personajes a los que alude viven en Madrid y aparecen en páginas posteriores sin hacer referencia a parientes ni orígenes, hace alusión al vino de Villanueva de los Infantes; lo que evoca al lector el pasaje del capítulo XIII de la segunda parte del *Quijote*. Cuando Sancho es invitado por el escudero del Caballero del Bosque a comer una empanada de conejo albar, agasajado con el vino en bota de Ciudad Real. Martínez de Pisón apostilla:

> […] les había preparado unas empanadillas, unas patatas con vinagreta y algo de carne empanada. El vino, algo raposo, era un tinto de Villanueva de los Infantes que les mandaban unos parientes de Ciudad Real. (Martínez de Pisón 2023).

En la novela negra de la aventura de creación colectiva de Carmen Mola *El infierno* (2023) el lector se topa en el desenlace con la protagonista Leonor, la bailarina herida:

> […] atada en un jergón […] La habitación es austera, de campo: un arcón de madera, un escritorio, una palangana y una jofaina para el aseo. […]
> —¿Qué estoy haciendo aquí? ¿Por qué estoy atada? […]
> —¿Tres días? No recuerdo nada.., sólo imágenes sueltas, un campo de batalla…¿Dónde estamos?

—En una fonda cerca de Villanueva de los Infantes.

—[…] Cándido no puede creer lo que está viendo. Nadie debería conocer ese extremo de la historia, todo lo sucedido en Villanueva de los Infantes […] (Mola 2023, 462).

Antonio Gómez Rufo (Madrid, 1954) en su novela histórica de intriga y ambiciones *La abadía de los crímenes* (2011), saca a colación la estirpe campomontileña de los Ballesteros Saavedra. Gómez Rufo es un escritor vinculado con la Orden Literaria Francisco de Quevedo de Villanueva de los Infantes, y participa como jurado en el Certamen Internacional que se celebra anualmente en esta villa en honor al poeta. Sus visitas son asiduas encontrando la ciudad como un reducto de descanso y placer.

Guiños y miradas literarias en las que aparece la ciudad mencionada misteriosamente a través de sus personajes en la novela de *Corazón helado* (2007) de Almudena Grandes (Madrid,1960-2021). En la primera mitad de la novela, la autora relata:

[…] Teresa González Puerto, hija de Julio y de María Luisa, nacida en Villanueva de los Infantes, provincia de Ciudad Real, el 3 de agosto de 1900 […] (Grandes 2007, 391).

Son anotaciones de la partida de matrimonio que el personaje Álvaro Carrión encuentra en el Registro Civil de Torrelodones. Álvaro es uno de los protagonistas de la novela, el cual recupera parte de la memoria perdida sobre la Guerra Civil y de su familia. Leyendo las casi mil páginas del libro reconstruye la historia de esta maestra socialista, hija de republicanos que llegaron a Torrelodones para ejercer su magisterio.

La escritora asturiana Carmen Requejo Sánchez (Villaviciosa, 1946) escribe la novela *Una maestra republicana represaliada Luisa Riera Muñiz 1884-1944* (2023). La vida de una maestra republicana de Breceña que falleció en la cárcel de Amorebieta, casada con el infanteño José Antonio Reyes García Castellanos (1881-1927) con el que tuvo cuatro hijos. La historia se hace novela cuando dos antiguas alumnas le cuentan la historia de esta maestra condenada «sin culpa, falsamente acusada».

Personajes secundarios que acompañan o complementan el relato del personaje principal, aunque la historia no se centra en ellos. Ana Lena Rivera (Oviedo, 1972) es autora de novela policiaca y de la trilogía «Serie Gracia San Sebastián». Gracia San Sebastián es investigadora de fraudes a la Seguridad Social. La primera de la serie *Lo que callan los muertos* (2019); la segunda *Un asesino en tu sombra* (2020) y la tercera *Los muertos no saben nadar* (2021). En *Los muertos no saben nadar*, ambientada entre Oviedo y Gijón relata la colaboración con la policía en una nueva investigación. La investigadora es contratada para indagar las finanzas de la víctima. En su vida personal Gracia San Sebastián, tras su divorcio para disgusto de su exmarido Jorge, mantiene una nueva relación con Rodrigo. Este es natural de Villanueva de los Infantes, la autora narra la historia de Rodrigo en dos tiempos (6 de enero de 1982. Villanueva de los Infantes, Ciudad Real) interpolando el suicidio de su madre (Teresa) con treinta y cinco años y el intento de filicidio (Rodrigo) por parte de la misma en este pueblo. El ambiente familiar, educación del niño, descripción de la enfermedad de Teresa y relación con Darío –padres de Rodrigo–, junto con el paisaje, que a pesar del pasado de la niñez de Rodrigo, es tierra de goce de viñedos y olivos. Treinta y ocho años más tarde (lunes, 6 de enero de 2020), Darío Villarreal, suegro de Gracia San Sebastián, viaja a Asturias para pasar unos días con Rodrigo. En la narración no faltan alusiones a la gastronomía de Villanueva de los Infantes: pisto, caldereta y repostería.

> […] Darío Villarreal consultó la lista que había hecho el día anterior. Quería viajar a Asturias para pasar unos días con él, conocer a la mujer que su hijo había elegido y a su familia. Esta tarde hablaría con Rodrigo para planificar la fecha. No se le podía olvidar encargar alfonsinos, dulcineas y naranjos del Abuelón, su pastelería favorita. Por diferentes que fueran los asturianos, a todo el mundo le gustaba los dulces (Lena Rivera 2021, 420-424).

Ángela Vallvey (San Lorenzo de Calatrava, 1964), premio Nadal 2002, llamó a Villanueva de los Infantes en un artículo publicado en *El País* (2001) «La bella Jámila de la Mancha». Volvió a mencionarla en la revista *Elle* en el 2006 con esta bella descripción:

> [...] como el lugar secreto y un lujo para los sentidos [...] pasear sin prisa [...] asomarse a la Iglesia de san Andrés, aunque sólo sea para acariciar amorosamente con la mano, dibujando el contorno con los dedos, los diminutos ángeles y sirenas de piedra tallada de su púlpito plateresco (Vallvey 2002).

Aquí han dejado su huella sonora y escrita por su participación en actos o jornadas, en la última década del siglo pasado, los escritores y escritoras Ana María Matute, Manuel Vicent, Antonio Muñoz Molina, Lourdes Ortiz, Elvira Lindo, Luis Eduardo Aute, etc; cursos de verano dedicados a la literatura por especialistas y estudiosos en el Siglo de Oro (Quevedo y su época), congreso de cervantistas... En los inicios del presente milenio escritores y poetas, entre los que cabe mencionar a José Corredor Matheos, Félix Grande, Francisco Brines, Carlos Marzal, Espido Freire, Ana Rosseti, Antonio Martínez Sarrión, Dionisio Cañas, Antonio Gamoneda…, todos ellos han participado en las jornadas «Nuevos cauces de la literatura y el arte», que desde 1999 se celebran en Villanueva de los Infantes para conocer y debatir las vanguardias literarias, convocando año tras años a «palabras nuevas» y dejando todos ellos su impronta en el libro de firmas de la biblioteca[13]; sin duda un gran tesoro para conservar como testimonio del paso por esta localidad de literatos.

4.7.2. Espacios novelísticos reales

Toda novela está enmarcada en un tiempo, un espacio, un paisaje, donde los personajes se moverán y tramarán a través de ellos. Almedina, Terrinches, Fuenllana, Alhambra, Membrilla, La Solana, Torre de Juan Abad o Villanueva de los Infantes son escogidas para la espacialidad en novelas y relatos.

El médico y escritor Jesús Sevilla Lozano (Daimiel, 1931) publica la novela *Alhambra y los Tuchas. Una historia del maquis* (1987), una obra basada en hechos reales acaecidos en la población campomontieleña de Alhambra y las andanzas de un grupo de resistencia antifranquista conocido como los Tuchas, que al final de sus años perdieron sus ideales y se convirtieron en bandoleros.

Juan Carlos Rodríguez «Farramuntana» (Aranjuez, 1956) es autor de la novela *Manchegos en el Real Sitio* (2017), donde la ficción histórica y la memoria noveladas se combinan y conforman el retrato de la saga familiar paterna del autor, con la localidad de Terrinches y el Campo de Montiel como localizaciones principales. Una historia novelada fruto de un intenso trabajo de

Portada de *Alhambra y los Tuchas* (1987), de Jesús Sevilla Lozano.

documentación por parte del autor, quien ha bebido también de fuentes orales, para terminar contando la historia de su familia paterna a través de cinco generaciones. El Campo de Montiel en general y Terrinches en particular son las localizaciones que el lector podrá reconocer, y donde quedan reflejada infinidad de costumbres y tradiciones de la comarca que se están perdiendo.

La luna de la cosecha (2017), de Agustín Blanco Redondo (Álava, 1966), es un conjunto de relatos donde el autor va descubriendo al lector rincones del Campo de Montiel, esa parte particular de La Mancha, encerrada en el sureste del cuadrante regional, olvidada y hermosa, contemplada con los ojos del que se sabe perteneciente a ella. Hombres y paisajes, tierra y habla son protagonistas principales (Lozano 2017, 7). Los ocho relatos que lo componen transcurren en su totalidad en el hermoso solar del Campo de Montiel. Localidades como Albaladejo, Alcubillas, Almedina, Montiel, Puebla del Príncipe, Santa Cruz de los Cáñamos, Terrinches, Villamanrique o Villanueva de los Infantes, su paisaje y su rico pasado cultural son el escenario de unos personajes que viven, luchan y buscan una redención a menudo esquiva.

Ángel Fernández-Camuñas Calero (Manzanares, 1959) publica la novela *Marmaria* (2022), ambientada en los años treinta del pasado siglo e inspirada en la etapa de comunismo libertario que se implantó en Membrilla durante la guerra civil. Inocencio, encargado del reloj de la torre de Marmaria, va relatando, junto a Amelia, Álvaro, Malaquías y Candelaria, los sucesos acaecidos en el pueblo desde la visita del rey Alfonso XIII hasta el final del a Guerra Civil. El pueblo trabajador decide constituir la colectividad anarquista «Paz y Justicia», con la que reparte el trabajo.

José Ortiz García (1976) rescata del olvido una decena de pequeñas historias que dedica a la pintoresca Fuenllana con el libro *Cuentos legendarios para Fuenllana* (2013), esencia manchega junto al «lugar de la Mancha».

La novela histórica *La hora de todos* (2012) es una obra del periodista Baltasar Magro Santana (Domingo Pérez, Toledo, 1949). En Torre de Juan Abad, Ciudad Real, el 1 de noviembre de 1644, Quevedo llega falto de salud, como él mismo nos dice, a las tierras de su señorío después del calvario de un angustioso viaje. Ha permanecido varios años en prisión sin conocer el motivo del castigo. Está completamente destrozado y sus enemigos intentan asesinarle. El logro de la novela es la recreación del propio personaje de Quevedo. La obra plantea el testamento escrito en sus últimos meses en su confinamiento entre Torre de Juan Abad y Villanueva de los Infantes.

Emilia Landaluce Galván (Madrid, 1981) coautora de la novela *La mala víctima* (2023); en ella el lector encuentra la descripción de la madre de Socorro, Antonia, natural de Terrinches, casada con Rosario que llegó a ser alcalde por el PCE. Trabaja con la familia Lequerica en la finca El Lanchar, es guardesa, cocinera y casi todo… Entre la realidad y la ficción a la autora le sirve de pretexto para introducir la tradición de la fiesta de san Marcos por el Campo de Montiel y otros hechos acaecidos en el pueblo de Terrinches cuando el golpe de Estado de 1981.

Pilar Merino Martínez (Tomelloso, 1968) se reconcilia con la infancia vivida en Villanueva de los Infantes en su relato «Piedras con alma» (2002), recogido en una selección de cuentos selectos: esta autora tiene otras publicaciones: *Aeda la ruta del verbo,* y en el género dramático *Tarde de confesiones*, premio del IV Certamen Teatro Mínimo Rafael Guerrero.

Otros relatos que toman como escenario Villanueva de los Infantes son *Milagro de un Papa* (2007) de Manolo Ruiz Bernal (Cieza, Murcia, 1950) y *El mendigo de Infantes* (2019).

Cierran el ciclo las novelas históricas que giran en torno a la figura de Francisco de Quevedo y Villegas, con tintes detectivescos, ambientada en la España del Siglo de Oro y en Venecia *Unas espuelas de oro robadas* (2008) de Amparo Boquera Fillol (Madrid, 1945), tomando a Villanueva de los Infantes como parte del argumento y del escenario ambiental. José Manuel Sánchez Chapela rinde homenaje a Miguel de Cervantes con *El manuscrito de Gaspar de Montiel* (2015) donde narra las aventuras de Gaspar de Montiel, lo que en verdad aconteció en aquel «lugar de la Mancha», comenzando su andadura en la noble villa de Villanueva de los Infantes.

La divertida novela *El culo del rey* (2020) de Antonio Luis Galán Gall (Ciudad Real, 1964) está repleta de misterios y de sospechas, donde un Quevedo revivido utiliza a un grupo de bibliotecarios; todo se inicia cuando el bibliotecario de Villanueva de los Infantes conoce la cripta donde está enterrado don Francisco de Quevedo; esto hace que se presente su espectro y entable una relación que años más tarde le llevará a sacar un viejo manuscrito inédito. Antonio Luis Galán se nutre de la pericia para construir su relato de su experiencia como guardián de las palabras en la biblioteca de dicho municipio.

Pepa Serrano Valverde (Madrid 1967), de padres infanteños, es una apasionada de la literatura que traza su novela *Arder en la memoria* (2016) en dos planos. Año 1645, Rosario sueña con salir de ese mismo pueblo, en el que nació y que se ha convertido en una prisión para él, con sus anhelos puestos en la capital. Año 2011, Beatriz sueña con tener el valor suficiente para cambiar definitivamente su vida y para ello huye de Madrid y se recluye voluntariamente en Villanueva de los Infantes, un pueblo de La Mancha. Escenarios idénticos que acogen dos historias muy distintas, separadas por más de trescientos años, pero unidas por las emociones, que se repiten a través de los siglos: amor, venganza, desesperación, intrigas, odios y muertes. Unas muertes que tejerán finalmente la conexión entre Beatriz y Rosario.

Esther de la Cuerda González, en *La casita del trigo* (2019), evoca los mejores momentos de su infancia y adolescencia en Villanueva de los Infantes. Es un relato intimista, recuerdos en los singulares silos del trigo; actualmente reconvertido en museo tras la intervención del artista Okuda San Miguel. En los años 70 y 80 del pasado siglo XX, una niña de diez años se traslada a vivir junto a su familia a una linda casita rodeada de magia y misterio. Tras alcanzar la edad adulta, vuelve y descubre un nuevo cereal que llevn su vida de esperanza.

Esta ciudad ha suscitado interés desde hace más de cuatro siglos, y directa o indirectamente ha sido aludida en novelas, ensayos, poemas, relatos… Bellísimas descripciones de carácter e historia; a veces duras críticas, en ocasiones semblanzas de sus gentes, impresiones sobre sus calles, sus monumentos histórico-artísticos, sus piedras…. *Campus adentro* (2001) de Francisco Parra Luna, *Una sombra muy pronto serás* (2015) y *Samuel lo pudo contar* (2016) de Jorge Solís Piñero, *Cuentos y ripios* (2019) de Fermín Serrano Fernández, *Polvo* (2012) de Maribel Riaza, *¡Vade retro¡ (*2002) de Alfredo Martínez Pacheco, El *vuelo de los vencejos* de Manuel Rivas Cabezuelo (2022). Son obras y autores que veremos en el apartado campomontileños en la narrativa del siglo XX.

4.7.3. Autores campomontieleños represaliados y en el exilio

Con la victoria nacionalista del golpe de 1936 muchos intelectuales partieron al exilio y se instalaron fundamentalmente en Sudamérica, donde seguirán desarrollando su actividad. Hombres involucrados en la vida intelectual española como Gabriel García Maroto, Antonio Rodríguez Huéscar, Isidoro Enríquez, Calleja, Mateo Santos, Jesús Menchén Manzanares o la arabista de Torre de Juan Abad Manuela Manzanares López; unos murieron en el exilio, otros volvieron a un exilio interior; como Antonio Rodríguez Huéscar o Salvador Cipriano Gijón.

GABRIEL GARCÍA MAROTO (La Solana, 1889-México, 1964)

Gabriel García Maroto. Fuente: Wikipedia.

Escritor, además de pintor e impresor, poeta perteneciente a la generación del 27. Hijo de una humilde familia, trabajó en el campo hasta los trece años y en otros diversos oficios hasta los dieciocho, comenzando por entonces su vocación y primeros tanteos con el dibujo y la literatura.

Su trayectoria vital y concienciación social se desarrolló en cuatro grandes periodos:

El primer periodo (1889-1927) se corresponde con sus pasos iniciales en La Solana y a su instalación y despliegue profesional e intelectual en Madrid. Su formación empezó en 1907 en Ciudad Real donde estudió con el paisajista Ángel Andrade. Posteriormente viajó por Italia, Francia, Bélgica y Holanda. Fruto de este periplo es su primer libro *Del jardín del Arte* en el que narra su experiencia artística y realiza sus primeras críticas de arte, valorando la obra de Zuloaga, Anglada, etc. Frecuentó los ambientes literarios y artísticos de Madrid, lo que le permitió hacer crítica literaria y artística en el periódico *El País* y revistas ilustradas, especialmente para *Vida Manchega*, en la que incluyó varios de sus poemas. Publicó su libro *La caravana pasa*, con algunos de sus primeros dibujos. En 1913 sacó a la luz dos nuevos libros, *El año artístico* y *Pro-Arte*. Tras una crisis personal y espiritual, buscó apoyo en Unamuno viajando a Salamanca y, por consejo de este, pasó el verano de 1914 en el monasterio de Silos, teniendo una influencia religiosa, reflejada en poemas y en su libro *La canción interior*. Por otro lado, en un sentido más pedagógico, publicó en ese año *Teoría de las Artes Nobles*.

A partir de 1915 pasó temporadas en La Solana y Madrid, radicándose en Barcelona (1915-1917) y Santander (1918-1920). Su trabajo como crítico se fue consolidando. Casó con la mexicana Amelia Narezo Dragonné, con quien tuvo tres hijos: Gabriel (1916), Sara (1918) y José (1922), los dos últimos sordomudos, lo que condicionó su vida profesional y su orientación artística hacia la pedagogía infantil.

A finales de 1920 colaboró con Juan Ramón Jiménez en un proyecto de revista y el año siguiente creó en Madrid la Imprenta Maroto, publicando el primer libro de poesía de García Lorca, *El libro de poemas* (1921) e interviniendo como redactor, crítico e ilustrador. A finales de 1921 García Maroto organizó en su imprenta una Primera Exposición de Pinturas, donde, además de él, participaron García Lorca y Rafael Barradas y que podríamos considerar el germen de lo que en 1925 fue la renovadora Exposición de la Sociedad de Artistas Ibéricos (SAI). En 1927 fundó la editorial Biblos, donde publicó dos de sus más importantes libros *65 dibujos grabados y pinturas*, una selección recopiladora y antológica de su producción artística.

El segundo periodo (1928-1934) es una etapa experimental y transcendental en México, Cuba y Nueva York. En su llegada a México, se volcó con la pedagogía artística,

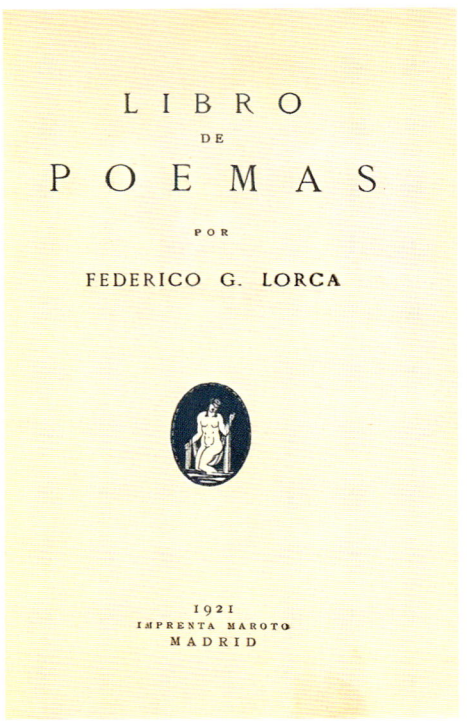

Portada de *Libro de poemas* (1921), de Federico García Lorca, editado por la Imprenta Maroto.

participando junto con otros intelectuales mexicanos, fundando la revista *Contemporánea* y colaborando con textos e ilustraciones. En 1930 marchó a Cuba donde coincidió de nuevo con García Lorca y realizó diversas exposiciones.

En el tercer periodo (1934-1939), ya de vuelta a España, su compromiso social coincide con su inmersión en la incipiente fase republicana y la Guerra Civil. En 1934 regresó a España, primero a La Solana, donde permanecía su familia y después se instaló en Madrid. Fundó en 1934 el centro educativo Imagen. La Casa Escuela del Sordomudo. El estallido de la Guerra Civil acabaría con esta escuela. Participó en diversas revistas y publicó un álbum de dibujos caricaturescos y satíricos.

El cuarto periodo (1939-1969) transcurrió en el exilio mexicano, siendo una etapa reflexiva y volcada sobre la inspiración creadora y pedagógica. En la década de los 40 fueron abundante sus publicaciones, en algunos casos bajo el seudónimo de Maclovio Flores. Siguió vinculado con los artistas e intelectuales exiliados, volcado en nuevos proyectos editoriales y de fotografía, colaborando con ilustraciones en poemas.

La novela *Girón. 48 horas en la vida de un comisario político* de Gabriel García Maroto había permanecido inédita y ha sido rescatada en 2021 por el Archivo Estatal Ruso de Historia Política y Social en los expedientes relativos a las Brigadas Internacionales. Recibió un accésit en el Concurso Nacional de Literatura de 1938 en la zona republicana. Trata de su experiencia de cuarenta y ocho horas en la vida de un comisario político en la Guerra Civil española.

Portada de la novela *Girón* (2021), de Gabriel García Maroto.

MATEO SANTOS CANTERO (Villanueva de los Infantes, 1891-México 1964)

Periodista, escritor y cineasta, publicó sus poemas de juventud en el semanario *Vida Manchega,* en donde colaboró, y aparece en la foto como un joven elegante con aspecto de «inspirado poeta». Su poemario *Lira manchega: ensayo de rimas* (1910) se guarda celosamente en la casa solariega del Caballero del Verde Gabán en Villanueva de los Infantes por sus familiares infanteños. Es un ejemplar de un joven Mateo Santos publicando «en sus ratos de ocio sujeto tras un mostrador»; con prólogo de Antonio Castellano. Recoge una colección de poesías impresas en una imprenta de Alcázar de San Juan. El librito contiene además una obrita de teatro en verso titulada *Día de difuntos o El sueño de un hostelero.*

En el repertorio bibliográfico de Mateo Santos no se encuentra este primer libro. Su trayectoria está repleta de hojas volanderas (crónicas, reseñas, artículos, editoriales, criticas teatrales y cinematográficas, traducciones del francés, versiones novelescas de películas, resúmenes de prensa, etc.) desde que en 1911 empezara a colaborar en *El Eco Artístico de Madrid.*

La historia del periodismo lo ha encuadrado como un periodista de «obreros intelectuales», donde es citado a pie de página durante el periodo republicano, pero «tan citado como olvidado» (Rius 2011, 96-174).

En 1914, tras un breve periodo en Madrid, recala en Barcelona con un buen bagaje de lecturas cervantinas, aderezadas de los clásicos como Quevedo. En 1926 escribía en la revista catalana de divulgación de cine internacional *Popular Film,* del cual fue director literario hasta 1934, con el intento de mejorar el séptimo arte e inculcar al público la necesidad de ver un gran cine:

Venía yo del campo raso de la Mancha y mi espíritu estaba impregnado de la quietud y de la serenidad de los libros que distrajeron mis ocios. Mi perspectiva no se extendía más allá de unos molinos de viento y mis lecturas rebasaban apenas la linde del Siglo de Oro español (*Popular Film,* 30 octubre de 1926)[14].

Mateo Santos, *Vida Manchega*, 11 de julio de 1912.

La combinación de los clásicos con los noventayochistas, pasando por el magisterio de Larra, revela el inconformismo de Mateo Santos, con amistades de intelectuales libertarios e idealistas proporcionándole un periodismo comprometido, formando parte del grupo de aquella Barcelona cercana al republicanismo de Alejandro Lerroux. Se convirtió en un referente del radicalismo. Su inconformismo le llevó a colaborar en otras cabeceras y periódicos. Su actividad en ateneos y en las redacciones de los periódicos le llevó a dejar atrás la vocación poética, quedando reflejada en esporádicas publicaciones de algunos poemas.

El periodista Santos es también un autor de novelas de quiosco, publicadas en la prensa y no conservadas. Publicó novelas sobre acontecimientos de la época, *Los amores trágicos de Rosita Rodrigo* (1917) que le llevó a recrear los amores trágicos de una vedette valenciana muy atractiva llamada Rosita Rodrigo. Es un caso sucedido en Valencia donde aparece la cupletista involucrada con personalidades de la literatura y también ligadas al mundo de la política, como su relación con Alfonso XIII. Otras novelas no conservadas son *El demonio de la carne (*1917), *Ultima aventura de don Juan* (1925), *En el lecho de oro* (1925) *Y su mejor estocada* (1925) y *Los héroes del siglo XX* (1926).

Mateo Santos en 1927 con otros periodistas de la revista *Popular Film*. Fuente: Wikipedia.

Publica la novelita *El forastero* (1925) en la colección «El Cuento Literario» de la editorial Pegaso de Barcelona. Según la publicidad del catálogo «satiriza con desenfado las costumbres de nuestra época y lanza valientes diatribas contra el fútbol y la sociedad».

La novela *La Venus de nieve* (1925) apareció en los quioscos con una sugestiva portada en la que aparecía una mujer desnuda.

Otra novela, *Carne de Caín* (1936), apareció publicada en la *Revista Blanca* en la última entrega de la colección «La novela ideal». Es una ficción donde recrea el asesinato por un revolucionario, siendo este un malvado de solemnidad.

Fue el primer cineasta sobre la Guerra Civil, siendo el director de la *Revista Popular* (1927-1937). El 6 de febrero de 1939 cruzó la frontera de Francia junto con miles de refugiados de Argéles y Le Barcarés, quedando la familia separada provisionalmente en campos de prisioneros. En 1940 pidió permiso de residencia y se estableció en Burdeos. En 1944 dirigió en Toulouse «el periódico confederal de artes y letras» con su sobrino, el grafista y cineasta Ángel Lescarboura Santos. En esta ciudad se formó un grupo de intelectuales españoles y tuvieron iniciativas para homenajear al autor del *Quijote* con motivo del IV Centenario del nacimiento de Cervantes, de este acontecimiento publicó *En torno a Cervantes* (1947) que le valdría para la reivindicación de la tradición literaria española.

Algunos de sus artículos los firmó con el pseudónimo *Gazel*, que volvió a utilizar en 1945 en *España Libre* (París) donde escribió sobre literatura y cultura. La firma de Mateo Santos aparece en rotativos de Toulouse. Publica la novela *Conquistadores de arena* (1948), donde trata sobre la experiencia en los campos de concentración del sur de Francia, revelando la fuerza de su cervantismo. En 1949 su figura se diluye en un exilio mexicano donde practicó la crítica cinematográfica y taurina.

ISIDORO ENRÍQUEZ CALLEJA (Torre de Juan Abad, 1900-Mexico, 1971)

Maestro y ensayista. Al término de la Guerra Civil de 1936-1939 emprendió el camino del exilio, que le llevaría a México, dedicándose a la enseñanza. Pío Baroja, en su obra *El gachupín,* le recuerda en la tertulia de *El Aquelarre*.

Escribió varios ensayos sobre literatura española y mexicana, de los cuales el más conocido es *Las tres celdas de sor Juana Inés de la Cruz* (1953). Isidoro Enríquez es considerado uno de los pocos españoles que, en el exilio, contribuyeron a la exaltación de sor Juana Inés de la Cruz.

Portada de *Las tres celdas de sor Juana* (1953), de Isidoro Enríquez Calleja.

CÁSTULO CARRASCO MARTÍNEZ (Terrinches, 1910-Madrid, 1985)

Periodista y escritor de diversos registros. Su libro *Dos cuentos de profesores* (1955) contiene los cuentos «Los malos métodos pedagógicos del profesor Peláez» y «El profesor don Emilio y los niños». Es autor de ensayos como *Tres españoles y algunos más* (1949).

De tono humorístico y desenfadado es *A bordo de un teléfono* (1958), mientras que en *Crimen en el museo* (1975) se adentra en el género policiaco. En teatro estrenó *Película de aventuras.* Tradujo la biografía de Jean Paul Bonnes y obras de Georges Simeón o de Francisco de Asís.

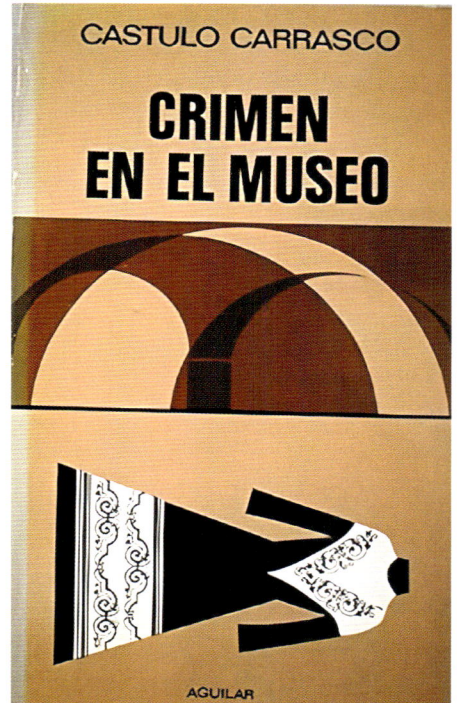 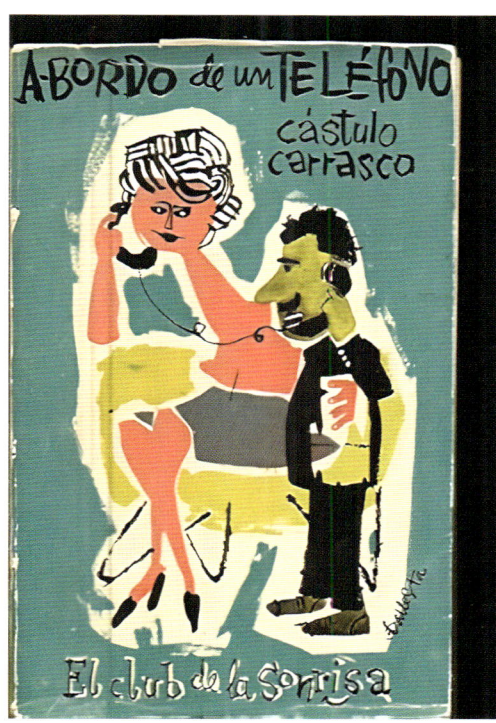

Portadas de *Crimen en el museo* (1975) y *A bordo de un teléfono* (1958), de Cástulo Carrasco.

Cástulo participó en la creación del Sindicato de Oficios Varios de UGT y de las Juventudes Socialistas de Ciudad Real en 1929. Fue redactor del semanario socialista *Clamor.* Estuvo en el penal de Chinchilla condenado por su participación en la revolución de octubre de 1934, saliendo en libertad en 1936. Finalizada la guerra a los veintinueve años fue detenido y condenado a treinta años de reclusión; conmutada la pena, salió en libertad en 1943.

JESÚS MENCHÉN MANZANARES (Membrilla,1912-Ciudad Real, 1939)

Poeta conocido bajo el pseudónimo de Roger de Flor. Publicó el libro *Hogueras de paz* (Ciudad Real, 1936). Las muchas octavillas y versos de guerra que redactó entonces motivaron una denuncia el 1 de mayo de 1939 que acabó con él en la prisión de Ciudad Real. La mediación de su tío canónigo (al cual había salvado él de la ejecución) y una carta al tribunal de su madre no sirvieron de nada y fue fusilado en las tapias del cementerio de Ciudad Real. Él mismo había lamentado en un romance la muerte del poeta Federico García Lorca y en otro, «La madre del miliciano», intuía su mismo fin. Su poesía apareció en las más importantes antologías de versos de la Guerra Civil.

Publicó numerosas poesías y artículos en la prensa local entre 1934 y 1939, en particular en *El Pueblo Manchego,* donde contaba con un espacio dedicado a la poesía bajo el título de «Con el puño en alto». Al estallar la Guerra Civil se enroló voluntario en el ejército republicano.

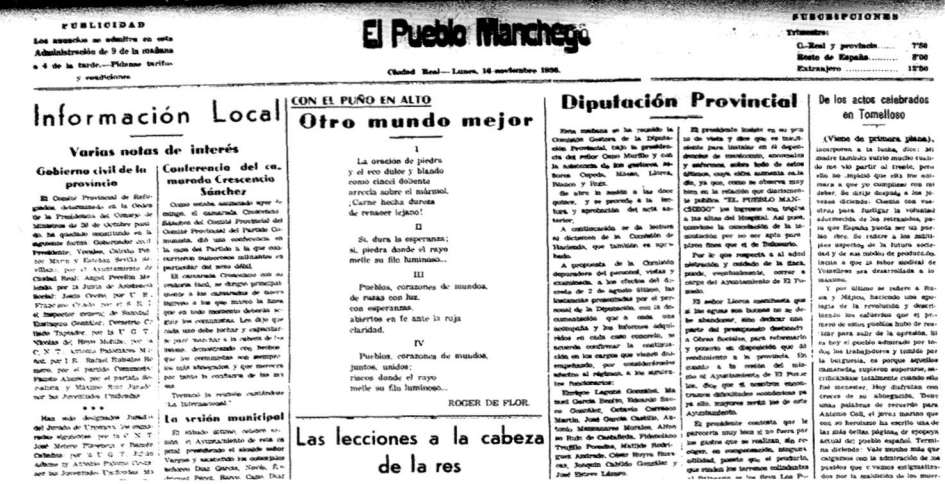

Poema "Otro mundo mejor", de Roger de Flor, en *El Pueblo Manchego,* 16 de noviembre de 1936.

ANTONIO RODRÍGUEZ HUÉSCAR (Fuenllana, 1912-Madrid, 1990)

Escritor, pintor y, sobre todo, filósofo, discípulo de Ortega y Gasset; miembro importante de la Escuela de Madrid, conoció tanto el exilio exterior como el interior.

Su labor consistió en la indagación de las raíces metafísicas de la filosofía de su maestro. Le interesó por encima de todo el problema de la verdad. Pensó sobre las «categorías de la vida», que deberían sustituir a las antiguas «categorías del ser». Pintó y reflexionó sobre la pintura. Escribió

Antonio Rodríguez Huéscar en Fuenllana (1978). Fuente: Biblioteca Virtual Miguel de Cervantes.

novela y meditó sobre ella. Mostró cómo, sin dejar de ser discípulo, se puede ser auténtico filósofo. Juan Padilla Moreno publicó el libro *Antonio Rodríguez Huéscar o la apropiación de una filosofía* (2004). Este investigador afirma que si existe una escuela orteguiana, Antonio Rodríguez Huéscar pertenece a ella.

En el año 1937, estando trabajando en Belchite en una fortificación al servicio del ejército republicano, fue herido por las ráfagas de la aviación italiana. Una pierna le quedó casi destrozada, dejándole secuelas para el resto de su vida. Deambuló de un lugar a otro –Barcelona, Valencia, Ciudad Real– hasta recluirse finalmente en Torre de Juan Abad, donde aguardó, como maestro, el final de la contienda. «Desde entonces –dice Julián Marías en su introducción a *La innovación metafísica de Ortega*– fue un poco menos alegre, cada vez menos ambicioso». «En los años de la posguerra –sigue diciendo Marías– se contentó con vivir y hacer vivir a su mujer y a sus tres hijas –se había casado muy tempranamente–, y con estar seguro de no tener que avergonzarse de nada». El nuevo régimen empezó por no reconocer el resultado de las oposiciones que tan brillantemente había ganado en vísperas de la guerra. Aunque, como se dirá luego en un informe de la Jefatura Provincial del Movimiento de Madrid, no constaba nada en contra de su adhesión al Movimiento Nacional. Aspirar a enseñar en la Universidad, con los nuevos vientos que soplaban, suponía aceptar una serie de condiciones y sometimientos –eclesiásticos, por ejemplo– que Huéscar no podía tolerar. Como consecuencia, se dedicó a la enseñanza privada, con sobrecarga de clases y trabajo. Fundó en Tomelloso el colegio de Enseñanza Media Santo Tomás de Aquino, donde enseñó filosofía, latín y francés hasta 1945. En ese año, acudiendo probablemente al encuentro de Ortega, se instala definitivamente en Madrid, para dar clases de filosofía en el célebre Colegio Estudio, regentado por Jimena Menéndez Pidal. Colegio donde se practicaba la educación mixta, la elección de la enseñanza religiosa cuando los padres así lo solicitaban, se compensaba los libros de texto con amplias lecturas y participación de los alumnos. Aunque era un profesor sobrio, con conciencia del absurdo de «enseñar filosofía» y escéptico acerca de la disposición del alumnado «para aprender filosofía», dejaba absoluta libertad de reflexión a sus pupilos.

Desde muy joven, siendo estudiante, había sentido vocación por la novela; era un ávido lector y escritor aficionado. Recluido en su exilio interior, en 1948 escribió la novela titulada *Vida con una diosa* quedando finalista del reciente creado premio Nadal. Fue publicada en 1955 por una pequeña editorial. Es una novela de amor, pero «distinta». Se le podría aplicar la frase con que su protagonista, Eduardo Enríquez, intenta definir su aventura: «una nueva y original figura de vida y de trascendencia, y un nuevo enriquecimiento del sentido del amor». Narra la historia de un joven a quien toca en suerte vivir la experiencia de enamorarse de una diosa (Diana), encarnada en una bella joven que solo tiene una vaga conciencia de su verdadera (o segunda) identidad, que su amante se encargará de irle descubriendo. Es

Portada de *Vida con una diosa* (1995), de Antonio Rodríguez Huéscar.

una narración llena de suspense, mantenido por medio de un ingenioso juego con los planos de la realidad.

Acuciado por el tiempo escribió en 1951 el ensayo *El homo montielensis: «La rebelión contra el tiempo»* publicado en varias revistas entre 1958 y 1961. Vagando por este dramático paisaje manchego que tan profundamente amó –por ser su tierra–, desentraña su propia sensación de lo que es España, escrito en la soledad nocturna en pleno Campo de Montiel. En este ensayo reflexiona sobre la actitud del hombre ibérico frente al tiempo, esta generalidad le lleva al particular modo de vivir el tiempo al hombre de esta comarca, donde sigue errante la sombra de don Quijote. La meditación sobre la detención del tiempo, en un espacio arcaico y desértico. Si el tiempo es un movimiento que consiste en venir del pasado y dirigirse a proyectarse hacia el futuro, el *homo monteliensis* intenta sustituir esta proyección del futuro por una reproyección hacia el pretérito. Le parece a Rodríguez Huéscar qué ante las nuevas tecnologías, los hombres del Campo de Montiel y de La Mancha permanecen en sus creencias, llegando a considerar el pasado como más importante que el presente. El sentido de la vida es hacer lo que se ha hecho siempre: queda fuera crear nuevas formas de vida.

Su faceta como pintor y ensayista le llevó en 1988 a disertar en su discurso de ingreso en el Instituto de Estudios Manchegos sobre «Antonio López Torres, su lugar en el arte del siglo XX». En 1999, la BAM, en coedición con la editorial Anthropos, publicó su obra *Semblanza de Ortega*, una recopilación de artículos y conferencias, alguno inédito y la mayoría publicados en revistas de difícil acceso sobre el filósofo José Ortega y Gasset.

4.7.4. Un paréntesis. Dos cuentos infantiles en la literatura campomontileña

Enlazando con la literatura del exilio y la literatura a partir de los años 30 hasta la segunda década del siglo XX, dos libros especiales abren un paréntesis en este catálogo de escritores. Dos cuentos ilustrados infantiles se integran en la literatura en general por la forma narrativa y natural de leer. La ilustración en la literatura infantil es un elemento primordial entendida como una representación plástica a través de la cual se pretende conseguir una impresión estética en el lector. Está configurada por elementos visuales, técnicos y estilísticos derivados del lenguaje del relato. Frente a esta visión encontramos dos cuentos ilustrados: *El Premio* (1943) de Domingo Cipriano Salvador Gijón nacido en 1894 y el cuento *La tía Juncona* (2017) de Trinidad Amador Santos nacida en 1922. Ambos autores con afinidades en la didáctica de la transmisión de valores y la estética de las ilustraciones propias del tiempo que fueron creados como formato libro para ser contado a sus lectores particulares; con espacios, tiempos y estética muy distintos. Reseñar estos cuentos es integrarlos en la literatura en general y en el Campo de Montiel en particular por su vinculación con el lector al que va dirigido y con la comarca. *El Premio* (1943) dedicado a su hijo qué está en Villanueva de los Infantes y *La tía Juncona* (2017) dedicado a sus hijos y nietos en Montiel.

El periodista, historiador y editor José López Camarillas ha recuperado la obra del pintor y escritor Domingo Cipriano Salvador Gijón (Pedro Muñoz, 1894-Toro, 1975). Aunque nacido en Pedro Muñoz, Salvador Cipriano desarrolló su juventud en Ruidera hasta finales de los años veinte del pasado siglo XX cuando se trasladó a Villanueva de los Infantes para desarrollar su labor docente y artística, casándose con la infanteña María Rubio Simarro. Por sus conocimientos pictóricos se le encargó proteger las obras de arte de la comarca del Campo de Montiel durante la contienda de la Guerra Civil. En 1941, terminada la contienda, fue separado de su esposa y de su bebé, y se le acusó de haber hecho desaparecer el cuadro de Yáñez de la Almedina *Santa Ana, la Virgen, santa*

Isabel, san Juan y el niño (1525-1532), desaparecido del retablo de la iglesia de Almedina. La obra la custodió en su casa de Villanueva de los Infantes debido a los saqueos que se estaban produciendo en los templos. Una acusación falsa por robo le llevó a ser detenido, torturado y encarcelado, logrando la libertad condicional en 1945. Mientras tanto, la pintura fue comprada en 1941 por el director del Museo del Prado con la complicidad de un sacerdote infanteño.

> Erase en los tiempos de la antigüedad, / cuando los pollinos, leones, panteras /, gatos, cerdos, cabras, gallinas, tortugas / y todos los bichos que había en la Tierra / hablaban y hablaban –más inteligentes / que todos los hombres– una sola lengua. // Todos se agrupaban, todos se ayudaban, / todos convivían y no había guerras. // A veces, algunos que tenían mal genio / armaban camorras o algunas peleas, / pero sus enfados pronto se acababan / y se contentaban ante una paella. // Como es natural, los animalitos, / con deseos nobles iban a la escuela. // (Salvador 2022, 4).

En 1943 Cipriano realizó en la cárcel un libro infantil ilustrado titulado *El premio* donde narra en verso la historia de un aula con diferentes animales como alumnos, representación de la diversidad de la sociedad. Gijón fue desterrado de Infantes a Madrid, se ganó la vida en la construcción y dando clases particulares. Siguió pintado en su tiempo libre, iba al Museo del Prado

Portada del cuento *El Premio* (1943), de Domingo Cipriano Salvador Gijón.

donde hacía bocetos y quizás contemplase el cuadro de *Santa Ana, la Virgen, santa Isabel, san Juan y el niño* de Yánez de la Almedina, discípulo de Leonardo da Vinci. Decidió ejercer como padre y maestro a través de cartas y de la ayuda de su mujer. Comenzó con dibujos de animales que incluían lecciones académicas y de valores. En la Navidad de 1943, y desde el penal franquista de El Dueso, Cipriano participó en los talleres artísticos que De Rivas Cherif (cuñado de Azaña y revolucionario del teatro español del siglo XX) consiguió organizar, y convenció a otros intelectuales para publicar un libro infantil. *El premio* es un cuento ilustrado como regalo de Reyes para su hijo de cinco años a quien apenas conocía.

En la colección Infantil-Juvenil Calipso de la BAM se encuentra publicado el cuento *La tía Juncona* (2017) de Trinidad Amador Santos (Montiel, 1922-2018), un cuento escrito para sus hijos y nietos e ilustrado por su nieta Prado Rivera, licenciada en Bellas Artes.

Portada de *La tía Juncona* (2017), de Trinidad Amador Santos.

A los 95 años Trinidad vio publicado este cuento en el año 2017 en el que relata la vida cotidiana y las peculiaridades de una pareja de personas distintas, gigantes para unos, brujos para otros, en un lugar intemporal, donde se pone a prueba las capacidades de sus gentes sencillas para aceptar la diversidad. Plagado de humor y ternura con unas Ilustraciones sencillas, muy expresionistas, con predominio en la suavidad del color pastel.

En las ilustraciones de *La tía Juncona* resalta la fisonomía de los protagonistas y el paisaje natural del pueblo de Montiel, donde vive la giganta tía Juncona con su marido el gigante Tomasón. Dos seres entrañables que acogen a toda la gente del pueblo y a las alegres brujas buenas que, por el paso migratorio se dejan ver por el lugar. Un canto a la amistad y respeto al diferente.

4.7.5. Autores campomontieleños en la narrativa de la generación de los 30, 40 y 50

Iniciamos este apartado de la literatura a partir de los años 30 hasta la actualidad donde se hace una relación de autores campomontileños. El acceso y difusión al saber a partir de la generación del 60 ha creado lectores potenciales aumentando considerablemente la creación literaria. La aparición y desarrollo de las nuevas tecnologías han promovido la autoedición, propiciado por el progreso de la alfabetización y la educación. Destaca en las tres primeras generaciones el predominio de hombres que publican, incorporándose la mujer en la última década del siglo XX y principios del XXI.

Es un catálogo de escritores nacidos o afincados en la comarca o que han mantenido o mantienen lazos afectivos. Aparecen por fecha de nacimiento y género literario (prosa narrativa, poesía, teatro, novela gráfica) sin entrar en analizar temas ni estilos. Los datos biográficos proceden de las solapas y contraportadas de los libros, de críticas y reseñas de periódicos, revistas y editoriales.

Merece la pena mencionar en este apartado la antología de textos *Escritos desde el aula* (2004), un libro que pretende demostrar lo que los alumnos de alfabetización del Aula de Educación de Adultos de Torre de Juan Abad fueron capaces de hacer, coordinado por Luis José Valero Peña y Esperanza Rodríguez Peláez. Textos escritos por personas que nunca asistieron a la escuela, o que fueron durante muy poco tiempo, algunos con más de setenta años; es decir nacidos entre los años veinte del pasado siglo. Se atrevieron a poner por escrito y «sacar las muchas cosas que se llevan dentro», historias originales y relatos con nombre propio donde el lector actual se nutre de vivencias y tradiciones. Escritos sencillos escapados de la realidad vivida.

Los escritores nacidos en torno a los años de 1930, 40 y 50, conocidos como los niños de la guerra y la posguerra, han publicado en la última década del siglo XX y en la primera y segunda décadas del siglo XXI.

Francisco Parra Luna (Villanueva de los Infantes, 1937)

Sociólogo, catedrático de la Universidad Complutense y coordinador del trabajo interdisciplinar *El Lugar de la Mancha es...* (2005) y de numerosos ensayos y monografías científicas relacionados con la teoría de sistemas. Una teoría que estudia los principios aplicables a los sistemas de cualquier nivel en todos los campos de investigación. La teoría de los sistemas sociales (TSS) en sus inicios, cuando empezó a ser utilizada en sociología recibió diversas críticas. En los años ochenta del siglo pasado, el sociólogo Francisco Parra Luna respondió a las más importantes como la que sostenía que la teoría de sistemas era «ahistórica». La teoría fue revisada, actualizada y constantemente revisable con la contra argumentación a la crítica; ofreciendo cuatro elementos clave para que se considere que sea resuelta: el modelo procesal, la teoría de los sistemas axiológicos, la dialéctica y los mecanismos sociales. Las cuatro propuestas son compatibles y se necesitan entre sí. Un método que se aplicó en la obra literaria de Cervantes *Don Quijote de La Mancha* para hallar el «lugar de la Mancha». La obra fue analizada desde siete perspectivas o soluciones: dicotomía, porcentual, puntos de rango, topológica, determinante, eliminación y sociológica. De todas las perspectivas la topológica es la utilizada para localizar el «lugar de La Mancha», implícita en la obra literaria. Un cálculo topológico-matemático donde el «lugar» «y» (la incógnita) resulta una función de la minimación de distancias respecto a los pueblos que son citados. Lo sorprendente fue que el equipo dirigido por Parra Luna después de cuatrocientos años, en el 2005, resolvió la incógnita de ese «lugar» con métodos científicos. El «lugar» es Villanueva de los Infantes, un lugar del Campo de Montiel. El tema suscitó interés y a la vez problemática por parte de la comunidad literaria cervantina por tratarse de una obra de ficción usando métodos científicos y por su escasa tradición cervantina. Los resultados del trabajo interdisciplinar ha sido respaldado por otras universidades; aplicando otros métodos estadísticos: teoría de sistemas, análisis de contenido y análisis sociocultural.

El Premio Cervantes 2011, el poeta Nicanor Parra, analiza en el poema-antipoema «El Quijote de Parra» la teoría del catedrático y coordinador del trabajo interdisciplinar de la Universidad Complutense Francisco Parra. El discurso fue leído por el nieto de Nicanor Parra, Cristóbal Ugarte Parra, el día 23 de abril de 2012 en el Paraninfo de la Universidad de Alcalá de Henares. El poeta no pudo asistir a la entrega debido a su avanzada edad (noventa y siete años), lo que le impidió viajar. El poeta, según las declaraciones de su nieto, se encontraba en su casa de Cruces en la costa chilena rodeado de libros, la mayoría de ellos versiones, estudios del *Quijote* y libros del *Quijote*.

Utilizó en el discurso extractos de antipoemas, aquellos que hacían referencia a Cervantes y a su obra, no exento de metáforas y símiles. En el antipoema todo está permitido, hecho con lenguaje cercano, haciendo uso incluso de signos con +, &, utilizando todos los recursos posibles para su composición. El físico, el poeta, el matemático Nicanor Parra, siempre en busca del conocimiento, ensalza el descubrimiento del mítico «lugar»; dicidiendo que hay que «hablar por escrito»; aunque se haya escrito y quede hablado. El antipoema de Nicanor Parra, insertado en el discurso, dice así:

[…]
En un lugar de la Mancha
(octosílabo)
de cuyo nombre no quiero acordarme
(endecasílabo)

EL QUIJOTE DE PARRA

En unlugarde La Mancha
denominado Villanueva de los Infantes,
+-300 kM al S.E. de Madrid
Hoy xhoy unaaldea de +-7000 habitantes
Vivió no ha mucho tiempo
Un hidalgo de lanza en astillero
Adargaantiguarocinflaco&galgocorrecor
etcetc
De lo que se concluyeque los Quijotes
no son 2
como sueledecirse xahi
sino 3.
Para no decir nada del Quijote de Borges:
Primeroquedudacabe
El QuijotedelManco de LepantoQ.EP.D
Segundo
El Quijote del Cojo Avellaneda
Q.E.P.Dtambién
&tercero El Quijote de Parra*
ques ElQuijotepropiamentetal
en opinión detirios&troyanos

*Fco Parra Luna
CapitandelEquipo de arqueologos
quedescifro El Enigma Cervantino
(Parra 2012)[15]

Francisco Parra escribe la novela *Campus adentro* (2001) dentro de la narrativa contemporánea que se extendió desde la literatura anglosajona al subgénero adjetivado como de «campus», con la Universidad tomada como motivo central (Gómez Maya 2022, 179). A este tipo de literatura pertenece la novela *Campus adentro* del sociólogo Parra Luna. El autor elige el género novelístico para relatar la historia de dos científicos universitarios. Anselmo Garrido es un científico natural del mismo lugar que su autor, catedrático de Historia de movimientos ecologistas de la Universidad de Barcelona. A través de la mirada del autor, sus personajes indagan en los entresijos de acceso y ascenso en la comunidad universitaria. Ambos no pierden las señas de identidad con el mundo rural que los vio nacer. Vivencias personales, políticas, denuncia social, fantasías novelísticas forman el hilo conductor.

Ramón Serrano García (Villanueva de los Infantes, 1939)

Nacido en Villanueva de los Infantes y afincado en Tomelloso desde muy niño. Su libro *Sueños y quebrantos* (2003) son miscelánea de poesía y prosa; relatos de ficción unos y otros, constituyen recreaciones miméticas del mundo.

Cuentas galanas (2009) es una recopilación de artículos periodísticos publicados en el periódico *El Común de la Mancha*. Son narraciones de la vida diaria, costumbres contadas desde el íntimo sentimiento de entretener. En tres volúmenes reúne las *Obras completas* (2019). El primer volumen recopila los artículos en prosa de *Sueños y quebrantos* y *Cuentas galanas*. El segundo volumen es *Dichos y hechos* y el tercero, *Poesía 2003-2019*.

> Un escritor que llegó tarde a la literatura, sin embargo, ha llegado a ser una autentica razón de vida. A la gran diversidad de composiciones y temas, hay que añadir la poesía; en ocasiones se torna confesional e intimista para expresar sus propios sentimientos o emociones (González 2019, 9).

Emilio Vivar López (Cózar, 1943)

Desde pequeño ha inventado historias, viendo cada hecho a través de la fabulación, que le servía de refugio. Adornaba la realidad, a veces hostil, a través de los sueños. Ha ejercido toda su profesión docente bajo el prisma de la literatura.

Tiene tres novelas publicadas, la primera es *La vida oculta* (2008), en la que narra la difícil vida de un homosexual en la España franquista en el escenario de una pequeña ciudad. El eje central es el diario de Antonio, en el que nos va revelando su mapa interior, pero este diario es examinado por otros personajes que van vertebrando la historia y desvelándonos hechos sorprendentes con una narrativa ágil, chispeante y plagada del ingenio de la lengua popular.

Los anónimos de la Guerra de Cuba (2009) es la crónica de la guerra de Cuba contada por el nieto de uno de los soldados españoles que allí fueron, una historia evocada por sus protagonistas. La novela está contada en tres planos: el de la actualidad, el de la década de los cincuenta del siglo pasado y el de la guerra de Cuba. La correspondencia entre una historiadora y un biólogo pertenece al plano de la actualidad. Estos dos personajes ya habían tenido una cierta relación de adolescentes, y hablan de esa época, en pleno franquismo, que pretendía adoctrinar a los educandos, llenándoles la cabeza con mitos heroicos que nada tenían que ver con la realidad en que vivían.

La novela *Ladrillos rotos* (2011) es la historia de don Eusebio, un sacerdote que había conseguido borrar de su mente los recuerdos atormentados de su infancia, vividos en diferentes instituciones de Auxilio Social y en el seno de algunas familias católicas que le acogieron pretendiendo ser caritativas. El Señor le había elegido como servidor del altar, colmando la vocación que tenía desde siempre. A pesar de la humildad de sus orígenes, había progresado, hasta cierto punto, en la jerarquía eclesiástica. Un día aparece en su vida un señor que dice que es su hermano gemelo, y eso trastoca su identidad. En principio, se resiste a aceptar la nueva situación, que echa por tierra toda su historia: no es el hijo de una prostituta al que recogieron las monjas, sino de un matrimonio fusilado por el franquismo. Es un niño robado.

JOSÉ SOLÍS SÁNCHEZ (Villanueva de los Infantes, 1943)

El libro impreso de relatos cortos de José Solís Sánchez *Andanzas, aventuras y desventuras (relatos de caza y pesca)* (2017), con prólogo del periodista Fran Solís Castellanos, es un conjunto de relatos de caza, donde el autor plasma sus experiencias del noble deporte de la caza; narrando de manera pormenorizada la esencia y las vivencias de los cazadores que aman la naturaleza. Contempla la caza desde la perspectiva de una actividad que respeta la naturaleza, cuyas raíces forman parte de las costumbres y de la esencia de Villanueva de los Infantes, donde trascurre las tramas de los relatos.

ROCÍO MORALES PÉREZ DEL ARCO (Villanueva de los Infantes, 1943)

Nacida en Villanueva de los Infantes, la posguerra hizo que se instalase en Madrid muy tempranamente. Siempre le gustó escribir y sus escritos han esperado a ver la luz en la segunda década del siglo XXI. Ha optado por la autoedición para divulgar sus publicaciones. *Historia de un piano* (2018) es la historia familiar durante la Guerra Civil. El piano que una familia manchega compró nada más terminar la contienda es el hilo conductor para contar las aventuras y desventuras de todos los miembros.

El libro infantil *Aventuras de dos niños que se llevó el aire y otros cuentos* ((2020) con valores y personajes misteriosos, que además del cuento que da título contiene otros tres: «El gusanito», « La mina y el tesoro» y «Pichu y Rita».

La novela corta de misterio y suspense *Póker de intrigas* (2023), ambientada en la década de los setenta y ochenta, es un triller de investigación con una trama donde conviven los celos, los secretos, los trapos sucios y la obsesión.

JOSÉ MARÍA TORRIJOS CARRILLO (Villanueva de los Infantes, 1946)

Nacido y criado en Villanueva de los Infantes, de padres oriundos de Alhambra. Agustino, filólogo, profesor, director del colegio mayor universitario

Elías Ahúja. Como editor e investigador, sus trabajos están centrados en la «otra generación del 27». Sus escritos de poemas y cuentos se encuentran en diversas revistas académicas. Ha publicado en la revista *El Cardo de Bronce* de Tomelloso con un texto dedicado a un cuadro del pintor tomellosero Antonio López.

El libro *Cuaderno musulmán* (2001) es un texto de creación de una sorprendente mezcla de géneros literarios. La obra parece un zoco árabe, donde se yuxtaponen diferentes tiendas, espacios y personajes. Aquí un cuento, un poema, una traducción, una carta, un ensayo, el monólogo interior, etc. Un libro heterogéneo, heterodoxo y aventurero de aventura interior. En este libro se respiran los aires nocturnos de Rabat, los vientos violentos de Argel, el aroma al barrio de Tetuán. Es «Chat» un mosaico de diálogos, lenguajes, ilusiones, anhelos, ansias. «Noche y día» es el título ideal para los monólogos paralelos que lo componen y para expresar ese aliento de incomunicación que late en el texto.

JORGE SOLÍS PIÑERO (Villanueva de los Infantes, 1946)

El historiador infanteño Jorge Solís Piñero tiene en su haber dos novelas situadas en la España del treinta y seis y en la posguerra. Es además autor de tres crónicas de la historia local de Villanueva de los Infantes desde la República hasta las Transición.

La primera novela, *Una sombra muy pronto serás* (2015), narra la vida de un famoso oftalmólogo que, tras cincuenta años de emigrante en Argentina, vuelve al pueblo donde nació para cumplir la última voluntad de su padre, enterrar sus cenizas junto a los restos de sus abuelos. En el pueblo revive la historia de sus padres durante la República y la Guerra civil, así como su infancia en la posguerra, recordando cómo era el pueblo, sus calles, sus costumbres, sus personajes y sus comidas.

En sus paseos por Villanueva, que ya poco tiene que ver con la ciudad que habían visto sus infantiles ojos, recuerda con emoción la tierna historia de amor que protagonizaron sus padres, así como los altercados que causaron que finalmente huyeran del suelo patrio en busca de un futuro mejor.

En su segunda novela, *Y Samuel lo pudo contar* (2016), Samuel, un médico joven perteneciente al partido comunista, se ve envuelto en los primeros acontecimientos de la Guerra Civil en Madrid, la toma del Cuartel de la Montaña, la creación del 5º Regimiento, la lucha en la Sierra y en la Ciudad Universitaria y la muerte de Durruti. Más tarde es seleccionado para formar parte de las guerrillas antifranquistas. Samuel nos cuenta cómo era la vida en ellas y cómo pudo sobrevivir hasta que, en 1959, se pasó a Francia; entre otras muchas peripecias, por su buena puntería recibió el encargo de matar a Franco. Ya anciano, decidió volver a España y contar su vida a un periodista que decide publicarla. En parte es una novela histórica en la que la mayoría de los personajes secundarios son reales.

Fermín Serrano Fernández (Villanueva de los Infantes, 1947)

Escritor y pintor autodidacta, es el fundador del periódico local *Balcón de Infantes* en su primera época. Su primer libro *Cuentos y ripios* (2019) recoge relatos de experiencias y anécdotas de la familia Dorado Hernández, en el entorno de un pueblo en un lugar de la Mancha, Villanueva de los Infantes. Ripios del autor sobre diferentes temas sociales, familiares y de humor.

La imaginación del autor para contar historias sencillas y costumbristas la plasma en *Relatos cortos para pasar el rato* (2021), cuentos e historias sobre situaciones que atraen la atención por la veracidad de los hechos reales de las vidas que se describen en las diferentes historias.

Emilio Pacheco Sánchez (Montiel, 1948)

Cronista oficial de su pueblo natal y arquitecto técnico de profesión, tiene publicados varios libros de ensayo de historia local de Montiel *Historia y costumbres de la villa* (2004) y *Montiel: un lugar de la Mancha de cuyo nombre sí quiero acordarme.*

Es un apasionado de la literatura y de la historia, lo que le ha valido para obtener varios premios: Antonio López Rojas con relatos breves y verso con los títulos *Réquiem por un cura* (1974), *Ya no va la niña* (1976), *Mancha, cal y canto* (1978), *Réquiem por un segador* (1978), *Tres epístolas a don Miguel de Cervantes* (1979) y *Altiplano* (1980).

En prosa cuenta con varias novelas históricas. *La reina sin trono: Blanca de Borbón. Reina consorte de Castilla* (2017) donde la arquitectura del drama se vertebra por medio de una trilogía, tres obras cuyos títulos son *La reina blanca*, *El maestre de Santiago* y *La amistad de dos reyes,* organizadas en treinta escenas.

La novela histórica *Yo, el Cruel: Pedro I de Castilla* (2021) comienza cuando Alfonso XI muere en el cerco a Algeciras, en el año 1350, heredando el trono castellano su hijo legítimo, Pedro. Dos personajes frente a frente; los dos hijos de rey y hermanos de padre; el uno, legítimo rey; el otro, conde; Pedro y Enrique. O tú o yo. Ese fue el santo y seña de sus vidas. Este es el relato novelado del conjunto de acontecimientos históricos y personales en que se vieron inmersos, tanto el propio rey Pedro, como algunos de sus hermanastros, coetáneos y allegados, canalizando a través del diario de uno de los escribanos reales muchos de los hechos más notables de este enérgico y singular monarca. El libro incluye un sainete.

En el género dramático, la tetralogía teatral *Ni quito ni pongo Rey: Recreación histórica en cuatro actos* (2011) lo componen *El rey indómito*, *El regicidio de Montiel* y *Cuento de reyes*. El primero trata de los últimos días del rey don Pedro I de Castilla en Montiel hasta que es asesinado a traición por su hermano don Enrique de Trastámara el 23 de marzo de 1369.

Con influjos del drama de Zorrilla *El Zapatero y el rey* y de la obra teatral de Muñoz Seca *La venganza de don Mendo,* traza la obra de teatro *El rey indómito Pedro I de Castilla* y el sainete *María Coronel* (2014). Esta obra centra su hilo argumental en la figura de don Pedro I, el personaje más dramático, más grandioso y colosal de entre todos nuestros reyes de la Edad Media. El sainete presenta en clave de humor la persecución de que fue objeto doña María Coronel por parte del rey don Pedro en el convento de santa Clara de Sevilla.

ANTONIO-PROMETEO MOYA (Montiel, 1949)

Licenciado en Geografía e Historia por la Universidad de Barcelona, traductor independiente (del inglés, francés e italiano). Es uno de los más destacados renovadores de la primera generación de escritores posfranquistas. Antonio-Prometeo Moya es colaborador de varias revistas y medios culturales.

En sus novelas se pueden encontrar numerosas influencias de la literatura europea contemporánea sin que pueda adscribirse a una escuela concreta. Están publicadas por editoriales de ámbito nacional de prestigio y consolidadas.

Vivió en Valencia casi desde el momento mismo de su nacimiento hasta 1976, año en que se trasladó a Barcelona, a raíz de la publicación de su primer libro, *Retrato del fascista adolescente* (1975), editada por Seix Barral, un conjunto de relatos que supuso una revelación en el panorama literario posfranquista y que ha sido reeditado por Berenice en el año 2011. Con sus primeras novelas se consolida como uno de los mejores y más audaces escritores de su generación. En la novela *De la divina proporción* (1981) crea un personaje entre cínico y demoníaco que destruye a su propia familia.

Fruto de sus lecturas dickensianas es *Ópera Ibérica* (1983), una historia centrada en la búsqueda de la verdadera identidad de un padre mitificado. También editada por Seix Barral es *La loba* (1985), sobre un profesor universitario desterrado durante el franquismo a un pueblo de Castilla

La novela *Asesinos en la ciudad ideal. Una historia de autómatas* (1986) es una sátira de la joven democracia española, con una excelente trama entre lo político y lo policial.

La muerte de sus padres y sobre todo la de su madre le origina una crisis personal por la que deja de publicar, aunque no de escribir. Veinte años después, en 2006, reaparece poderosamente en el panorama editorial español con dos novelas. *Últimas conversaciones con Pilar Primo* (2006) es una entrevista-ficción con la fundadora de la Sección Femenina de Falange; considerada por la crítica de entre las mejores novelas del año. La desconcertante novela *Misterios de Barcelona* (2006) es un homenaje en clave de farsa a los folletines de herencias misteriosas y paternidades ocultas al estilo de Wilkie Collins.

Entre sus últimas publicaciones destacan *Escenas de guerra y miedo en España* (2011); la Guerra Civil española es aquí un pretexto para presentar

Portadas de *Retrato del fascista adolescente* (1975) y *La Loba* (1985), de A. Prometeo Moya.

una galería de monstruos, unos clásicos, otros inventados por el autor. La novela *Muerte de un ciudadano por encima de toda sospecha* (2012) es una sátira despiadada de la sociedad catalana actual y desbordante de humor negro. Josep Pujol, empresario barcelonés, es capaz de morir cuatro veces y que la versión oficial declare la suya una muerte natural. En *Príncipe de Tartessos* (2015) rinde homenaje a Robert Louis Stevenson.

Sus temas más recurrentes son la desarticulación de la familia, la crisis de la identidad personal y el desarraigo de los individuos.

MANUEL RIVAS CABEZUELO (Torre de Juan Abad, 1949)

La trama de sus novelas siempre da protagonismo al Campo de Montiel. El ingeniero metalúrgico Manuel Rivas Cabezuelo, infanteño de adopción, se estrenó en la narrativa con *El otro hidalgo* (2016), una novela que describe la infancia de un grupo de niños y niñas hasta la edad adulta en Villanueva de los Infantes a finales del siglo XVI. Sus juegos y aventuras se combinan con la descripción de palacios e iglesias en una ciudad en fuerte crecimiento donde no faltan los duelos entre espadachines, rebeliones campesinas, desengaños amorosos y suicidios. La obra gira en torno a Gonzalo de Alarcos un joven hidalgo con

inequívocas cualidades como pintor que, ante la oposición familiar por un lado
y la oposición de los condes de Luarca a tener relaciones con su hija por otro,
decide realizar un largo viaje hasta Florencia. En esta obra de ficción histórica
se incluyen informaciones sobre la situación política y económica de la época,
así como detalles sobre actividades tan diversas como la forja de una espada,
la fabricación de las telas, el funcionamiento de los molinos papeleros o la
fundición de objetos de bronce, aportando un componente didáctico-educativo.

La trilogía *El Temple en el Campo de Montiel* comienza con el *Legado
de Svante Einarson* (2018), que narra las aventuras de un caballero templario
sueco que acaba en la Encomienda templaria de Torre de Juan Abad. La historia está ambientada en dos épocas distintas y distantes en el tiempo: el siglo
XIV y la actualidad. Durante la misma, podremos conocer a sus protagonistas.
Por un lado, un caballero templario sueco llamado Svante Einarson y, por otro,
un joven cosmopolita que se instala en Villanueva de los Infantes tras heredar
una casa. La segunda parte lleva por título *El manuscrito templario de Toledo*
(2019), concluyendo la trilogía con *El secreto de la ermita templaria* (2020).
Intrigas, asesinatos, incendios, hambruna, peste y amor son algunos de los temas.

La novela *Adir. Un viaje por la edad del bronce* (2021) es una obra
de ficción histórica enmarcada en asentamientos de la Edad del Bronce, como
el castillo de Bonete, cercano a la población de Terrinches.

Manuel Rivas explora la narrativa desde un punto de vista educativo y
cultural, mezclando la ficción con la realidad histórica. La novela ganadora del
Premio Internacional de Novela Histórica «Villa de Montiel», *El vuelo de los
vencejos* (2022), basada en hechos históricos de la Guerra Civil española. Es
una historia de amor y a la vez de superación donde los protagonistas viven en
un medio hostil, la guerra, pasando por situaciones comprometidas. La fuente
de inspiración fue una historia contada por Juan Ignacio Santos Martínez al
autor, referida a una situación real vivida por su padre Ignacio Santos Gutiérrez. Está protagonizada por dos familias extremeñas que durante la contienda
española se refugiaron en Villanueva de los Infantes, en su propia casa. Como
ficción histórica, mezcla datos reales con otros imaginarios. El relato arranca
con las primitivas tensiones entre terratenientes y trabajadores del campo que
desembocaron en la Guerra Civil (1936-1939), desde la perspectiva de una
joven pareja que, partiendo de un pueblecito extremeño, realiza un arriesgado
viaje hasta encontrar refugio en Villanueva de los Infantes. Daniel Losada, un
joven labrador reconvertido en mecánico y contrabandista ocasional, intenta
sobrevivir en San Martín de Trevejo, un pequeño pueblo situado entre la sierra
de Gata y la frontera portuguesa. Nacido en una mísera vivienda de adobes, su
infancia transcurre entre las bondades de una madre doblegada y la tiranía de
un padre mutilado y alcohólico. Su vida, marcada por el infortunio, da un giro
inesperado cuando conoce a Juanjo: un viejo ferroviario, que le instruye sobre
las prerrogativas del socialismo. A los dieciocho años, Daniel es un miembro
destacado del Partido Socialista y un controvertido personaje para la burguesía

local. San Martín de Trevejo era una tranquila población de mil setecientos habitantes dedicada a las labores agrícolas. El inicio de la guerra avivó las primitivas tensiones entre terratenientes y trabajadores del campo; tensiones que aumentaron con el rápido avance del ejército rebelde hasta hacerlas insoportables. Consciente de que su vida corre peligro, Daniel consigue escapar tan solo unas horas antes de que los nacionales entraran en el pueblo. En su huida lo acompaña Irene, única superviviente de una familia de terratenientes. Juntos iniciarán un peligroso viaje hacia ninguna parte siendo hostigados por los soldados rebeldes, hasta que un médico honesto les propone buscar refugio en la casa donde residen sus padres en La Mancha.

ESTEBAN RODRÍGUEZ RUIZ (Alcubillas, 1950)

Narrador, colaborador de la prensa provincial, tiene publicados numerosos libros de relatos, además de otros títulos de obras técnicas sobre temas agrícolas, haciendo uso de su oficio de ingeniero agrónomo. Es miembro del Grupo Literario Guadiana. Su primer libro de relatos lleva por título *Evocación* (1996), un conjunto de estampas literarias con elementos autobiográficos. Ha dedicado un libro a la figura del poeta valdepeñero Juan Alcaide, *Dios, La Mancha y el hombre en la poesía de Juan Alcaide Sánchez* (1993), así como al poeta de Argamasilla de Alba Vicente Cano, *Vicente Cano, poeta* (1997), y al tomellosero Eladio Caballero, *Eladio Cabañero: una mirada hecha verso: aproximación a su poesía* (2004).

Galería de personajes (2001) son siete relatos independientes entre sí que encarnan referencias de una serie de personajes genéricos o con nombre propio. *Bocetos* (2015) es una recopilación de historias, cada una de ellas con un entorno, y reflexiones, teniendo como hilo conductor las preocupaciones y vivencias que no tienen época. *Retazos* (2019) es un conjunto de relatos de su universo particular del amor, la frustración, la esperanza y la vida.

Los compilatorios de prensa reflexiona sobre temas de la realidad que ha ido plasmado en artículos: *Puntos de vista* (1998), *Desde el mirador* (2000), *Aproximaciones* (2004), *Contrapunto entre celebraciones* (2005) y *Percepciones* (2014), que contienen artículos que fueron publicados en el diario provincial de Ciudad Real *La Tribuna*. Esteban Rodríguez articula el relato costumbrista con la actualidad, el paisaje y el arte de opinar con prosa literaria.

PEDRO JOSÉ GUERRA VALLE (Montiel, 1950)

Escritor autodidacta, escribe cuentos y relatos en su mayoría basados en usos y costumbres de La Mancha en general y de Montiel en particular. Cuenta con varios premios de relatos de López Rojas y BBVA. *Entre cuentos y verdades* (2007), publicado por la BAM, son narraciones vividas en su niñez y contadas a sus hijos cuando vivía en el extranjero para que no pierdan sus raíces. Historias sencillas y reales, muy bien dialogadas, con un costumbrismo a veces divertido, a veces melodramático.

Vicente Pérez Elvar (Carrizosa, 1950)

Se encuentra emparentado con don Quijote por considerarse mancheggo. Escribe para vivir, aunque vive la mayor parte en Valencia. La novela *Quijote YinYang* (2020) es un Quijote que cabalga por los bosques de internet, vive en el siglo XXI y se dedica a arreglar los entuertos de la red. Quijote YinYang sufre, sueña y ama. Todo bajo la centinela mirada de su más que tatarabuelo don Quijote de La Mancha... y la compasión literaria de don Miguel de Cervantes.

Lucio López Ramírez (Castellar de Santiago, 1951-Tomelloso, 2016)

Tomellosero de adopción. Lector apasionado y escritor vocacional. Fruto de su pasión por la lectura adquirió una gran capacidad para la escritura. En la narrativa tiene publicados varios relatos cortos y leyendas costumbristas. *Cuentos de Navidad* (1995) *y Cuentos de fútbol* (1997) es la versión de su propio pueblo y de sus vivencias juveniles en la práctica de este deporte. En *Cuentos de Palacio: el Marqués de Santa Cruz* (2003) evoca relatos de personajes e historias de las hazañas en las que participó don Álvaro de Bazán.

En *La rueda del tiempo* (2009) hace de La Mancha un cuento, relacionando el territorio, el pensamiento y las emociones. Con los cuentos el autor viaja a las historias de los pueblos de La Mancha, situando aventuras y desventuras, poniendo de manifiesto el carácter manchego, arraigado a la tierra y cercano a la vida.

Publicó cerca de 300 artículos periodísticos bajo los epígrafes «Los libros de Castilla-La Mancha» y «El Siglo de Oro de Tomelloso» en los periódicos *El Día, La Tribuna y Lanza* de Ciudad Real. Obtuvo los premios Tomillo y Espliego en 1998 y 2001; el premio de periodismo Juan Torres Grueso de la Fiesta de las Letras de Tomelloso en 2001 y el Félix Grande del mismo certamen en 2002. Ese mismo año obtuvo el premio de narraciones sobre la navaja en Albacete, publicado con el título *Cuentos para niños sobre las navajas de Albacete* (2007).

López Ramírez será el que deje constancia en sus escritos periodísticos de la estancia del escritor Miguel Delibes en Almedina con motivo de su afición a la caza; contado a través de su alumno Ramón López Arias. Lucio resalta con admiración pues:

«es una tierra de colores, de olores, de sonidos, de discursos, de sabores. Estas sensaciones se perciben en el trato cordial de sus gentes; aunque esto no es nuevo pues procede de los tiempos que Almedina se convirtió en uno de los focos de cultura más importante del Renacimiento en España».

Tomás Martínez García (Montiel, 1951)

Autor de un libro de cinco relatos agrupados bajo el título de *Julia en el mundo de las sombras* (1991), cuentos con protagonistas femeninos que afrontan la vida cotidiana desde su particular universo regido por la evocación de un pasado doloroso, el misterio o la emoción.

Encuadrada en el tremendismo y la crudeza de la posguerra española en el que los personajes están determinados por su condición social en el mundo rural es la novela *Sebastián Cuervo* (2022), una edición personal publicada por la editorial Opera Prima. La historia empieza el día en el que llevaron a la iglesia el cadáver de la marquesa Rosarito Alegre. Otros dicen que todo comienza con el odio de Lázaro, un bastardo con los genitales cubiertos por manchas oscuras. O tal vez cuando Remedios perdió su figura y dejó de ser la puta más cotizada de Madrid. Si hay algo seguro es que todo empieza y acaba con él: Sebastián Cuervo.

Tiene vario premios literarios: accésit del premio Felipe Trigo de Novela Corta, primer premio del Certamen de Narrativa Ciudad del Doncel, Sigüenza, premio de Narrativa Semana de la Provincia, Ciudad Real y finalista del premio de Novela Corta Ciudad de Barbastro.

Juan Santos Santos (Villanueva de los Infantes, 1957)

Afincado en Madrid, no ha perdido el contacto con su localidad natal. Se siente muy a gusto con las letras más que con los números. Tiene publicados relatos cortos en antologías colectivas. «El experimento» es un relato de humor y realidad insertado en el libro *Error404: Antología de relatos sobre la perplejidad tecnológica* (2017).

En el género poético destaca por sus composiciones populares en forma de coplillas en tono humorístico y por la etnografía de oficios, usos y costumbres. Miembro de la Orden Literaria Francisco de Quevedo de Villanueva de los Infantes, en el género teatral ha escrito la obra *El hijo pegadizo* (inédita), basada en el romance de Francisco de Quevedo «Sacúdase de un hijo pegadizo».

Juan Carlos Maestro Arcos (Villanueva de los Infantes, 1958)

Licenciado en Ciencias de la Actividad Física y el Deporte, es autor de varios libros. En sus títulos sobresalen conceptos abstractos positivos: sueños, magia, mágico, felicidad, estrella, Claus, Noel, Navidad. Ha publicado libros de autoayuda: *En busca de tu estrella polar: el camino hacia el liderazgo* (1998), y *Regálate liderazgo* (2006), sobre técnicas para conseguir el liderazgo.

Regálate Felicidad 1 .Regálate Felicidad 2 (2020*)*, son novelas de autoayuda y felicidad. Editada por diferentes organizaciones para mejorar la felicidad en el trabajo, con este libro consiguió ser best seller en Amazon en el mes de agosto de 2020. Trata de Miriam, una mujer que en apariencia lo tiene todo, se encuentra inmersa en un momento de su vida en el que la tristeza y la infelicidad se han apoderado de ella. Esto le provoca un gran sufrimiento emocional, y hace que anhele la felicidad que disfrutó en el pasado. Todo parece estar a punto de volar en mil pedazos cuando asiste a una conferencia que cambiará su vida. Teodoro Campos, un experto comunicador sobre temas de felicidad, le mostrará a Miriam la posibilidad de que se materialice el milagro, que ella no desaprovecha.

Sobre desarrollo personal y felicidad trata la novela fantástica *Los círculos mágicos de Claus* (2018). El cuento infantil *La leyenda de Papa Noel* (2018), relata el origen de Papá Noel. *El poder mágico de la Navidad* (2011) es un cuento de Navidad para adultos.

La novela de superación *Sigue tu estrella y alcanza tus sueños* (2021) es la historia de Elo, una mujer que lo tiene todo y como consecuencia de ello se siente muy satisfecha, pero diferentes acontecimientos y avatares que le suceden hacen que su vida sufra un gran revés que termina por robarle sus sueños e ilusiones. A veces, en situaciones de desesperación, se piensa que la vida ya no puede ir a peor, pero incluso en esas circunstancias se puede comprobar que las cosas aún pueden empeorar mucho más y como consecuencia, ir a las profundidades del infierno del cual se cree que no se puede salir, pero con el tiempo se aprende, aunque en el momento de sufrirlos no se sepa apreciar. Este relato permite también adentrarse de forma colateral en el apasionante mundo del Síndrome de Down y cómo, a través de Estrella, conoceremos de cerca este enigmático universo; un canto a la inclusión y la integración de este entrañable colectivo.

GABRIEL POZO FELGUERA (Villamanrique, 1959)

Escritor e historiador, es licenciado en Periodismo, además de autor de *Poemas de Juventud* (1977*)*, *La Gran Vía de Granada, Un siglo* (1997), *Albaycín, solar de reyes* (1999) y *Lorca, el último paseo* (2009).

El reino de Cristiania: La fabulosa Cruzada del rey Alfonso I para unir los reinos de Aragón y Granada en 1125 (2014) es la primera entrega de una trilogía de novelas históricas sobre importantes exilios de grupos de población por motivos religiosos, políticos o económicos.

El Evangelio de la Alhambra (2016) es la segunda entrega de la trilogía de exilios, se centra en la difícil convivencia del pueblo morisco durante el siglo XVI y principios del XVII. Ha tomado como hilo conductor dos tramas o pretextos: la astucia de una saga de médicos moriscos cultos que protagonizaron las maquinaciones del pergamino de la Torre Turpiana de Granada y los libros plúmbeos. Fueron Alonso del Castillo (abuelo), Miguel de Luna (yerno) y Alonso de Luna (nieto e hijo de los anteriores). El segundo hilo conductor es un ejemplar del *Evangelio de San Bernabé* salvado de la quema de libros árabes orquestada por Cisneros en la plaza de Bib-Rambla de Granada en febrero de 1502. La novela es un pretexto para contar los intentos del pueblo morisco por defender sus derechos. El tema del exilio de los moriscos del Albaicín le sirve al autor para poner la mirada en su tierra, la llegada masiva de los moriscos a La Mancha, en especial a Villanueva de los Infantes y a Villamanrique.

4.7.6. Autores campomontieleños en la narrativa de la generación de los 60 Y 70

El tiempo en el que estos narradores se forman coincide con la llamada generación «baby boom», haciendo referencia a los nacidos entre 1960 y 1975, con modos sociales distintos a la anterior generación por la eclosión de la comunicación de masas, sobre todo de la televisión. En su juventud vivirán el momento de la transformación democrática en España y de cambios significativos en la política, en la cultura y la sociedad. La mujer se incorpora al catálogo de escritores publicando sus novelas en el primer cuarto del siglo XXI.

María Jesús Romero de Ávila de Lara (La Solana, 1961)

Licenciada en Filología Hispánica, revisadora de audiolibros y correctora de textos. En formato o versión Kindle ha publicado *Todo por un sueño gastronómico* (2006), en torno a las peripecias laborales, lúdico festivas y gastronómicas de su protagonista.

Viaje a través de una mujer (2017) es el amor que surge entre dos desconocidos en una noche mágica en Madrid. Isabel y Luis Alberto son los protagonistas de esta novela romántica que cambiarán sus vidas. Nada volverá a ser igual; una relación llena de pasión, turbulencia y dolor. En esta obra cuenta las aventuras y desventuras de una mujer, en plena crisis existencial, a la que un desengaño amoroso aboca a una tremenda depresión.

La fuente de la vida (2018) es un recorrido por la historia del pueblo La Solana y una de sus familias más emblemáticas «Los Catalanes». Un recorrido en el tiempo, donde la vida, los amores, la guerra, las pasiones, la lucha por sobrevivir, por ser felices, por encontrar la identidad.

Su cuarta novela editada por Dos calles, *Encadenada al miedo a morir* (2021), está entre el género negro, histórico y un toque erótico. Acerca al lector al tema de la muerte. *A*mbientada en Madrid de los años 80 y 90 del pasado siglo XX en clave de misterio.

PILAR ALHAMBRA PÉREZ (La Solana, 1962)

Magistrada de la Audiencia Provincial de Madrid, ha publicado varios libros de temas técnico-jurídicos. En la narrativa de ficción tiene publicado dos volúmenes de relatos cortos: *Algunas mujeres solas* (2019) y *Algunos hombres solos* (2020). *Algunas mujeres solas* son seis historias acerca del papel de la mujer en el mundo moderno. Trata de mujeres de una generación donde los estereotipos existen. Romperlos es difícil. Algunas de estas protagonistas lo han conseguido, otras se han quedado en el camino.

La novela de corte costumbrista *Josefina, historia de una mujer* (2022) surgió en tiempo de pandemia, es una alegoría a la emancipación de la mujer desde los años 50 del siglo pasado hasta nuestros días. Josefina estaba llena de ilusiones, de sueños cortados por un hecho ocurrido en su adolescencia que la acompañó hasta su vejez. Se encerró en sí misma, o quizá la encerraron, hasta el punto de que nunca conoció la libertad. No disfrutó del campo, de las sensaciones placenteras, de la vida. Sus límites eran las cuatro paredes de su casa. Para ella no existía el mundo, sino sus recuerdos, aquellos recuerdos que la llevaban a tararear canciones de su tiempo y a sentir vergüenza y remordimiento. La maternidad de su hija hizo que su vida explotara y descubriera que el miedo no había hecho más que cortarle las alas, alas que despliega a lo largo del relato en una catarsis que se percibe desde las primeras páginas, descubriendo una nueva mujer. Acompañar a Josefina en su camino es descubrir la historia de muchas mujeres que vivieron calladas, cercenadas en sus libertades por hechos de los que se sintieron culpables. La historia de Josefina es la historia de algunas mujeres a lo largo de la segunda mitad del siglo pasado, de su evolución y de su descubrimiento.

MARÍA VILLAMAYOR JIMÉNEZ (Alhambra, 1963)

Aunque nació en Valencia, sus raíces son manchegas. *El embrujo de Alhambra* (2013) es una novela de corte histórico y costumbrista, escrita a raíz de escuchar a su abuela contarle las vivencias de su niñez y juventud, en Alhambra, atravesando la Guerra Civil española y la posguerra.

La novela negra *Las doce llaves* (2006) da comienzo a una serie de misterio, intriga y aventuras. Cuenta la historia de dos hermanas. Sara Ferrer, psicóloga y profesora de yoga, acaba de mudarse a la casa de sus sueños en el casco histórico de su ciudad, Valencia. Además, recibe la noticia de que su hermana regresa para vivir con ella. Huérfanas desde pequeñas, por culpa de un trágico accidente, han sido criadas por su tía Rosa. El encuentro casual de un cuaderno escrito por su padre pone a las hermanas Ferrer tras la pista de una serie de enigmas que les conducirá a través de la parte más secreta y escondida de la ciudad, a una realidad que nunca hubiesen imaginado.

En la segunda parte de *Las doce llaves, titulada Huellas de plomo* (2011), Sara y Alejandra Ferrer se verán obligadas a indagar, mediante una serie de señales e incógnitas, en los episodios más oscuros del siglo XV, revelando hechos ocultos de personajes destacados de la historia. Los síndicos del Tribunal de las Aguas jugarán un papel importante en este descifre de *Huellas de plomo*, herencia de sus antepasados, los edetanos.

Rosario Alfonsea Redondo (Almedina, 1968)

Maestro de profesión en Madrid. Siempre ha sentido amor por la lectura y la escritura, a los que dedica su tiempo libre. Ligado a sus orígenes y fruto del apego a su tierra es su primera novela *Hijos de la Mancha* (2009), donde rinde homenaje a Almedina y recoge el día a día en un pueblo manchego, Navalascabras (Almedina). Tradiciones, conflictos, optimismo son los ingredientes de esta novela en la que destaca el papel de la mujer, tantas veces menospreciado, pero verdadero soporte social en los pueblos. Sus personajes nos acompañan a lo largo de las páginas del libro como fiel reflejo de lo que fue la España rural de posguerra.

El acero de la palabra (2016) es su segunda novela, con temas de camaradería, traiciones, fidelidad sin límite, batallas, huidas, persecuciones y amores imposibles; dejando un mensaje de paz. Pero destaca, por encima de todo, la amistad, la convivencia y la paz, que son posibles entre pueblos enfrentados durante siglos. A finales del siglo XII y comienzos del XIII, mientras el rey Alfonso VIII ofrece tierras a los caballeros para que se establezcan al sur de Castilla para frenar el avance de los almohades hacia Toledo, un caballero de la Orden de Calatrava, Diego Hernández de Segura, salva la vida de Usamah, un noble guerrero enemigo. Se establece entre ambos una relación que les unirá en la lucha contra un conde que pretende apropiarse de todas las posesiones de la Orden.

Luis Fernando Redondo Amador (Montiel, 1970)

Luis Fernando Redondo se ha pasado la vida viajando entre Dios y la Ciencia, entre una vida propia y otras vidas, entre sus raíces y Latinoamérica. Según él mismo confiesa, ha vivido tantas vidas que le cuesta vivir una propia. Fue buscando respuestas y el camino le cambió las preguntas. *Memorias de mis pies: Crónica de las 150 leguas del Camino de Santiago en el más crudo invierno* (2015), una novela en treinta capítulos, donde el protagonista le cuenta a su amigo el camino de Santiago que acaba de realizar. Una sensación de vacío le había llevado a dejar su cómodo trabajo y buscar una nueva perspectiva para entenderla mejor; un viaje interior hacia sí mismo.

Veintidós cuentos y una novela corta componen el libro *13326* (2018), ambientados en un código postal de un «lugar de la Mancha», concretamente en Montiel. Con pluma precisa y grandes dosis de nostalgia, nos acerca a un mundo rural en el que muchos aún se reconocen y del que las nuevas generaciones apenas saben. *13326* es amor, erotismo, suicidio, tradiciones, honor y estoicismo manchego.

Tomi Peinado Serrano de la Cruz (La Solana, 1971)

Madrileña de nacimiento, pero solanera de toda la vida. Filóloga, ganó su primer premio nacional de narrativa con tan solo diecisiete años. Ha presentado un pionero cuento infantil, bilingüe, ilustrado por Isabel Carmona y con la tecnología de realidad aumentada titulado *El Encuentro: The encounter* (2016) dirigido a niños de entre 7 a 12 años y ofrece la posibilidad de escuchar el texto en los dos idiomas alternativamente. Ocurre en el desierto africano donde un avestruz encuentra un extraño animal por casualidad y, a pesar de los prejuicios que tiene el ave por su sorprendente aspecto, la perseverancia y la ternura que demuestra el desconocido hace que entre los dos surja un sentimiento al que no saben qué nombre poner, hasta que el ave al fin descubre como llamar a su nuevo compañero.

También dirigido al lector infantil y juvenil es el libro *Criaturas fabulosas* (2019), publicado por la BAM, un álbum ilustrado que reúne cuatro misteriosos cuentos de diversa temática: amor, lealtad y maldad.

Cristina Pérez Escribano (Villanueva de los Infantes, 1971)

Licenciada en Ciencias Políticas, Musicología y Piano. Escritora hermética con amplia cultura literaria, publicar su obra y divulgarla no está dentro de su forma de ser. Fue premiada con el Premio Dulce Chacón en 2013 con la novela corta *Aurora, miradora de lunas*. Su poesía y relatos han sido premiados en los certámenes de la Fiesta de las Letras de Tomelloso. Ha publicado en las revistas literarias *Quevedalia* y *Almiar*.

El relato «De vuelta» está publicado en la obra colectiva *A la sombra del maestro. 21 escritores se pavonean* (2021); un homenaje al escritor tomellosero Francisco García Pavón, en el que Cristina participa.

Pilar Peralta Jurado (Valencia, 1975)

Pilar Peralta, afincada en La Solana, es autora de la novela erótica *Nora, una vida diferente* (2017). Narra la historia de una mujer casada que se separa de su marido y decide dar un giro radical a su anodina vida cotidiana. Nora es una mujer casada con dos niños, dedicada a su casa y a su esposo, un día se da cuenta de que esa vida le aburre y decide separase de su marido y comenzar una vida nueva. Junto con su amiga Laura, experimentan una vida de sexo. Con la muerte de su vecina a ella se le acusa de asesinato, por ser la amante del marido. Su vida comienza a cambiar y se va metiendo en un mundo lleno de orgías y placeres, un mundo del que le será difícil salir. La vida de las protagonistas continúa en la segunda parte, titulada *Nora, la vida sigue.*

MARIBEL RIAZA CHAPARRO (Villanueva de los Infantes, 1975)

Ha desarrollado su carrera profesional dentro de la formación para empresas, bibliotecas, la innovación y la edición. Dirigió durante siete años la red privada de bibliotecas de la Obra Social de una entidad financiera. Trabaja en equipo con las editoriales para proporcionar a los lectores las mejores historias en formato audio que se pueden escuchar a través de Storytel, una empresa de origen sueco que ofrece un servicio de streaming de audiolibros, e-books y pódcast a través de su propia plataforma de suscripción.

La novela corta *Polvo* (2012) narra los últimos días de la vida de Francisco de Quevedo, enfermo y encerrado en el convento de los Dominicos de Villanueva de los Infantes donde planea cumplir su último deseo: vengarse de la mujer que fue su amante y que le traicionó. La novela narra los últimos días del autor desde una perspectiva íntima, con sus miedos, frustraciones y desvaríos, huyendo de los tópicos más populares sobre su persona y de una narración historicista. Una aproximación al escritor, al político, al satírico, pero, sobre todo, un acercamiento al hombre que se enfrenta a la muerte.

FERMINA CAÑAVERAS (Torrenueva, 1977)

Diplomada en Relaciones Laborales por la Universidad de Castilla-La Mancha, y en Turismo, es licenciada en Geografía e Historia por la UNED. Se dedica a la investigación y su trabajo en el Centro de Estudios de Memoria y Derechos Humanos de la UNED ha estado centrado en el área de mujeres y la represión durante los conflictos del siglo XX. Colabora con asociaciones como la Recuperación de Memoria Histórica, entre otras. *El barracón de las mujeres* (2024), publicada por Espasa es su primera novela.

Fermina Cañaveras es historiadora y por eso la documentación es exhaustiva. Cuando estaba preparando su trabajo de fin de carrera, que trataba sobre la organización en la clandestinidad del Partido Comunista en Madrid, Carmen, una de las militantes que entrevistó, le contó lo que sucedió en Ravensbrück, a 90 kilómetros de Berlín.

La novela saca a la luz la historia de las mujeres españolas obligadas a prostituirse en los campos de concentración nazis. «Yo, Isadora Ramírez García, que perdí mi nombre cuando abandoné España junto a mi madre, Carmen, y a mi tía Teresa en 1939 en busca de mi hermano Ignacio, voy a contarte mi historia, María. Para que sepas quién soy y quién era tu abuela, y todo aquello que reunió a nuestras familias durante la Guerra Civil para separarlas después. Sabrás de sus pérdidas, que fueron las mías, del dolor inhumano y las lágrimas constantes… Y lo que pasó cuando nuestros destinos se separaron y yo me convertí en una de las prostitutas del campo de concentración de Ravensbrück, un lugar lleno de puentes y palomas blancas, cuyas plumas se ensuciaron de sangre y semen por dos razones: la simple y llana supervivencia y la lucha incesante, con armas escasas, contra el fascismo».

Personajes reales y ficticios, un horror inimaginable, pero también amistad, resistencia y fraternidad componen esta novela de la que no se sale inmune sobre los perdedores de la guerra de España y su exilio a infiernos donde la crueldad es incomprensible incluso desde la más profunda de las insanias.

La crítica ha dicho de la novela:

«Fermina Cañaveras es historiadora y durante dos décadas ha trabajado con la historia de las mujeres españolas en los campos nazis de exterminio a través de estudios académicas. Ahora, convierte su investigación en una novela con pinta de *best seller* porque anhela que su historia sea conocida en toda España» (Luis Alemany, *El Mundo*).

«Fermina Cañaveras da voz a las más vulnerables, a las obligadas a prostituirse en Ravensbrück. Es un grito a la conciencia que nos golpea y hace imprescindible reivindicar la Memoria Democrática. Siempre» (Baltasar Garzón).

«Esta novela, una historia real de mujeres españolas, nos hace tomar conciencia sobre la violencia ejercida a las mujeres durante el Tercer Reich» (Alejandro Palomas).

DAVID VÉLEZ MARTÍNEZ (Torre de Juan Abad, 1978)

Dedicado al mundo del teatro y al cine con el seudónimo de Julián Vigó, *Atlántida Pornográfica I* (2016) es su opera prima en el mundo novelístico y nace tras la resurrección de un hombre a través de sesudos estudios filosóficos.

En *Atlántida Pornográfica II* (2019) una figura femenina, que se pierde en un atardecer paseando junto al mar, logra apoderarse de la mente del protagonista. Este es un afamado concertista de piano que vive obsesionado con la perfección rítmica, los diversos matices del amor, la muerte…

Un autor con gran sentido de la naturaleza humana. Ha dirigido y escrito más de ochenta piezas entre teatrales y cinematográficas.

MARIOLA DÍAZ-CANO ARÉVALO (La Solana, 1979)

Desarrolla su actividad profesional en Aranjuez como correctora orto tipográfica, además de traductora y con conocimiento de edición. Desde el 2016 ha escrito ochocientos diecisiete artículos. Debutó en el mundo literario con la novela de ficción erótica *Marie* (2017). La historia arranca en 1973 cuando un jugador y músico francés acaba de salir de la cárcel. En la visita a un antiguo mentor y amigo conocerá a su sobrina, Marie Martin. Juntos emprenderán un viaje de este a oeste de los Estados Unidos. Él por una penitencia y una venganza, ella para comenzar una vida nueva al lado de su hermana. Largos viajes los llevarán a encuentros y desencuentros con amigos, enemigos y antiguos amantes.

La trilogía «Los lobos y la estrella» es una obra de ficción histórica ambientada en la Segunda Guerra Mundial. La primera entrega, *El viaje y la ciudad* (2019), está ubicada en la Unión Soviética en 1944. Nikolai Sukarov tenía que recoger a su hija Dasha del orfanato donde la había dejado su cuñada. Topógrafo con memoria fotográfica, viudo y prestando servicio en la NKVD, su futuro es un consejo de guerra. Acompañado por un escolta, se encuentra a dos mujeres y unos niños que esperan ser evacuados y decide llevárselos. Pero el regreso no será fácil. En la segunda parte de la trilogía, *El río y la tierra* (2019), tras huir de Moscú Nikolai Sukarov se reencuentra con Irina y los niños y emprenderán un largo viaje en barco desde el Volga al mar Caspio pasando por Stalingrado. Todo por la suerte de dar con dos grandes amigos del padre de Irina, antiguos oficiales de la Armada y ahora marinos en barcos mercantes. La tercera parte saldrá con el título *El mar y la vuelta*. La novela histórica romántica y de aventura con tintes negros *Capitán Lung* (2022) sitúa al lector en 1949 en China, para narrar la historia de Yi Zé, quien acompaña en las travesías a su padre, el marino mercante James Lung.

JOSÉ MANUEL FERNÁNDEZ ALMAZÁN (Villanueva de los Infantes, 1979)

Licenciado en Periodismo, trabaja en la Cadena Cope de Ciudad Real y tiene una amplia experiencia en prensa escrita y medios digitales. Autor de la novela de acción *Morir del todo* (2009), donde Laura Macwile es una chica cansada de su vida repleta de obstáculos que sueña con un presente mejor. El asesinato del banquero afín al régimen, Edgar Latibone, la sitúa como principal sospechosa. La maquinaria corrupta del poder pondrá en jaque al inspector Luisot. La inteligencia de Laura no servirá para combatir los muchos males de una sociedad corroída, donde el poder oprime. Un guiño a la novela negra más pura, un género por el que se siente el autor profundamente atraído.

4.7.7. Campomontieleños en las nuevas narrativas en el tránsito al siglo XXI

En los últimos años del siglo XX y principios del XXI se ha producido un florecimiento en todos los géneros de la literatura, una diversidad de corrientes en obras narrativas, poéticas e incluso de dramaturgia. Los formatos digitales serán otra alternativa para poder publicar, además de las autoediciones.

ALFREDO MARTÍNEZ PACHECO (Villanueva de los Infantes, 1980-Madrid, 2014)

El malogrado escritor Alfredo Martínez Pacheco exploraba el humor y la novela negra, aunque donde mejor se manejaba era en la fantasía, el terror y el misterio. El relato «Crónica de la muerte de Lord Athal-Fred», seleccionado por la editorial Jamais para el libro *100 relatos geniales* (2000), le llevó a una evolución y perfeccionamiento en la literatura encuadrada entre lo gótico y barroco.

Próxima al género negro, es la novela juvenil *¡Vade Retro!* (1ª parte) *La ascensión del caído* (2002). Villanueva de los Infantes es una localidad auténtica, bien diferenciada en ambientes, calles, plazas, alrededores... Próxima al género histórico, como espacio narrativo, el autor ha situado la trama en ella o parte de ella, donde los personajes deambulan por la ciudad y sus márgenes en la monotonía estival de un grupo de amigos adolescentes. No es un elemento añadido superpuesto sino que contribuye a explicar la vida de los personajes.

FRANCISCO ROMERO DE ÁVILA HERGUETA (La Solana, 1981)

Conocido con el seudónimo de Francisco Hergueta. Autodidacta, ávido lector y aficionado al género fantástico, decidió ponerse a escribir sus propias historias y ahora es exponente de novela histórica, fantástica y de aventuras. La primera novela fue autopublicada a través de plataformas digitales y posteriormente en papel. Esa afición y gustos por la aventura y la historia le han llevado a crear a uno de esos personajes que suelen enganchar a los amantes del género, el pirata Ernesto Sacromonte. Sus aventuras en el siglo XVI se desarrollan en dos libros. La primera parte es *Te juro lealtad* (2016). Sevilla 1524, tras rescatar a una esclava de las garras del despiadado duque de Alcoza, Ernesto Sacromonte –legendario pirata español– es contratado por el comerciante veneciano Carlo Colucci para capitanear su nueva carabela, la «Doña Elena». Este hecho desencadenará la ira de la hija del comerciante, Isabela, quien tratará de destruirle con todas sus fuerzas.

La segunda parte eds *Te juro venganza* (2017), con el subtítulo de *La leyenda de Ernesto Sacromonte*. Sevilla 1524, Rodrigo de Alcoza no perdonará la humillación sufrida y tratará de castigar a sus enemigos de manera cruel y despiadada. Al tiempo, y confabulado con el inquisidor general Luis de Besuán, planeará el asalto definitivo al trono de Carlos I. El duque no permitirá que unos simples piratas se interpongan en su glorioso anhelo y los aplastará sin titubear.

Virginia Mendoza Benavente (Terrinches, 1987)

Licenciada en Periodismo y Antropología Social y Cultural, fusiona el periodismo y la antropología con las herramientas de la literatura. Se declara «perioantropodista». Ha compaginando la escritura de reportajes con libros de periodismo con enfoque antropológico para Libros del K.O. y La línea del horizonte, y biografías noveladas para RBA Coleccionables. Volvió a su pueblo (Terrinches), donde se hizo cargo de la edición de una revista local y de proyectos de desarrollo rural.

El libro *Quién te cerrará los ojos: Historias de arraigo y soledad en la España rural* (2017) trata del tema de la soledad, de las campanas que aún tañen en iglesias, de los candiles que aún iluminan la noche, del mundo que desaparece. Retrata a los que se quedaron en el pueblo cuando todos emigraron a las ciudades, pero también los que abandonaron la ciudad y se fueron a vivir al campo. Los hombres y mujeres podrían ser las protagonistas de las novelas de Delibes y de Llamazares. Con ellos desaparece una forma de vida basada en el arraigo a la tierra, la supervivencia y el contacto con la naturaleza.

En *Heridas del viento: Crónicas armenias* (2018) habla de historias imposibles, pero ciertas. Personajes que levantan hoy el país con mucho amor y mejor humor. Virginia Mendoza entra en sus casas y comparte mesa con algunos de los últimos supervivientes de ese genocidio, visita a los yazidíes que rinden culto a Melek Taus, el Ángel Pavo Real, o a los cristianos molokanes, bebedores de leche; habla con la viuda del constructor de un templo subterráneo para salvar a la humanidad del fuego; nos presenta a los homenajeadores de Jachaturian y a la nieta de una esclava. Voces sabias, a veces llenas de melancolía, pero siempre esperanzadas. No deja de ser una ironía amarga que el símbolo de su identidad, el monte Ararat, esté del otro lado de la frontera como emblema de la presencia de una ausencia.

Detendrán mi río (2021) es la historia de Mercedes, una niña que puede predecir la lluvia con su cinturón de serpiente y que hoy recuerda con nostalgia el escenario de su infancia; es la memoria de los obreros de las hidroeléctricas que siempre van de paso; es la odisea de un ingeniero estadounidense que muere en el naufragio del Lusitania y de un niño catalán que de mayor quiere ser como él; es el escalofrío luminoso de la campesina ciega a la que su marido lleva a conocer el mar, y el tono lúgubre del NO-DO cantando las inauguraciones de Franco. Es un libro sobre desarraigo y memoria, y también una historia de vidas cruzadas y pequeñas coincidencias que resultan cruciales en el destino de las personas y los lugares.

La Sociedad Geográfica «La Exploradora» le otorgó el Premio Manuel Iradier (2019) en la categoría de Comunicación por escribir sobre la vida en entornos rurales y sobre países poco conocidos y por difundir el trabajo de viajeras y exploradoras. Su último trabajo es *Jane Goodall* (2022) una biografía de la pionera en el estudio de los primates.

MANUEL PACHECO SÁNCHEZ (Villanueva de los Infantes, 1990)

Licenciado en filología y concertista de piano, ha colaborado realizando crítica literaria y musical en la revista *Letras Libres*.

Las mejores condiciones (2022) es la primera novela de auto ficción, no exenta de biografía, del joven músico y filólogo Manuel Pacheco, editada por Caballo de Troya. Es una colección de vivencias desmitificando el ambiente del mundo de la música clásica. Narra su trayectoria como pianista acompañante y sus años en la Escolanía de El Escorial. Con asombrosa facilidad hilvana recuerdos y reflexiones del supuesto glamour o la educación en un internado.

FRANCISCO LÓPEZ DEL CASTILLO RODERO (La Solana, 1991)

Escribe desde muy joven poemas. Tiene publicada tres novelas. El auge de las autopublicaciones dentro del mundo literario le ha permitido vender sus libros a través de la propia web prescindiendo de los canales tradicionales de distribución.

Con la primera novela, *Perdona, ¿tienes fuego?* (2017), consiguió tres ediciones en un mismo año. Por esta obra fue reconocido en noviembre de 2022 como el escritor que más libros ha vendido en la historia de la editorial El Círculo Rojo. El libro, escrito en primera persona y en el tiempo presente, es una mezcla de literatura romántica y erótica, pasando por la crítica social. Gran parte está ambientada en su pueblo natal, La Solana, donde se desarrolla en distintos escenarios reconocibles por sus vecinos.

La segunda novela, con el título *Lo qué escribí antes y después de ti* (2018), es mitad novela y mitad prosa poética, en gran parte autobiográfica.

La tercera, *Mi vida da para una serie* (2020), gira sobre la idea de que para ser feliz hay que ser valiente.

CARMEN HERGUETA SANTOS-OLMO (La Solana, 1992)

Con mucha ilusión y ganas ha publicado una trilogía que ha conquistado a los lectores del género fantástico. Desde el primer momento ha autopublicado cuatro libros y con ellos ha repartido muchas emociones. Ha aprendido que con sus historias quiere ayudar, a quien lo necesite, a escapar de la realidad cuando más ahogado se está. Crear reflexiones con diferentes perspectivas de la vida y aprender la importancia de mantener un equilibrio emocional

La trilogía se titula *La magia de dos mundos* (2015), donde mezcla realidad y fantasía, la historia está mezclada con la de Alise y la de la propia autora. Juntas han creado una fantasía real. En la primera parte, *Los ojos de cristal* (2015)*,* Alise se enfrenta desde los ocho años a una vida complicada, ya que desde que su madre los dejó, su padre se convirtió en otra persona por completo. Pero su vida cambia el día que su cuerpo experimenta un suceso de los más extraño. Carol le ayudará a comprender la verdadera naturaleza que la rodea y el secreto que su madre escondía. A partir de ese momento, las historias que su madre le contaba de pequeña cobran vida frente a sus ojos, obligándola a recorrer un camino de la mano de la oscuridad. En la segunda parte, *Sueño oscuro* (2017), algo terrible ha ocasionado Alise al no recordar nada de lo vivido en Cirvas y Ossins. Le inundan sueños oscuros y su corazón extraña algo que no sabe qué es. Mientras tanto, en el mundo oscuro, Verion intenta averiguar y conseguir la forma de abrir el sello que los mantiene encerrados. Cierra la trilogía la tercera parte, *Choque de almas* (2020), en la que Alise solo tiene dos opciones: luchar o morir.

La novela *Paseando a través de…* (2016) es un relato largo y varios relatos cortos sobre muchos temas que interesan a la autora, mezcla de realidad y fantasía.

VICENTE RODRÍGUEZ BELLÓN (San Carlos del Valle, 1992)

Comenzó a escribir pequeños relatos. Es profesor de Secundaria y graduado en Derecho. Ha publicado el libro en dos tomos *Las cinco torres* (2022), un ensayo novelado estructurado en mini capítulos en el que los personajes, en su mayoría reales, relatan sus vivencias y la historia cristeña.

ANA CRISTINA TORRES GARCÍA (Villanueva de los Infantes, 1993)

Escritora de novela romántica-erótica, Ana Torres García publica bajo el seudónimo de Dana Maat. A nivel literario le interesa el tema de terror y misterio. Estudiante de Criminología, se considera ya de antemano criminóloga en potencia. Su única y primera novela es *Te propongo un trato* (2022), publicada en versión Kindle, disponible también en inglés. Una historia de amor erótica, intensa y dolorosamente bella. La historia nos cuenta el amor entre dos personas que, después de cruzar miradas, sienten una gran atracción sexual que los lleva a conocerse cada vez más a fondo. Una cosa lleva a la otra y, entre el destino y el trabajo, terminan estableciendo una relación amorosa, intensa y desenfrenada.

Todo parece marchar bien para esta pareja, pero hay algo que resulta convertirse en un problema cuando poco a poco se desvelan secretos de ambos.

IGNACIO GARCÍA DE LA CALERA (Villanueva de los Infantes, 2009)

Desde muy pequeño ha mostrado una gran curiosidad por todo lo relacionado con la historia, la magia, el universo y la literatura fantástica. Con tan solo once años publicó su primera novela *Arthur Pendragón y la guerra por Camelot* (2021), inspirada en *Harry Potter, Dagón Ball* o la saga de *Zelda*. En un maravilloso reino llamado Camelot, cuyo territorio se extendía más allá de los mares y donde su cultura era tan grande como su poderoso ejército, reinaba la dinastía Pendragón, por cuyas venas, según la leyenda, corría la sangre del Dios del Poder y la Luz. En este libro se narra la historia de los dos príncipes mellizos herederos al trono de Camelot. Cuando ambos hermanos cumplen la edad de catorce años, Robín se las ingeniará para quitarse de encima a su hermano Arthur con la ayuda de un personaje bastante cercano a ambos. Pero Arthur, al enterarse, planeará su venganza junto a los amigos que se irá encontrando en su travesía al trono de Camelot.

4.7.8. Escritores con lazos afectivos con el Campo de Montiel

En este apartado de las nuevas narrativas se incluye a escritores y escritoras con lazos afectivos con La Solana, Villanueva de los Infantes, Villamanrique, Torre de Juan Abad, etc. Es complicado indagar quiénes mantienen estos lazos afectivos por haber vivido o mantener relación con el territorio. El paisaje y el paisanaje no es una mera cuestión de geografía, se contempla en la infancia y en la memoria. Unos vínculos y apego a un lugar por lazos familiares o por atracción del mítico y legendario Campo de Montiel.

PEPE MAESTRO SARRIÓN (Cádiz, 1964)

José Luis Maestro Sarrión, conocido como Pepe Maestro, es de raíces infanteñas y gaditano de nacimiento. Escritor de literatura infantil y narrador oral, su obra ha sido publicada por las editoriales especializadas más importantes del país: con Edelvives, *El Circo de Baltasar, Inventario, Una pluma de cuervo blanco, La biomaestra,* o *Chismorreo;* con SM, *El cazador de aerolitos;* con Anaya, *Balbino y las sirenas*, y así hasta casi treinta libros. Su pasión por el teatro le hizo fundar la Compañía de Títeres Cataplof, representado obras en numerosas plazas, teatros y salas. Suyas son también diferentes piezas teatrales para niños y jóvenes como *Una de monstruos, Librosss, Casi*

Blancanieves, La Flor de Trébol y El único lobo. En 2020 publicó con Flor de Lis *Cómo cocinar a un niño.*

ALBA MARINA HERNÁNDEZ HERNÁNDEZ (Colombia, 1966)

Alba Marina Hernández es una colombiana afincada en La Solana. Su primer libro, titulado *Lejos del nido* (2012), narra la historia de una niña que desde muy pequeña tuvo que ganarse cada trozo de pan por sí misma, para no morir de hambre. Sola, sin nadie en quien confiar, el recuerdo de la trágica separación de su madre la marcará de por vida.

ARANTXA MUÑOZ MORENO (Madrid, 1973)

Residente en Villanueva de los Infantes desde 2022 atraída por ser un lugar tranquilo y una bella ciudad. Ha escrito varias novelas: *Sueños de piedra* (2015) y *El pescador de almas* (2022), basadas en el instinto de superación espiritual. *Cinco sueños* (2022) es su primera incursión en el mundo de los cuentos, cinco historias donde los fabulosos personajes que habitan en su mente asoman con el firme propósito de hacer feliz a quien los lea.

EMILIA LANDALUCE GALVÁN (Madrid, 1981)

Pasó su infancia entre el Puerto de Santa María y Villanueva de los Infantes, donde vuelve y mantiene su hogar familiar. Su amor al Campo de Montiel en contacto con la naturaleza le sirve para fabular, mencionar parajes y sucesos en su narrativa. Comenzó sus estudios universitarios de Periodismo en Madrid y los continuó en Londres. Trabaja para el periódico *El Mundo*. Ha publicado varios libros de ensayo político y dos novelas. *Jacobo Alba: la vida de novela del padre de la duquesa de Alba* (2013). Jacobo Fitz-James Stuart (1878-1953), XVII duque de Alba, fue uno de los personajes más singulares de la nobleza. Dueño de un extraordinario patrimonio era sobrino de Eugenia de Montijo íntimo amigo de Alfonso XIII y secreto enamorado de la reina Victoria Eugenia. Tras la muerte de su joven esposa a causa de la tuberculosis, fue nombrado embajador en Londres donde utilizó sus buenas relaciones con la familia real inglesa y su estrecha amistad con Winston Churchill para lograr el favor de Gran Bretaña. Pero su verdadera pasión fue su única hija, Cayetana, una niña con la que compartió algunos de los momentos más vibrantes de esta novela por cuyas páginas se saborean la historia las burbujas del champán, los tormentos de la guerra y los perfumes de la alta sociedad internacional.

La novela escrita a cuatro manos *Sobre nosotras sobre nada* (2021) por dos periodistas amigas, Rosa Belmonte y Emilia Landaluce, Emilia y Rosa. Basada en hechos irreales, estas dos mujeres que por el azar de la vida se encontraron en el periodismo desgranan vivencias desde la infancia a la madurez.

La novela *La mala víctima* (2023) es una obra en colaboración con Rosa Belmonte, bajo la apariencia de una comedia de costumbres en forma de un thriller. El asesinato de Aldara, una joven aparentemente víctima de un violador en serie que tiene aterrorizada a la costa de Cádiz, es la excusa perfecta de las autoras para hacer una disección; tan irónica como implacable de la alta sociedad y de las luchas de poder en los medios de comunicación. Socorro, excelente reportera de sucesos, será la encargada de seguir la investigación y escribir sobre el caso de Aldara en el periódico nacional para el que trabaja. Con ella asistimos a la radical transformación del periodismo en algo que ya no se sabe muy bien qué es.

Una novela donde el lector encuentra la descripción de la madre de Socorro, Antonia, natural de Terrinches, casada con Rosario que llegó a ser alcalde por el PCE. Trabaja con la familia Lequerica en la finca El Lanchar, es guardesa, cocinera y casi todo…, cada 25 de abril, Antonia ata los cuernos al diablo. A la autora le sirve de pretexto para introducir la tradición de la fiesta de San Marcos por el Campo de Montiel. A través de la prosa de esta novela, las autoras provocarán asombro, risa, indignación, reflexión y, desde la primera página, un entretenimiento indiscutible.

ESTHER GINÉS ESTEBAN (Ciudad Real, 1982)

Escritora de novelas de intriga psicológica vinculada con Torre de Juan Abad, de donde procede su familia, es periodista literaria. Ha estado unida a la escritura desde muy joven, primero con poesía y luego con relatos y novela. Reside desde el año 2000 en Madrid, donde ha trabajado en varios medios de comunicación ligados al ámbito digital.

En su primera novela publicada, *El sol de Argel* (2012), el protagonista Matías tiene treinta años y una vida prometedora, pero decide suicidarse. Martín, su gemelo idéntico, desconoce qué lo condujo a actuar de esa manera. Desorientado e incapaz de pasar página, emprende una acelerada investigación que cambiará su forma de entender la estrecha relación que los unía.

Le continua la novela *En la noche de los cuerpos* (2017). Olivier es un pintor obsesionado con la idea de crear una obra que trascienda. En un momento de crisis creativa, decide buscar una musa que inspire su trabajo. Se fija en una joven desconocida, Laia, en la que ve todo lo que lleva tiempo persiguiendo. Toma la decisión de secuestrarla y convertirla así en el centro de sus obras. Es Cecilia, la que hasta ahora ha sido su musa, la que le ayuda a llevar a cabo este acto que cambiará las vidas de los tres y los unirá de un modo peligroso y adictivo.

Con *Mares sin dueño* (2020) lleva el espíritu de La Mancha hasta las remotas islas escocesas. Siempre le fascinó el mar. Escocia, finales del siglo XX. Elisa decide dejar su vida atrás para comenzar una nueva etapa a miles de kilómetros de su hogar, en las remotas islas Orcadas. En un paisaje indómito, casi despoblado y de una belleza cautivadora a la vez que salvaje, le espera su pareja. Kylian es un activo ornitólogo que lleva años recorriendo mundo, pero tras recibir una interesante propuesta de trabajo decide volver a su tierra de origen.

Cierra el ciclo, iniciado con la anterior novela, *Aguas azul tormenta* (2022) en los que trata el tema del duelo y la construcción de la identidad en el momento en que falta alguien fundamental de la vida de las personas. Esta obra invita al lector a regresar a las islas indómitas donde se ambientó *Mares sin dueño* para abordar la complejidad de las relaciones maternofiliales, los secretos familiares, el perdón, el peso del pasado y el tabú de la enfermedad mental. Mientras *Mares sin dueño* está basada en una relación de pareja, *Aguas azul tormenta* está enfocada en los vínculos creados entre madre e hija.

ANABEL ARCOS RUIZ (Barcelona, 1982)

Entronca sus raíces con el pueblo de Villamanrique por lo que le lleva a presentar su novela *Cuando florezcan los cerezos* (2022) en este lugar. Es un viaje emocional de dos amigas, Magda y Oli, que, pese a vivir momentos vitales distintos, se verán abocadas a asumir los cambios y dificultades. Tiene publicado otros libros de bienestar y acompañamiento emocional: *Cáncer: contigo puedo* (2017) y *Mi querida amiga* (2019); dos guías de autoayuda y espiritualidad.

JOSÉ ANTONIO GARCÍA SANTOS (Málaga, 1983)

Es hijo de padres infanteños, lo que le ha permitido pasar su niñez y juventud en el entorno de sus ancestros. Por ello quiso que fuera presentada en Villanueva de los Infantes su primera novela. Nieto del escritor de coplas José Santos de la Hoz y sobrino del escritor de relatos Juan Santos, la curiosidad por abarcar sus propios límites lleva a José Antonio García a adentrase a través de los senderos de la literatura, siendo economista de profesión.

Con la novela *Travesía* (2016), que obtuvo el IV Premio de Novela de Terror «Ciudad de Utrera», ha creado un personaje de sumo riesgo, Walt; un niño tímido, casi antisocial, que vive en su propio mundo, con una afición oculta que a muchos desagradaría y resultaría abominable.

Su segunda novela es *Noir Francine* (2018). Paquita es una ama de casa condenada a una vida de soledad y hastío, el indeseable borracho de su marido, Simón, y un extraño personaje, un trotamundos sin nada que perder y con miles de kilómetros consumidos bajo la suela de sus botas. Tres individuos con poco o nada en común que verán cómo sus vidas quedan unidas por un golpe del destino. Un accidente de tráfico, delante de la huerta en la que malviven Paquita y Simón, hará saltar su tranquila vida por los aires.

MARCOS GARCÍA MERINO (Madrid,1989)

Madrileño de nacimiento e infanteño de elección. ha publicado su primera obra *Septiembre puede esperar* (2019), un conjunto de historias en las que desgrana su vida a través de un lenguaje sencillo y plagado de referencias a la cultura popular de finales del siglo XX y principios del XXI. Cuenta las vivencias de cualquier chico de su edad: las personas con las que ha crecido, las ciudades que le han marcado, las chicas con las que ha aprendido a madurar, sus veranos y sus momentos en Villanueva de los Infantes, lugar del que se siente parte y en el que transcurre gran parte de su vida. La ilustración de la portada resalta la imponente plaza Mayor de Villanueva de los Infantes realizada por la diseñadora gráfica la infanteña Ana Santos Fernández.

ANDRÉS CASTELLANOS GALLEGO (Ciudad Real,1996)

Nacido en Ciudad Real (1996), aunque de profundas raíces infanteñas, es graduado en Español: Lengua y Literatura, y profesor de Lengua Castellana y Literatura en Educación Secundaria y Bachillerato. Colabora habitualmente con las revistas literarias *Manxa*, del Grupo Literario Guadiana, en Ciudad Real; y *Quevedalia*, de la Orden Literaria Francisco de Quevedo, en Villanueva de los Infantes. Ha publicado artículos de investigación literaria y de investigación lingüística. También participa en la antología de relatos *Mirad... ¡Están ahí!* (Acen Editorial, 2020). Ha obtenido además diversos premios literarios de relato a nivel regional y nacional.

En 2023 publicó su primera novela, *Memoria* (Aliar Ediciones). Se trata de una novela de iniciación, ya que José Luis Perales va a empezar el instituto. A lo largo de los seis años de estudios, el protagonista recordará las nuevas experiencias que todos, de una forma u otra, hemos vivido. Siempre a través de la mirada perdida, inocente y, muchas veces, ingenua de un joven que, poco a poco, ahondará en cuestiones vitales que superan con creces su comprensión: la amistad, el amor o las esperanzas e ilusiones, pero también la traición, el peligro y la ambición. Una mirada periférica donde la cotidianeidad de un pueblo perdido de La Mancha será alterada por la propia realidad que nos ha tocado vivir: el machismo, la xenofobia, la homofobia, el narcotráfico, la rebeldía juvenil, la cobardía e hipocresía y, en última instancia, la redención. Como fondo de esta novela de aprendizaje encontramos la tragedia, representada en Curro Millán, un amigo de la familia, modelo a seguir para José Luis durante su infancia, que esconde secretos oscuros que afectarán al devenir de su propia historia personal. Al final, todo constituye un fresco de la vida rural, marcada por creencias y condenas no siempre justas o racionales, y de cómo todo ello influye en el crecimiento personal de un José Luis dispuesto a una sola cosa: abrirse a conocer un mundo difícil y extraño.

En 2024 la BAM le publica el libro *A las ocho en el Pilar*, un compendio de relatos que ahondan en la propia esencia humana. Los miedos que asolan el corazón de los desgraciados, la infancia entendida como un paraíso perdido, el amor pasional e irrefrenable de juventud, el misterio inescrutable de la muerte, los conflictos y la denuncia social ante las injusticias más comunes de nuestra actualidad…

ALEJANDRO RODADO (Leganés, 2006)

De raíces solaneras, afincado en Leganés, sus ejemplares son novelas de comercialización privada, por lo que las vende personalmente, publicadas en la plataforma Bubok. *Las reliquias de la niebla* (2020) es su primera novela. Le sigue *El niño* (2023), una creación irrealista y de fantasía que narra la historia de una chica que pierde a su hermano en extrañas circunstancias. Misterio, suspense y thriller psicológico.

El relato *La pluma del demonio* (2023) se adentrará en una historia llena de suspense que pondrá a prueba la mentalidad y forma de actuar de los protagonistas. Una noche cualquiera de 2013, María, trabajadora y madre de Raúl, recibe de manera inesperada un extraño sobre en su oficina de trabajo habitual. En su interior, una coordenada acompañada del nombre de su hijo.

4.7.9. Poetas campomontieleños

La poesía transcribe el sentimiento estético e íntimo por medio de la palabra. Iniciaremos un recorrido poético para formar una antología de poetas campomontieleños. Cecilio Muñoz Fillol (Valdepeñas, 1909-1979) con la composición «Canción apasionada al Campo de Montiel» (poema en cinco tiempos) cantó a sus gentes, sus calles y plazas. Recogido en el libro *Montiel: quinta esencia* (1980).

Del poema V cantó al Campo de Montiel:

> Azucena de estirpes. Tierra alada.
> Manriques y Quevedo en tu piel.
> Y Quijote en toda encrucijada.
> Y corazón, ¡ay, Campo de Montiel!
> (Muñoz Fillol 1980, 14)

4.7.9.1. Poetas de Villanueva de los Infantes

José Santos de la Hoz (Villanueva de los Infantes, 1920-2008)

Un hombre hecho a sí mismo en el quehacer literario. De su afán por saber y gracias a la generosidad de cortijeros instruidos, aprendió las primeras letras; así como a recitar de memoria algunos romances viejos; amén de numerosas sentencias y chascarrillos. Su libro *Coplillas* (2010) le permitió reencontrarse con el mundo de las rimas, recopilando las coplas que había publicado mensualmente en el periódico local *Balcón de Infantes.*

María Luisa Simarro Pérez del Arco (Villanueva de los Infantes, 1928-Madrid, 2009)

Su infancia fue dura y escasa de colegio. Sedienta de cultura, lee relatos y biografías. Ya jubilada en Madrid, se preparó para escribir, asistiendo a tertulias y centros culturales donde se hace lectora, recitando sus propios poemas. *Suenan las palabras: Incognito* (1994) y *A mi pueblo: Villanueva de los Infantes* (1995) son dos poemarios dedicados a su pueblo.

Rafael Simarro Fernández de Sevilla (Villanueva de los Infantes, 1929-2001)

Su temprana vocación poética la desarrolló en su ciudad natal donde, al amparo del amor de sus veletas, escribía versos limpios y supremos. Supo leer en los silencios y escuchar la canción de sus pisadas la piedra celeste y humana de Villanueva de los Infantes; vio que todo lo que le alboreaba era poesía (Baos 1981, 7). Un hombre de ancestrales costumbres, dispuesto siempre para captar el vuelo de la golondrina, el colorido de una mariposa, el quiebro de un vencejo, el canto de una calandria y la pasión que encierra en su color la arcilla.

Fue miembro desde su fundación del Grupo Literario Guadiana y miembro fundador de la Orden Literaria Francisco de Quevedo, siendo su gran maestre hasta que le sobrevino su muerte. Poeta de corte clásico con varios poemarios versados especialmente en el soneto, el romance y la décima real. Siempre cabal, con la palabra justa y el acento hecho métrica poética; machadiano en su aspecto externo diario, desaliñado en su indumentaria y de pulcritud estética en lo espiritual, alberga en sí la idea de la perfección (Hierro 1992, 9).

El primer poemario, publicado con título de endecasílabo *Canto de amor para este mundo altivo (*1977), está dedicado a Infantes por su bagaje histórico-literario; con acento íntimo y fraternal reproche da cuenta detallada de cómo andan allí las cosas; haciendo sentir culpable al lector por no haber llegado a tiempo a la cita, un pueblo anclado amorosamente en el antiguo y noble puerto de una fidelidad a lo transcendente (Pombo 1977, 119).

El poemario *Sonetos del hombre y de la tierra (*1981) es todo un poema de real poder y fertilidad del verbo. Un libro nuevo de sabor antiguo donde los endecasílabos se hacen lumbre sagrada purificando los sudores, dignificándolos por todos los caminos del equilibrio y la expresión. Su andadura lírica le lleva a modelar poemas a Almagro, Ciudad Real, Valdepeñas, Ruidera ya La Mancha: «La Mancha es un reverso pergamino / de Antiguo Testamento revelado» (Baos 1981, 8).

Como doctor del octosílabo y maestro del romance compuso el poemario de treinta romances *Libro de romances* (1984), donde el poeta regresa a los orígenes de la lírica castellana. No se evade del tiempo que le ha tocado vivir y hace poesía social y religiosa (Arteaga 1984, 10).

Fiel al verso rimado, compone el poemario *Versos de la Buena Nueva* (1988). Toma el Evangelio para versificarlo en décimas formando un ramillete de versos de auténtica poesía religiosa (Cantero 1988, 7).

Décimas al carboncillo (1992) lo forman cincuenta y tres décimas originales con las que aborda la «fauna» del mundo en el que vivimos: el turista, el galeno, el banquero y el político; la prostituta y el figurón, los siete pecados capitales; el malhechor, el terrorista, el beodo, la secretaria, el tonto del pueblo, el drogadicto, etc. Irónico y mordaz como la otra vertiente del Quevedo al que tanto admiró; no por ello le falta humanismo (Hierro 1992, 10).

Su obra se encuentra en antologías; dentro de la colección monográfica de la revista *Manxa*, donde publicó el poemario *Cantares y otros poemas* (1988). La antología de obra poética latinoamericana y española *Brisas poéticas modernas* (1993) incluye el poema «Ando buscando la norma». *Antología poética* (1977-2000) es una selección de versos del «poeta de Infantes» realizada por el solanero Santiago Romero de Ávila. La vida, el amor, la soledad, la muerte y destino del alma son temas esenciales plasmados en versos libres y composiciones clásicas, sobre todo sonetos, desplegando cultura literaria. Rafael Simarro se reconocía como poeta y lo era.

IGNACIO SANTOS GUTIÉRREZ (Villanueva de los Infantes, 1928-2018)

La casa de la familia Santos es un enclave de tradición literaria. Un hogar donde cuatro días estuvieron los personajes literarios creados por

Miguel de Cervantes; situando la velada literaria entre Alonso Quijano y el joven poeta don Lorenzo, hijo de don Diego de Miranda. Don Lorenzo es un poeta glosista, que tras las presentaciones entablará disertaciones sobre el oficio de poeta. La escena es descrita en la casa del Caballero del Verde Gabán, donde supuestamente se inspiró Cervantes para describir el relato en el capítulo XVIII de la segunda parte del *Quijote*:

> Halló don Quijote ser la casa de don Diego de Miranda ancha como de aldea; las armas, empero, aunque de piedra tosca, encima de la puerta de la calle; la bodega, en el patio; la cueva, en el portal, y muchas tinajas a la redonda, que por ser del Toboso, le renovaron las memorias de su encantada y trasformada Dulcinea; y sospirando y sin mirar lo que decía ni delante de quién estaba […] Aquí pinta el autor todas las circunstancias de la casa de don Diego, pintándonos en ellas lo que contiene una casa de un caballero labrador y rico; pero al traductor desta historia le pareció pasar estas y otras semejantes menudencias en silencio, porque no venían bien con el propósito principal de la historia; la cual más tiene su fuerza en la verdad que en las frías digresiones […] (Cervantes II, 18).

Don Quijote halló en la casa de don Diego de Miranda libros de honesto entretenimiento. La opinión generalizada en la narración de Cervantes es que escribía todo lo que veía, conocía en persona o por referencia; distribuyendo después los materiales por exigencias del relato a conveniencia de él mismo. Este espacio escénico es el hogar donde ha residido y reside la familia del poeta Ignacio Santos Gutiérrez.

Por correspondencia con esta espacialidad literaria y familiar, Ignacio Santos Gutiérrez se encuentra ligado a un grupo de escritores del ámbito del periodismo; con su tío abuelo el campomontileño en el exilio Mateo Santos Cantero y con su hija María de los Ángeles Santos Martínez (Villanueva de los Infantes, 1960-Talavera de la Reina, 2020). En el caso de la creación literaria la cultura es un antecedente histórico y Santos Cantero llegó a Barcelona con un gran bagaje de lecturas cervantinas y su hija contaba historias dando rienda suelta a sus pensamientos e ideas en su blog digital *Escrito en la Arena* desde el universo de «Macondo». Fue decana de los periodistas en Talavera de la Reina (Toledo), firmando sus textos con el acróstico de sus iniciales MAS. Cada uno de ellos, desde su quehacer poético y literario han dejado su huella para ser evocados desde la casa de don Diego de Miranda, que así se llamaba el del Verde Gabán. Donde don Quijote contó su vida y reflexiona sobre la educación de los hijos; el Verde Gabán contó la suya. Sancho intervenía de tanto en tanto.

El poeta Ignacio Santos Gutiérrez fue maestro de profesión. Siempre escribió poesía, algunos de sus poemas los publicó en revistas locales y provinciales. Con el poemario *Sendero lírico* (2000) recopila poemas de carácter familiar, inspirados en acontecimientos acaecidos por el discurrir del tiempo, costumbres, paisajes, figuras señeras de su entorno, cuyos principales destinatarios son sus hijos y nietos. En él además podemos encontrar prosa poética, retazos narrativos, dedicados a Villanueva de los Infantes, sus costumbres, sus figuras señeras, sus patronos. Sin más pretensión por parte del autor que desde la lejanía de la eternidad quedará agradecido por la lectura del mismo. Fue miembro fundador de la Orden Literaria Francisco de Quevedo de Villanueva de los Infantes.

PAQUITA SÁNCHEZ REMIRO (Pamplona, 1931)

Hija adoptiva de Villanueva de los Infantes por su compromiso profesional y marital (ambos maestros). Poetisa de la Virgen María, así se la define a Paquita Sánchez Remiro: «Inquieta a lo divino por difundir la belleza de la Palabra y el brillo de su verdad». Loor mariano rezuma en su obra poética *Madre de misericordia y Santa María* (1997).

Con espíritu de poeta y fervor religioso, Paquita publicó *Santa María, ruega por nosotros* (2016), poesía llena de ternura humana, un alma muy cercana a Dios con un gran amor a la Santísima Virgen. Cada una de sus poesías encierra un mensaje para acercarse a lo divino y a lo humano, con prólogo de Francisco Ponce Guillén, prelado de honor de su Santidad, juez auditor de la Rota y emérito de la Nunciatura Apostólica de Madrid.

En torno a la figura de «Santa María en la historia y la salvación» es *Florilegio* (2012), una selección de textos marianos comentados. Textos del Antiguo y Nuevo Testamento, así como de la Tradición de los padres de la Iglesia, doctores, santos y el Catecismo de la Iglesia católica.

GUADALUPE PACHECO FERNÁNDEZ (Villanueva de los Infantes, 1933)

Autodidacta, siempre le fascinó escribir y no pudo por los avatares de la época que le tocó vivir. Refleja lo vivido y sentido; la poetisa transmite lo que piensa. En su plenitud de jubilada ha publicado cuatro poemarios.

El poemario *Firmamento de esperanza* (2008) es un canto a su tierra, a la Mancha y a su pueblo. Es volver a la tierra, a la patria chica, una mirada al retorno y al deseo, manteniendo viva la memoria y el hacer de sus gentes.

En *De amor y desamor* (2014) se cuenta lo vivido, real o ficticio, dando testimonio de una razón de ser. Amor a su tierra, vivencias compartidas, olvidos, ausencias, pequeños fracasos y grandes triunfos.

El libro *Nostalgia de un pasado* (2018) es un mosaico de experiencias; un collage de retazos de vida, con mirada nostálgica y melancólica.

No existe el olvido (2023) son poemas relacionados con su circunstancia vital, es la muestra de su madurez, son parte de su vida. Su autodidactismo literario lo desarrolla con una escritura de la cotidianidad, del vivir de cada día, momentos de añoranza del paso del tiempo, de amistad, de soledad marcada por el confinamiento del Covid. Buscó momentos y abrió ventanas para escribir a sus seres queridos. Por su contenido, quizás el verso de todo el poemario sea el convencimiento de que el olvido no existe.

JAVIER CAMPOS FERNÁNDEZ DE SEVILLA (Villanueva de los Infantes, 1945)

Poeta, escritor, investigador científico de Historia, editor, coordinador y director del Instituto Escurialense Histórico y Artístico. Cuenta con una amplia bibliografía de ámbito local, provincial, nacional e internacional sobre temas históricos, temas manchegos y cervantinos, mundo hispano y filipino, religiosidad popular, etc. Laureado y condecorado por diversas instituciones y universidades nacionales e internacionales por su obra de investigaciones científicas, ha simultaneado la docencia con la investigación y la creación literaria.

En el ámbito de la creación literaria ha publicado de forma continuada poemas y relatos en diversas revistas. Se inicia en la poesía con un breve poemario, *Nostalgia de la Ausencia* (1981), publicado en el suplemento de la revista literaria *Corona del Sur* en Málaga.

Le continúa *Poemas de barro* (1982), formando un tríptico donde el destierro es la ausencia; la lejanía es el exilio de la propia tierra; el conjuro el ruego encarecido; finalizando con el réquiem por los vivos. Salmos que expresan deseos profundos.

En el poemario *Nos fue prometida esta tierra* (1983) es la utopía, el caminante aceptando su estar aquí, así y ahora como una realidad a la que debe ser fiel; con ilustraciones de Bernardo Orozco.

Con *La creación* (1984) y *Textos para el caminante* (1996) forma una antología de escritos e imágenes para leer e invitando a la reflexión.

Le siguen poemarios continuados en el tiempo: *Hypnos. Cantata para una noche de nostalgia en tierras de la Mancha* (1986), *Sugerencias para el atardecer de un día con nostalgia* (1988), *Textos para un caminante* (1996). El resultado de un cuaderno de notas tomados en viajes es *Palabras y silencios* (1999), paseos en momentos de intimidad espiritual. *Luna en Aries* (1996), *En el despacho del abuelo* (1997).

La poesía visual es una forma experimental en la que predomina la imagen ante el texto; constituyendo un género propio donde lo verbal y lo icónico convergen. *Némesis y la anémona roja* (1983), *Cuaderno de Poesía visual* (1984): Paisaje manchego, Manifiesto totalitario, Manifiesto de la oposición, Manifiesto de la incomunicación, Manifiesto de la nada, Manifiesto de la noche, Manifiesto del desorden, Manifiesto de la armonía y Poema de la soledad. *Trece manifiestos y un epilogo* (1988), *Ormuz y Abrinan: «Dos poderes levantaron dos ciudades»* (1989) forman este apartado.

ANTONIO FERNÁNDEZ MONTOYA (Villanueva de los Infantes, 1951)

Médico psicoterapeuta afincado en Granada con casa familiar en su pueblo natal.

El libro *La casa sumergida y otros poemas. La maison submergée et autres poémes* (2022) es una edición bilingüe en francés, un poemario para ser leído para la búsqueda de la verdad y de la luz; frente a la acción del tiempo y la memoria; confiando en la claridad al final de la noche oscura. El recorrido no habrá sido en vano. La desolación de una «casa sumergida», de una casa en ruinas o de una casa en venta (metáforas del fracaso y/o de la soledad), frente a la acción del tiempo. El poeta apuntará al tiempo recobrado, a la sencilla y luminosa felicidad de un día cualquiera.

ELOÍSA PARDO CASTRO (Tomelloso, 1953)

Infanteña de adopción, con idas y venidas, hasta que un buen día de la segunda década de este milenio decidió comprar una «morada» en Villanueva de los Infantes: Villa Favorita, nombre con el que Eloísa denomina a este «lugar de la Mancha», sirviéndole de inspiración para pergeñar algunos de sus escritos. Forma parte del colectivo literario Patrañas de Madrid, de la Orden Literaria Francisco de Quevedo de Villanueva de los Infantes y del Grupo Literario Oretania de Ciudad Real. Dirige talleres de escritura creativa y ludolingüística.

Eloísa se encuadra en la corriente literaria de la «Poesía de la experiencia». Se trata de una poesía cotidiana, llevadera e inmediata, en la que cualquiera pueda sentirse identificado. Este tipo de escritura se basa en la idea de que a la poesía no hay que entenderla sino sentirla y que no podemos escribir de forma diferente a como vivimos; por tanto la escritura debe ser llana, cercana, sin artificios exagerados.

Su primer libro-poemario *Pronto será oro el membrillero* (2016) es una deuda pendiente, por lo que cierra un capítulo de su vida emocional. Lleva dentro sueños, dolores y risas compartidas. Cercano e intimista. Versos sencillos y leves, exento de palabras rimbombantes, de fácil compresión. Es un homenaje a una amiga muerta, victima temprana del cáncer.

El segundo poemario *Besos de nitroglicerina en el corazón* (2017) son anotaciones de un mes sin futuro, del uno al treinta y uno de diciembre, escrito con desasosiego en forma de poemario dietario; cada día da cuenta de aquel diciembre turbio donde las preguntas alfombraron la salida.

Con el tercer libro *Piel* (2019) cierra un ciclo de la vida con la muerte de la figura materna. A partir de aquí la poeta es otra, deja su piel en estos versos y su antigua mirada, dejando tatuado el dorso de las manos y se pondrá un sombrero nuevo. Son poemas que estaban esperando su turno conviviendo con el recorrido de la memoria.

Los poemas que conforman *Los pecios del naufragio* (2021) son versos fragmentados, dispersos y derrotados, esperaban el turno en los cajones del escritorio, abrazados y defendidos por tantas notas y textos sueltos que se habían rezagado, sepultados por el tumulto, pasaron inadvertidos cuando estaba recogiendo la cosecha de versos para pergeñar otros anteriores poemarios.

En el poemario autoeditado *Circuito cerrado. La lujuria del asco* (2022) la palabra predominante «mujer». Una mujer determinada escribe incrustada entre el bucle del deseo y del rechazo.

Prologado por José Luis Labad Martínez es *De noche oigo en mi cuerpo la carcoma* (2023), con versos muy íntimos, arañados a la desesperación de querer salir, pero no saber cómo hacerlo. Lágrimas y duelos, una poesía genuina, capaz de desnudar sentimientos. En palabras del prologuista «Eloísa ha hecho suyas muchas letras que deambulan diariamente por la calle, tan solo hay que encontrarlas y plasmarlas en el papel».

En prosa tiene *Galería de trampantojos* (2018), un libro de relatos donde las vivencias y secretos de mujeres son el hilo conductor de historias de amor, odio, afecto, nostalgia o desengaño.

Dedicado a su mascota, *Haro y yo* (2019) es un conjunto de relatos cortos. Vivencias que compartió y escribió con Haro como camarada, escuchante, confidente y amigo. Un pequeño homenaje a un tramo de su vida que a la autora le enriqueció; dedicándoselo a todas las personas que han tenido la suerte de convivir con un perro y animando a todas aquellas que no se han decidido a tener uno.

Conforman un conjunto de vivencias entretejidas y cruzadas *El ruido del silencio: ardida en la esperanza* (2021), pergeñado en parte con notas del recorrido vital de las protagonistas que le han proporcionado las historias.

A la manera de mayo y su cuchillo. (9.131 días. 25 años) (2023) es la recopilación de notas desde aquel septiembre de 1997 que le diagnosticaron un cáncer de mama. Cuenta lo ocurrido con el propósito de que sirva para otras mujeres que hayan caminado por el borde del precipicio.

Presentación Pérez González (Villanueva de los Infantes, 1956)

Maestra de profesión, forma parte del Grupo Literario Guadiana de Ciudad Real, participa en tertulias literarias y colabora con la revista *Manxa* y con el Grupo Literario Oretania. Es escribana de la Orden Literaria Francisco de Quevedo de Villanueva de los Infantes. Debutó como poeta reconocida en el libro *XXI Selección de Voces Nuevas* (2008) de la colección Torremozas, editorial especializada en la literatura escrita por mujeres para visibilizarlas, hacerlas accesibles y situarlas en el panorama literario actual. Se trata de una antología de ámbito nacional de poetisas en el que Presentación participa con poemas de nostálgicas vivencias.

Cuatro libros forman su producción literaria. El poemario *De un tiempo a esta parte* (2010) son poemas surgidos en momentos puntuales, plasmados para que no quedasen en el olvido tras el proceso de creación. Sin unidad temática, fruto de distintas etapas, reflejo de lo vivido y sentido con el objetivo de intentar comunicar.

Dentro de la colección bibliográfica Manxa tiene publicado *Cenicienta no quiere un príncipe azul* (2013), donde aborda en los veinte poemas de que se compone el libro el tema femenino; deshaciendo con su verso el espejismo del ideal soñado, bajo el monologo de una mujer que se descubre a sí misma hallando la pasión del amor en otra dimensión. Es la rebeldía de la autora ante los estereotipos con los que se ha educado. Poesía con voz propia de mujer.

El poemario *Con nombre propio* (2021) se trata de una selección de versos que han ido surgiendo de la cotidianeidad, donde hablan personas anónimas a las que el lector puede poner rostro. El poemario encierra diferentes temas entre los que se encuentra la incertidumbre o la soledad, además de otras realidades, pero siempre rayando la humanidad. Es un libro hecho de memoria, lleno de recuerdos, de melancolía por el tiempo ido, de pequeños momentos, de echar atrás la mirada para hacer balance y contemplar solo los retratos importantes para la historia.

Su último poemario, publicado por ediciones Hoac, es *Perfiles, reflexiones y miradas [... para nosotros]* (2023), prologado por la escritora de Argamasilla de Alba Pilar Serrano de Menchén. La poeta continua como pasajera de la luz, habitando en la aurora de la vida para un mundo más libre, cercano y solidario. Por medio de sesenta poemas, dividido en tres partes desgrana una estela de vivencias y compromiso solidario con los más desfavorecidos. La desesperanza, desilusión, dolor… pero también la compasión, la energía, la fuerza vital, el amor; la vida contemplada desde distintas miradas.

JUAN JOSÉ GUARDIA POLAINO (Villanueva de los Infantes, 1956)

Nacido en Villanueva de los Infantes y residente en Valdepeñas, donde inicia su actividad cultural. Poeta de estirpe barroca y neorromántico, vinculado al Grupo Artístico El Trascacho de Valdepeñas y con el Grupo Literario Oretania. En su quehacer literario tiene varios libros de poemas y numerosos premios de poesía, reconocimientos y distinciones respaldan su labor cultural. Es el gran maestre general de la Orden Literaria Francisco de Quevedo de Villanueva de los Infantes y cofundador de la revista literaria *Quevedalia*. Es mayoral de la Cofradía del Vino de Valdepeñas y miembro fundador de varios encuentros poéticos, como las Noches Poéticas de Manzanares o Cinco Voces Femeninas en el «lugar de la Mancha». Parte de su obra poética se encuentra incluida en una veintena de antologías fruto de su participación en encuentros con poetas de ámbito provincial, nacional e internacional. Ha obtenido númerosos premios provinciales y nacionales.

Con un existencialismo embellecido por la palabra ha tejido sus poemarios. *Jazmines para la tragedia* (1989) no está exento de dolor y catarsis: el hedor, la podredumbre, la fealdad, la muerte. El poeta evoca nostálgicamente la dichosa felicidad. El poeta se asoma al abismo hendido en su soledad. Va cargado de «sueños de aurora», bellos, esperanzadores; pero condenado a no disfrutar nunca de esos sueños. Aunque poblado por «la mano de Dios», se ve envuelto en la espuma y en la niebla; se borran las claridades a que afanosamente aspira (R. Llamazares 1989, 11).

De intimismo es el poemario *Labios que pugnan por amar sufriendo. Poesía 1990/1995* (2003), donde el autor no deja de considerarse a sí mismo culpable dentro de la temática que esgrime (Hierro 2003, 5).

Un tributo al poeta norteamericano Walt Whitman es *«Aquellos que conspiran». Te digo, Walt Whitman* (2013), contundente en el hilar los versos demoledores que no dejan al lector indiferente. Con pasión y furia compone los versos por el que transformar el mundo. Aunque para ello hace falta ser solidarios y con principios sin fronteras.

En torno al insigne poeta escribe como referencia *Ido el fauno… a don Francisco de Quevedo* (2018) en prosa poética, con voz firme, seca y cálida, rompe el vacío y lo llena con una sentencia de sonatas; arremetiendo sin contemplaciones contra el deshilachado exilio de lo cotidiano del antes y del ahora.

El último poemario publicado, *De almas, ditirambos y heridas* (2022), el crítico literario Matías Barchino lo ha definido como una propuesta verbal doble donde la página par contiene un breve texto poético, cercano a la precisión del haiku, a la sorpresa de la greguería o la concisión del aforismo, del fragmento o del apunte, siempre desde una perspectiva personal y lírica. Frente a este, el espejo de la página impar nos convoca a una lectura más amplia retóricamente, más objetiva, dirigida muchas veces al propio vino personificado o al espíritu que se oculta en el misterio de la fermentación del mosto. En teatro tiene *Una historia templaria en Torre de Juan Abad* (2009), obra inédita.

RAFAEL SIMARRO SÁNCHEZ (Villanueva de los Infantes, 1962)

Hijo del poeta Rafael Simarro Fernández de Sevilla.

Beberse el Leteo (2008) es un poemario profundo de forma libre, haciendo alusión mitológica a la experiencia de la muerte; donde el poeta incide en la marca del tiempo, la transcendencia de los sentimientos, la magia de los lugares, el misterio del poeta y el sentido de la libertad.

La Diosa de la música en el título *Las manos de Euterpe* (2012) forma una colección de treinta y tres poemas. El sentimiento del amor humano describe una sugerente parábola, que va desde lo alegre hasta el melancólico ocaso, pasando por la cumbre más apasionada y sensual.

En estrofa cuarteto-lira *de* rima asonante compone dieciocho composiciones del poemario *Cuando nada importe* (2010), como si se tratara de una partitura escrita para un instrumento musical. Con temas de cuadros románticos y elegiacos, recreaciones históricas o literarias.

Sujeto a las rigurosas exigencias formales propias de la estrofa forma el poemario *Justa medida* (2011), cincuenta y seis sonetos clásicos; rindiendo tributo a la tradición. Con temas de pasión amorosa, el tema de España, sentimiento religioso, amor y nostalgia.

JOAQUÍN FERNÁNDEZ DE SILVA (Villanueva de los Infantes 1970)

Es licenciado en Derecho por la Universidad Complutense de Madrid, ciudad donde reside actualmente. Miembro fundador junto con Ramón Molina Alfonsea, de la Asociación Cultural Luciérnaga; cofundadores con la Biblioteca Municipal Quevedo de Villanueva de los Infantes de las jornadas literarias Nuevos Cauces de la Poesía y el Arte en el año 1999. Un proyecto que nació como apoyo y estímulo para conocer las vanguardias de la literatura y el arte en general, y los jóvenes escritores, además de aproximar o acercar la cultura a los ciudadanos en general en todas sus vertientes.

Joaquín es un gran lector de poesía lo que le ha permitido descubrir poetas y movimientos. Dotado de una gran capacidad de autocrítica y de un amplio conocimiento de la poesía nacional e internacional, Fernández de Silva ha sabido beber de las fuentes que quizás hayan marcado su trayectoria literaria como Gil de Biedma, José Ángel Valente, Brines, Hölderlin…, culminando al proceso natural de escribir su propia poesía. El poeta Juan Carlos Mestre, Premio Nacional de Poesía ha calificado su poesía de metafísica, alojando pensamientos en el verso, con un ritmo cuidado y con honda raíz humana y ética. La poesía metafísica surge de la necesidad de expresar cualidades de la experiencia humana, caracterizada por la mezcla de pasión, pensamiento, sentimiento y raciocinio.

Su andadura poética se inició con el poemario *El café de las desilusiones* (1998), ilustrado con pinturas expresionistas de Miguel Medina.

El poemario *Noche y yo* (2015) es un dialogo entre el yo poético, el hablante, y la noche, que es la eternidad. Un diálogo entre la eternidad y el tiempo.

En la prestigiosa editorial de poesía Hiperión tiene publicado el poemario *Música lejana* (2020), prologado por el poeta Rafael Morales Barba. Con una madurez más realista, la mirada del poeta en su evocación de otro tiempo más inocente, no despreocupado y más rural. En definitiva una reflexión sobre la condición humana.

Paisajes del Campo de Montiel (2021) es un cuaderno de fotografías donde la fotógrafa catalana Anna Muntada Sagrado capta el horizonte infinito y la armonía con la que se funde en el cielo y se transforma en una delgada línea recta, donde muestra una pequeña selección de instantes que le han unido a esta tierra. Esta unión de instantes incluye poesías de Joaquín Fernández de Silva. Con fotografías de los paisajes según la estación del año, acompaña a cada ilustración un poema.

RAMIRO G. COPPARI (Buenos Aires, 1988)

Nacido de Argentina, criado y residente en Villanueva de los Infantes desde la edad de dos años. Filósofo con inquietudes artísticas en campos como la música, la poesía, el relato, la performance y el teatro. Su primer poemario publicado *Viral* (2023) fue presentado con fragmentos visuales en el Centro de Holografía y Artes Dados Negros de la Fundación Pepe Buitrago en Villanueva de los Infantes. El poeta Joaquín Fernández de Silva en el prólogo analiza las dos partes de que se compone el poemario: «La ciudad y la norma» mientras cruzas ambas, no se ven más que máscaras que deambulan por el universo; en la segunda parte, «De Dios y el virus», el autor se propone afrontar la soledad entre la muchedumbre.

BEATRIZ FERNÁNDEZ DE SEVILLA (Villanueva de los Infantes, 1989)

Beatriz Jiménez Gómez es su verdadero nombre. Estudió Periodismo y Comunicación Audiovisual. Trabaja en la gestión de proyectos culturales y educativos. Ha ganado el Premio de Poesía XXV aniversario UFV y finalista del Premio de Poesía Carlos III.

Su poemario *Paraísos domésticos* (2023) invita a abrazar la épica de lo cotidiano en un viaje trepidante por sobremesas, duelos y abrazos que salvan de la intimidad. Es también una renuncia a las fotografías de infinity pools y de tatakis de wagyu, porque alegrías y fracasos suelen encontrarse a menudo con una tostada o con un puchero en la mano. Beatriz escribe con una sensibilidad extrema, la vulnerabilidad y la ternura que a ratos gobierna al ser humano.

Otros poetas infanteños con autoediciones independientes del circuito de expansión comercial son Joaquín Cabanillas Reguillo (1925-2000?), con el libro *Ensayo y poemas* (1999), y Antonio Ruiz Lucas (1964), con un poemario básico de experiencias vitales, *Esperando el mar* (2009).

4.7.9.2. *Poetas de La Solana*

En 1978 nació en La Solana el Grupo Poético Quintería, que marcará la historia literaria de La Solana. Tomará el relevo en 1989 el Grupo Artístico Pan de Trigo.

SANTIAGO ROMERO DE ÁVILA GARCÍA-ABADILLO (La Solana, 1948)

Maestro de profesión, hijo predilecto de La Solana. Su prestigiosa carrera, ya de muchos años, lo han convertido hace tiempo en uno de los máximos referentes literarios solaneros. Ganador de innumerables premios, comendador de la Orden Literaria Francisco de Quevedo, miembro fundador en La Solana del Grupo Literario Quintería, de Pan de Trigo y de la Asociación Cultural de la Zarzuela. Figura en más de treinta antologías, tiene publicados nueve libros de poesía y es miembro del Grupo Literario Guadiana. En el preludio de unos de sus poemarios señala: «Yo le canto al amor, al entusiasmo, a la ilusión, al gozo, pero denuncio y lloro, y peco, y grito ante el dolor, el llanto, la tristeza, el desconsuelo, el luto y el olvido». Manifiesta un compromiso con el hombre de su tiempo desde lo social y el deseo de poner las bases donde alimentar la luz del amor.

Posee varios poemarios publicados: *¿Quién nos quita las rosas del alba?* (1983), *Esta tierra de amor y silencio* (1986), *Poemas heterogéneos* (1988), *Sonetos de duda y de esperanza* (1993), *Aquel temblor de gozo y de inocencia* (2014).

Dedicado a su nieta Elena es el poemario *Mundo de amor sin fronteras* (2015), donde canta al amor, al entusiasmo, a la ilusión y al gozo; en contra-posición al dolor, el llanto y la tristeza, el desconsuelo, el luto y el olvido.

Escribe porque necesita escucharse para comprenderse, cree en la pa-labra, por lo que sus composiciones literarias se plasman en *Sublimidad de líricas cosechas* (2017) y *Ventanales del alma* (2020).

El poemario *...Y el corazón que dicte el testamento: Romances apa-sionados* (2021) está formado por cuarenta romances apasionados octosílabos escritos a lo largo del año 2020; en los duros meses de la pandemia. El poeta desea encontrar el sendero que apunte al infinito, un sendero de paz y esperanza para alcanzar un punto y final amorosamente limpio.

ISABEL DEL REY REGUILLO (La Solana, 1953)

Maestra de vocación, tiene pasión por la literatura. Poeta desde siempre, mujer intuitiva y llena de sensibilidad. Pertenece al Grupo Artístico-Literario Pan de Trigo de La Solana y coordinadora de la revista *Pan de Trigo*. Su obra aparece incorporada en diversas antologías literarias. Posee varios premios literarios, tanto en verso como en prosa, entre ellos el de comendadora de la Orden Literaria Francisco de Quevedo. Ha impartido talleres literarios para jó-venes, ha estado siempre muy comprometida con la vida cultural de La Solana.

Es autora de varios poemarios: *Desde el balcón del alma* (1997) con dibujos de Jesús del Rey García, y *Versos de escuela* (2004) un poemario para descubrir la magia que envuelve los momentos del aprendizaje. Reencontrarse con los momentos de la niñez llenos de ilusiones tristezas, alegrías y penas, pero sobre todo llenos de vida. Está dedicado a los responsables de la educación, los maestros.

Trazos del tiempo (2009) es la recopilación de poemas de distintas épocas, de variada temática y de diversos estilos; palabras emocionadas para recordar a don Francisco de Quevedo, a Jorge Manrique o al visionario personaje cervantino; palabras dedicadas al padre o a las personas a las que ama profundamente, pequeñas historias esenciales fruto de su vivencia personal (Pinés 2009, 7).

Vuelos de Navidad con alas de papel (2018) recopila poemas creados para felicitar la Navidad a lo largo de los años 2000 a 2018, son composiciones y originales felicitaciones de Navidad, llena de sentimientos, vivencias y reivindicaciones, hecho con, desde, entre, tras, por… y para el amor. En los poemas se encuentran valores de igualdad, esperanza, amistad, amor, solidaridad…

La recopilación de relatos escritos desde 1998 hasta 2020 lleva por título *Con voz de mujer* (2022), un libro solidario ilustrado por la solanera Juani Torrijos Díaz. Lo dedica de manera especial a los enfermos de Alzheimer. Está compuesto por treinta relatos, de diversa temática, situados en orden cronológico de creación, salvo el último. En ellos se encuentran recuerdos de la infancia, el amor a la familia, a la belleza del paisaje, la gratitud hacia los ancianos, la tristeza de las guerras, la educación y los valores humanos… Reflexiones sobre los derechos de la mujer, la ecología, la educación…, descripciones que dibujan la grandeza del amor y otros sentimientos humanos. La autora se adentra en la vida de la mujer, analiza sus inquietudes y circunstancias en las que se realiza.

Gracias, Clara Campoamor (Biografía de Clara Campoamor) (2022) es un texto teatral para ser representado por jóvenes y adultos, resaltando los aspectos más importantes y los valores humanos de Clara Campoamor como fue el feliz día en que la mujer española pudo votar por primera vez gracias a ella.

Luis Romero de Ávila Prieto (La Solana, 1953)

Técnico Superior de Artes Plásticas y Diseño Gráfico, se formó en la Escuela de Arte Antonio López en Tomelloso. Es un artista polifacético y le apasiona la fotografía, la poesía y la zarzuela. Escribe desde siempre, además de destacar por su afición por la interpretación y la música, se define como un poeta clásico tomando apuntes en el momento en el que se le aparecen las musas. Es miembro cofundador de los grupos Quintería y Pan de Trigo. Participa en los Encuentros Oretania de Poetas, donde tiene publicados algunos de sus poemas y en otras antologías colectivas. Ha ganado más de cuarenta premios literarios y tiene publicados varios poemarios.

Regalo de luz (1994), *Imágenes de vida* (2004), *Y también los molinos sueñan* (2008), junto con su amigo Luis Díaz-Cacho Campillo. No es soñador, le gusta la realidad de la vida, abrazar las cosas y sentir su presencia; tener contacto con la naturaleza es su pasión, busca el tiempo alrededor de lo más sencillo del mundo; persiguiendo la paz; la paz es su obsesión, no quiere alterar el mundo con voces que rompan la armonía. Escribe para vaciar los sentimientos.

Luis Díaz-Cacho Campillo (La Solana, 1963)

Agente de Desarrollo Local, político y poeta. Miembro cofundador del Grupo Literario Pan de Trigo de La Solana desde su creación en el año 1989. Tiene publicados quince libros: cuatro de cartas de amor, uno de relatos breves y diez de poesía. Es el coordinador de los Encuentros Oretania de Poesía de la provincia de Ciudad Real, una cita anual itinerante donde la palabra se hace verso en cada uno de los encuentros.

Para Luis Díaz-Cacho la poesía es sublime, un refugio diario donde el alma se eleva a un espacio de paz y de armonía. Su trayectoria literaria es amplia, ha obtenido diversos premios tanto en poesía como en prosa. Ha participado en varias antologías y obras colectivas tanto en verso como en prosa poética.

Su primer libro publicado se titula *En mi nube de algodón* (1994), donde reúne cartas de amor. Para el poeta es una necesidad vital escribir cartas. En este género epistolar publica *Cartas de amor para ti* (2001) segundo libro de cartas de amor. El tercer libro es *Cartas de amor desde Toledo* (2009), escritas en el transcurso de los cuatro años en los que desempeño un cargo político en el Gobierno de Castilla-La Mancha en Toledo.

En *Cartas de amor para Mavi 1992-2017* (2017) recopila cuarenta seis cartas de amor que a lo largo de veinticinco años el poeta ha ido escribiendo, muchas de ellas dedicadas a su amada Mavi.

Después de *En mi nube de algodón* –su primer libro– publica el poemario *Mi voz al viento* (1995), un libro de sonetos, muy reflexivo, unos intimistas y otros sobre la convivencia y el dialogo. Le continuó el poemario *En busca de tu nombre* (1998), un libro de amor en cuatro partes y referenciado en los elementos de los presocráticos: el fuego, el aire, el agua y la tierra. *A golpe de verso y palabra* (2006) es un libro editado como regalo personal de Navidad. *Poemas para vivir cada día* (2010) es un libro de crecimiento personal donde expresa la filosofía de la vida. *Nos debemos la paz* (2014) canta a la paz y a la libertad en España, recopila poemas sobre atentados de la banda terrorista ETA, escrito durante años, con poemas de armonía y de convivencia. Su último libro *Vivir cada día* (2021) es un poemario de crecimiento personal de vivencias y emociones tomando como base el anterior poemario, *Poemas para vivir,* una reedición totalmente nueva con poemas inéditos. Dejarse llevar por las situaciones que los sentimientos estimulan, para entender que lo único verdadero que existe es el preciso instante que nos ocupa.

Poemarios compartidos con otros poetas son *Versos para el amor y la esperanza* (2002), con la poeta de Argamasilla de Alba, Pilar Serrano de

Menchén, un libro de amor y de esperanza; *Y también los molinos sueñan* (2008), con su gran amigo Luis Romero de Ávila Prieto, donde ponen en valor la tierra manchega y La Solana; y *En el Sahara las palomas comen cuscús* (2016), con el poeta Nemesio de Lara Guerrero, un libro de poemas de componente social escrito al alimón.

Su compromiso con la poesía está muy arraigado, con profundas raíces de su sensibilidad y compromiso social con los más débiles, levanta su voz allá donde se producen sinrazones. La poesía le nace desde dentro hacia la vida, como una voz que clama ante el pozo de la sed del sentimiento. Tiene además poemas publicados en antologías temáticas y colectivas editadas en el marco de los Encuentros Oretania de Poesía. En narrativa ha publicado el libro de relatos *Reflexiones de un instante* (2004).

Julián Martín-Albo Sánchez (La Solana, 1964)

Licenciado en Filología Hispánica, profesor de secundaria en Valencia. Su tesis doctoral gira en torno a la investigación de la censura teatral durante el franquismo.

Formando prosa poética y liberado de rima y métrica, conforma el libro *Los poemas para un dios* (1989). El poemario se estructura en cuatro partes: un prólogo de Shakespeare al poeta, una vez que este le ha enviado el poemario por el amor que le profesa. Las tres partes restantes son las misivas del poeta del juego dialéctico a quienes le han sido fuente de inspiración.

Insertados en el número diecinueve de la publicación de *Cuadernos de Estudios Manchegos* del IEM de Ciudad Real se encuentra *Poemas del amor ausente* (1989).

Francis Alhambra Moreno (La Solana 1972)

Integrante del Grupo Artístico-Literario Pan de Trigo, es posiblemente el cantautor más conocido y reconocido de La Solana, pero, ante todo, es un magnífico poeta que además pone música y voz a sus versos. En el poemario mariano colectivo de la colección Espiga de Pan de Trigo publica *Versos de noche clara* (1996) y el poemario *Desde esta orilla* (1996).

David Policarpo Ruiz Santa Quiteria Lara (La Solana, 1988)

Autoeditado en papel y digital es el poemario *Silfra: la mirada de la belleza que bucea en el fondo del corazón* (2017), un relato poético libre, un viaje poético que invita a conectar con el interior, escrito una mañana frente al ordenador y nacido de la inspiración de un mensaje de la hermana del autor donde le hablaba de Silfra, un paraje de Islandia.

Sobre psicología popular ha publicado el libro *Corazón presente: un viaje hacia el ser* (2020).

Otros poetas solaneros que conforman el panorama poético por su pertenencia al Grupo Artístico Pan de Trigo y publicaron su obra en antologías colectivas son Juan José Torrijos, María José Pacheco, Ramona Romero de Ávila, Domingo Fernández, Nemesio de Lara Guerrero, la ilustradora Juani Torrijos Díaz y el joven Ramón María Díaz-Cacho Díaz-Albo.

4.7.9.3. *Otros poetas campomontieleños*

FRANCISCA HERNÁNDEZ (Cózar, 1927- Barcelona, 2000?)

Autodidacta. Bajo el apelativo «Vixi», la poetisa cozareña afincada en Barcelona, ciudad donde se integrará en los ambientes culturales publicará cuatro poemarios.

Su primer poemario es *Mi gran revelación: Poemas* (1981). Calificado como poesía erótica es el poemario *Himno al amor* (vol. 1) y *El himno más hermoso* (vol. 2) (1990). *Manantial de palabras: apartado primero 1980-1992*(1993).

DIONISIO HERNÁNDEZ DE NOVA (Cózar, 1930-Móstoles, 2015)

Autodidacta. Comienza su carrera literaria de forma tardía, con abundantes poemas de índole familiar dedicados a sus seres queridos y a su añorado pueblo. Tras el fallecimiento de su esposa inicia una nueva etapa en su obra, de carácter pesimista y con numerosos versos dedicados a su mujer. *Mi gran revelación* (2003) es una antología de experiencias, palabras y sentimientos.

DOLORES ALMANSA BUSTAMANTE (Torrenueva, 1935)

Estudió Magisterio y Bellas Artes en la Escuela Superior de Bellas Artes de Madrid. Ha mantenido una prolífica actividad artística con un lenguaje propio, su poética es rica en matices, profunda, sentida y dolida, dejando la huella de su intimidad personal. Tiene publicados varios poemarios: *Narciso y abrojos* (2007) y *Elfos por el edén de los ocasos* (2009).

Dedicada a la poeta/pintora es la monografía *Lola Almansa Bustamante, poética de los sueños atrapados* (2010) del crítico de arte José González Ortiz, donde recoge su trayectoria literaria y artística. Posee un estilo pictórico propio dentro del realismo. Su pintura costumbrista y de temas rurales, se orienta por un lenguaje expresivo con el color, la luz, resoluciones cubistas y recursos de la pintura naif.

Daniel Lillo Castellanos (Albaladejo, 1936)

Autodidacta. Su sabiduría procede de su propio ser: sus intereses, sus gustos y experiencias. Desde muy pequeño comenzó a componer y a recitar en su casa. Sus primeros escritos datan de 1962. Su primer relato es «El tonto de Nicolás», un hombre de Terrinches que, a cambio de un plato de comida, limpiaba cuadras y componía murgas del Carnaval. *Relatos, prosas y poesías* (2013) es un «pellizco literario e histórico de relato reducido y moderado» formado por un conjunto de textos misceláneos.

Restituto Núñez Cobos (Castellar de Santiago, 1942)

Su primer libro, *La liturgia de las luciérnagas* (2009), quedó accésit del premio Rosalía de Castro. Es maestro y licenciado en Filología Hispánica y profesor de Enseñanzas Medias de Lengua y Literatura (jubilado). Es autor del ensayo, en colaboración, *Didáctica y metodología de la poesía en la Enseñanza Secundaria* (1997), pero sus actividades se dirigen actualmente a la creación literaria en verso y prosa poética.

Ha obtenido multitud de premios en certámenes nacionales de poesía. En sus poemas destaca el gusto por las formas clásicas, la medida y el tiempo. Su razón de ser la encuentra en la observación del tiempo y la naturaleza. Es miembro del Grupo Literario Guadiana, en cuya revista *Manxa* colabora habitualmente.

Morisquetas de amor y otros amorismos (2012) es una selección de poemas amorosos entre 2004-2011, premiados en diversos concursos y agrupados en un pequeño libro. Otros poemarios publicados son *Papeles de estraza* (2013), *Los centauros de bronce* (2018) y *Con la amistad de las cosas* (2019).

Amalia Aparicio Jiménez (Membrilla, 1948)

Autodidacta. Con un vocabulario amplísimo e ironía muy fina y un humor extremadamente inteligente, hace muy especial su obra, donde reflexiona sobre diversos temas de actualidad y denuncia las numerosas injusticias. Refleja la vida misma, con su carga de dolor y de humor a la vez, en *Memorias de cal y tierra* (2010).

El poemario *Unas de cal y varias de arena: un poco de sátira para reflexionar y sonreír* (2015) es una reunión de poemas donde con genialidad aparecen personajes históricos e imaginados que cobran vida y fabulan las nuevas tecnologías, la vejez, la mujer, el reciclaje, la monarquía o la inmigración. Lo popular y lo trascendente junto con la reflexión y el humor confluyen en armonía.

Vicente Ballesteros Moraleda (Membrilla, 1948)

Agricultor jubilado y ávido lector; con reconocimientos en diversos concursos literarios. Tiene publicado el poemario *La poesía de los libros* (2022), fraguado en el club de lectura *mejorquele@s* de la Biblioteca Pública del Estado de Ciudad Real; un poema sobre cada uno de los libros leídos sin enjuiciar la narrativa de sus autores.

Eugenio Arce Lérida (Torrenueva, 1949)

Poeta y autor de relatos autodidacta, formado a sí mismo con tesón por su afición a la lectura y al conocimiento. Diplomado en Trabajo Social, pertenece al Grupo Literario Guadiana de Ciudad Real. Su actividad literaria se inicia en 1990 con su participación en un recital de poesía con el Grupo Artístico-Literario El Trascacho de Valdepeñas. Su inicio en la escritura fue en la poesía. Sus poemas y relatos han merecido el reconocimiento de premios en certámenes de ámbitos nacional e internacional. Cuenta con siete poemarios y tres libros de relatos y miles de artículos en prensa, la mayoría publicados en el diario provincial *Lanza.* La crítica literaria lo ha definido como un poeta que ama las palabras porque sabe que detrás de ellas se encuentra el misterio de lo imprevisible: «… como un vestigio mágico / que al hombre le fue dado por los dioses». Ama las palabras y nunca las emplea para herir sino para cantar a la vida.

Entre sus poemarios se encuentra *Yunque de luz herida* (1996), con prólogo de Juan José Guardia Polaino, donde decide calificar y llevar sus versos a la noble frontera del coraje, a esos vastos territorios en los que la inocencia no es «mutilada», siempre al contrario: busca ángeles ebrios de ternura, noches y lunas.

En *Geografía interna* (2001) resume su quehacer poético agrupando poemas dispersos. El poemario *Siempre será mañana* (2012) es un libro de deseos, con sueños de presente y de futuro. En *El hilo de Ariadna* (2015) desarrolla la vida entendida como un laberinto. *Como el sauce* (2015) es premiado en el XIX Premio Carta Puebla de Miguelturra. *Y los versos, besos son* (2018) evocan la obra de Calderón de la Barca, recopila cincuenta y cuatro poemas de temática variada; considera que los versos son o deberían ser besos para el alma. *Arquitectura del alma* (2021) recoge sus poemas premiados.

En cuanto a la narrativa, destacan los relatos *Irreal como la vida misma*, (XIII Premio de Cuentos Carta Puebla, Miguelturra (2010). *Puentes sobre mi bahía* (2010) traslada al lector al año 1718, cuando el rey Carlos XII de Suecia invadió Noruega, todo ello enmarcado en la gran guerra que libraban varias potencias del norte de Europa por el control del mar Báltico y las tierras que lo rodeaban. Como consecuencia de aquella invasión, muchos noruegos salieron de su país y deambularon por varios países europeos. A España llegaron algunas familias. Una de ellas, muy peculiar, se instaló en el pueblo almeriense de Tabernas.

La raíz y el vuelo (2022) es, en la primera parte, un reflejo de las raíces culturales, «nacidas y crecidas en uno de los muchos pueblos de la España interior y en un tiempo menos benévolo que el actual». Sin embargo, los trece relatos que conforman la segunda parte están enfocados más hacia la fantasía, la imaginación y el misterio.

Isabel Villalta Villalta (Membrilla, 1951)

Filóloga y poeta residente en Manzanares. Dedicada a la investigación etimológica y la creación literaria, aprendió a amar la poesía de la mano de su madre. Persigue «derramar en un lenguaje trabajado, pulido, íntegro, todo lo aprendido y transmitir su conocimiento y sensibilidad». Empezó con poemas a su tierra cercana, a sus hijos. Tiene pasión por la etimología de los topónimos expresando ideas y sentimientos. Ha sido premiada en diversos certámenes y figura en obras colectivas. Es comendadora de la Orden Literaria Francisco de Quevedo, fundadora y coordinadora de la revista *Raíz y Rama* en sus dos colecciones de artículos del saber «Vereda de los hombres» y literaria «Noches espirituales», además de autora de varios libros de ensayo y poesía.

En la creación literaria, como poeta ha publicado seis libros. En *Donde habita la inocencia* (2006) ofrece una reflexión sobre la inocencia y su carácter inherente en el ser humano. Expresa su particular forma de conocer y sentir la inocencia.

El poemario *Pleno de luz* (2010) está inspirado en su padre, y en él la autora rinde homenaje a todos los agricultores.

A través del otoño (2013) es un libro cargado de simbolismos donde reflexiona sobre el otoño en la naturaleza y en la edad humana.

Viaje al conflicto (2015) es un alegato sobre el dolor y el desgaste de las guerras.

El dolor de la música (2017) es una memoria de España desde el inicio de la posguerra a la actualidad. Lleva como hilo conductor y sensitivo la música y los sonidos que dan identidad a los diferentes periodos históricos de este amplio espacio de tiempo a través de los que se expresa el temperamento del país.

Diálogos (2019) es el primer poemario que publicó la autora en 1999, revisado y ampliado, recuperando otros de aquella época, con temática íntima, reflexiva y familiar.

FINI RODADO HORCAJADA (Alhambra, 1955)

Pertenece al Grupo Literario Azuer de Manzanares. Tiene publicado en ediciones Soubriet el poemario *Equipaje de vida* (1999).

CRISTÓBAL LÓPEZ DE LA MANZANARA CANO (Membrilla, 1958)

Licenciado en Farmacia y Ciencias Políticas y Sociología. Poeta y ensayista, ha sido redactor de la revista literaria *Nayagua*, subdirector de la revista de creación literaria *Cuadernos del Matemático,* que se realiza en Getafe donde vive y ejerce de farmacéutico desde 1982. Creó junto a otros poetas el Grupo Literario Azuer de Manzanares y la revista *Alacena*, fundó también la tertulia poética Buen Retiro junto con otros compañeros de su generación en Madrid. Redactor de la revista *Calicanto* de Manzanares, define su poesía como «poesía sociológica» porque siempre tiene al ser humano como referente.

Tiene publicados seis libros de poemas y ha sido antologado en el extranjero en los países de Cuba y Argentina. El primer poemario reúne poemas escritos cuando era un joven adolescente, *Episodios de la sed* (1989), lleva una cita de Luis Cernuda que define al poemario y la influencia de los poetas simbolistas.

Las pesadumbres del ozono (1991) trata de lo cotidiano; indaga a través del conocimiento para llegar a la poesía.

La voz entre palabra. Poemas 1992-1996 (1998), con funciones pedagógicas, lo escribe después de estudiar sociología enlazando con el ser humano.

El cajón de las formas. Sonetos boticarios y otras formas (2009), dedicado a la farmacia como profesión, y *Curro Chamus*ca (2013), dedicado a un personaje popular de Getafe.

En *Haikus para una primavera* (2017), prologado por el reconocido poeta José Corredor Matheos, reúne ciento cuarenta poemas dedicados a los cuatro elementos de la naturaleza: el agua, el aire, la tierra y el fuego.

El libro de los olores (2021) es un poemario testigo que contiene la esencia de todo lo que ha escrito a lo largo de su proceso creativo; el olor a frío, olor a paz, a la ropa, a la primera casa…, olores provocados por la evocación o el estado emocional.

ALFREDO JESÚS SÁNCHEZ RODRÍGUEZ (Castellar de Santiago, 1959)

Licenciado en Derecho, cultiva con la misma pasión que la poesía su faceta de cantautor. Pertenece al Grupo Literario Guadiana y tiene numerosos premios nacionales e internacionales. Escribe desde que aprendió a leer; siendo la poesía su medio de expresión. Tiene publicado en antologías colectivas y en diversas revistas literarias de la provincia de Ciudad Real: *Manxa, Quevedalia, Pan de Trigo, Calicanto* y *Raíz y Rama.*

Vinculado a la revista *Manxa* publicó su primer poemario *Resumen de amor y vida* (1975). En *Cuaderno de Campoamor* (2018) habla de plenitudes y zozobras. Plenitud de un amor en plena sazón, que lo conforta y serena. Un amor cantado con el sosiego de lo bien hallado; lo que subraya su intensidad, su fluir necesario.

Como el felino ansía la gacela: sonetos y una décima (2020) es un opúsculo de sonetos de variada temática.

El poemario *Territorios* (2021) es la travesía personal del amante en dos ámbitos físicos distintos, condicionados por la presencia y la ausencia de la amada, y un ámbito interior único y reflexivo sobre el destino, la memoria y la naturaleza del hombre.

Entre tú y el mar (2021) presenta a modo de un único texto como si discurriese a semejanza del *continuum* oceánico. En este libro el autor alcanza una esclarecida transparencia formal bellísima e intimista.

Antonia Piqueras Jiménez (Villamanrique, 1961)

Maestra, residente en Ciudad Real. Pertenece al Gupo Literario Guadiana. Colabora con las revistas *Quevedalia* y *Manxa,* y en los encuentros de poetas de Oretania. Su obra figura en diferentes obras colectivas. Ha obtenido premios por su participación en certámenes poéticos. Ha publicado varias monografías de historia local de Villamanrique y cuenta con tres poemarios: *Al silencio de los recuerdos* (2016), publicado en el monográfico de la Revista *Manxa; Pincelad*as (2021), una recopilación de poemas que definen una etapa en la vida poética de la autora del 2005 a 2020, en la que cada poema encierra una historia marcada por un sentimiento, la emoción generada en una situación concreta y son versos que pincelan el retrato del sentir de la vida, del amor, del dolor, de la amistad, de lugares con alma en los que se adentras y siente una emoción inolvidable; y *A la luz de la esperanza* (2022), con prólogo de Natividad Cepera, poemas en los que la autora, verso a verso, ha ido tejiendo una red de sentimientos con los colores de las emociones sentidas desde que se adentró en el camino de la poesía, desconocido y complicado por lo que se va encontrando; donde la alegría y el desaliento se van alternando.

Luis Fermín Moreno Álvarez (Torrenueva, 1966)

Periodista, ha sido redactor en diarios (*Sur*, *Expansión*, *Ya*) y revistas (*Pueblos del Tercer Mundo, Familia Hoy*), director de la revista *EyG,* fundador y redactor-jefe del diario digital la corriente alterna.com, miembro del consejo de redacción de la revista *Alandar* y editor de contenidos de la web pública de Aena.

El libro *En ángulo muerto* (2018) es un poemario de indudable contenido existencial y amoroso. La pasión y la vida, la experiencia y el paso del tiempo, la inocencia y el desengaño, el sexo y la muerte aparecen ante el lector como un fuego de intenso lirismo, rematado con emotivos epitafios.

Antonio Alfonsea Patón (Almedina, 1975-2017)

Autodidacta de su poesía y poeta de vocación, escribía con el propósito de que la palabra fuese un arma eficaz en favor de la cultura de un pueblo.

A sus veinticuatro años publicó un voluminoso poemario bajo el titulo de *El cuaderno de la Poesía 1995-1998* (1999), un recopilatorio de ciento ochenta y cinco poemas del tiempo indicado donde el poeta anotaba todo aquello que le inspiraba y le preocupaba. Los impulsos, los latidos de la mente y del corazón transcritos al papel por el cauce de la tinta. El prologuista dice: «Antonio, notó un día que le temblaba el alma; y en soledad empezó a escribir *La soledad*». Su amarga dulce poesía se malogró tempranamente dejando sin publicar sus más de mil doscientos poemas escritos.

Antonio Maldonado Muñoz (Villamanrique, 1982)

Empezó a transitar por el camino de las letras en Villamanrique, donde se hallan sus raíces. Con *Paseo del Cancerbero* (2011) inicia un viaje poético desde las puertas de la oscuridad, un infierno particular donde queman los recuerdos hasta su salida en busca de la luz. Por el camino experimentará sensaciones, vivirá nuevas situaciones, conocerá historias y se producirá un encuentro que puede ser muy luminoso.

En el poemario *Cementerio de barcos* (2016), si nuestras vidas son los ríos que llevan al mar, los sentimientos son barcos soplados por un sólido recuerdo que se han de hundir con el paso del tiempo; además de estos elementos supremos, el amor, la sociedad.

Luminiscencia es la propiedad que tienen algunos cuerpos de emitir luz sin elevación de temperatura, el poeta plasma la teoría poética en *Luminiscentes* (2020). También las personas emitimos una luz que absorbe y refleja todo aquello que somos: nos consume, nos ilumina, nos distrae, nos hace crecer o nos parte. Con solo existir somos seres luminiscentes.

Andrea Arjona Losa (Ossa de Montiel, 1999)

Con tan solo dieciséis años publicó esta joven autora el poemario *Sastre del desastre* (2015), que contiene poemas de pequeñas partes de la autora, de sus sentimientos, abriendo su corazón, sin ningún tipo de cirugía, permitiendo que todo el que quiera leerla se deje llevar sintiendo lo que ella sintió para cerrar poco a poco las heridas.

4.7.10. Teatro

El teatro es uno de los géneros literarios en el que más se disfruta por la puesta en práctica sobre un escenario del texto escrito. Desde el año 2012 La Solana realiza la Muestra de Teatro Campo de Montiel, una cita anual con la participación de compañías de aficionados locales y del perímetro comarcal. En ella se representan adaptaciones o libretos de Mari Carmen Rodríguez Rabadán Alhambra autora de comedias costumbristas y la obra *Gracias, Clara Campoamor* de Isabel del Rey Reguillo (La Solana, 1953), escrita en el 2015, puesta en escena en la X Muestra de Teatro Campo de Montiel y publicada en el 2022 por el Ayuntamiento de La Solana con el título de *Gracias Clara Campoamor (Biografía de Clara Campoamor)*, con ilustraciones de Juani Torrijos Díaz. Se trata de una biografía adaptada al teatro para ser representada en centros de enseñanza de Secundaria y Primaria.

Emilio Pacheco Sánchez (Montiel, 1948)

En el género dramático *Ni quito ni pongo rey: Recreación histórica en cuatro actos* (2011) y el sainete *Los amantes del rey don Pedro*, con prólogo del humorista montieleño José Mota. La primera trata de los últimos días del rey don Pedro I de Castilla en Montiel hasta que es asesinado a traición por su hermano don Enrique de Trastámara el 23 de marzo de 1369. De su quehacer narrativo se da cuenta en el apartado de la generación del 40.

Antonio García-Catalán Barchino (La Solana, 1968)

Es integrante del Grupo Literario-Artístico Pan de Trigo». Su escritura se ha centrado siempre en la producción teatral de cualquier tipo: de actores, de títeres, de objetos, monólogos, cuentacuentos o radioteatro. Además de escribir dirige un grupo de teatro y cuentacuentos, realizando diversos montajes teatrales siendo además autor de las obras, la mayoría de las cuales han sido estrenadas, aunque permanecen inéditas.

Ha publicado dos comedias: *Cinco horas con Amancio* (2016), con evidente guiño a la obra de Delibes y que el autor define como «una desadaptación del texto original»; y *La maleta (esperando a Ramón)* (2023). Ha sido premiado en diversos certámenes teatrales de ámbito nacional.

En el género de relatos ha publicado en diversas antologías y revistas, obteniendo premios y accésit.

CHEMA FABERO (Puertollano, 1960)

Poeta, novelista y dramaturgo, residente en Membrilla, autor teatral. Sus obras más significativas son *Bululú en París* (1999)*, La ceremonia* (2010), *Espantajo, una entrevista con la reina* (2016) y *Las putas del fin del mundo* (2011), que han sido representadas en España y en Argentina, y supone una reflexión sobre la condición humana ante la miseria y sobre las relaciones que esta provoca entre quienes la padecen.

Tiene, como narrador, publicadas dos novelas: *Alma breve de los pájaros* (2016) y *Orfidal Blues* (2020), que obtuvo el premio Do Peirao de novela en castellano. Es la historia de un viejo y solitario autor teatral que se dispone a escribir un diario en lo que se diría un pulso a su propia memoria, reavivando así los recuerdos más hermosos y también los más dolorosos, incluyendo el asesinato ocurrido años atrás de Miguel de Céspedes, quien fuera su amante y un reconocido actor de la escena española en los años setenta del pasado siglo.

En poesía, *Babia-Detroit* (2008) y *La boca vacía de Mauricio Coccolo* (2021), que supone el regreso de Chema Fabero al hacer poético. Dieciocho poemas seleccionados, todos ellos de amplio aliento, conforman esta entrega. Crecidos desde una apuesta decidida por el lenguaje, los textos atienden a la dialéctica entre lo vivido y lo aprendido, entre lo recordado y lo deseable, entre la luz deleble de los instantes y los asideros de lo necesario. En todos ellos es posible encontrar el rastro de lo humano en el roce de las cosas con los hechos; las lecturas y sus frutos, los posos del amor.

DAVID VÉLEZ MARTÍNEZ (Torre de Juan Abad, 1978)

Autor de decenas de textos teatrales. Director de más de cien montajes de diversos estilos, siendo producciones propias y encargos para instituciones. Autor del libro *Hacia un teatro abierto*, junto con Cecilia Anahí. Un trabajo de investigación desarrollado conjuntamente en el seno de Le Corps d'Ulan, compañía especializada en el teatro joven que ha recibido más de una decena de premios. (Para su quehacer en la narrativa ver el apartado de la generación de los 70).

4.7.11. Novela gráfica

La novela gráfica es un formato de historieta que contiene una narración unitaria, donde se presentan temas generalmente profundos e historias extensas.

Es un género de literatura en el que se cuenta una historia a través de viñetas e ilustraciones. En un sentido diacrónico, es un movimiento vanguardista del siglo XXI. A principios del nuevo siglo se produce un segundo auge de la novela gráfica, avalado por editoriales no convencionales. El término de novela gráfica se usa principalmente por editores y periodistas, pero ha encontrado resistencias entre autores y teóricos.

JULIÁN ALMAZÁN GONZÁLEZ (Villanueva de los Infantes, 1973)

Entusiasta de la cultura pop. El cine, la música, los cómics y la televisión son los cuatro pilares sobre los cuales orbita su existencia. Su pasión es comunicar y transmitir a los demás todo aquello que le interesa. Para ello utilizó diversos medios: experiencia en el mundo editorial, la ilustración y los contenidos para Internet. Es una persona versátil y creativa. Ha editado una revista impresa sobre cultura pop y otra sobre cine fantástico. Ha publicado varios cómics o novelas gráficas.

Vergüenza ajena (webcómic) es una tira para Internet en la que trata de reflejar de manera divertida cosas que ve a su alrededor. La mayoría de los personajes están inspirados en sus amigos y gente que conoce.

Marica Tú 1 (2010), es una historia sobre el amor y la soledad, que arroja una mirada reflexiva pero divertida sobre el universo gay en la España de hoy.

Madonna no existe (2011), Lance Cumson es un blogger de poca monta que vive en Nueva York, una noche tiene un encuentro fortuito con Nikki Finn, una chica que afirma ser el personaje que la popular cantante Madonna interpretó en la película de 1987, y que como Lance es una devota fan de Madonna.

En *Los Ángeles de María: en busca del brazo incorrupto de santa Teresa* (2015), ambientada en la convulsa España de mediados de los ochenta, tres niños de Morata de Tajuña, un pequeño pueblo de Madrid, reciben la visita de un ser que dice ser la Virgen y les concede tremendos poderes.

CERTÁMENES, ENCUENTROS, MUESTRAS, REVISTAS DE CREACIÓN LITERARIA

El Campo de Montiel tiene tradición literaria de siglos, hay una pléyade de poetas y de escritores, como se ha demostrado en el *corpus* central de este trabajo bajo el título *El Campo de Montiel a través de la literatura*.

Con el fin de dar a conocer la creación y producción literaria, diversas entidades municipales y grupos literarios han convocado o convocan concursos y certámenes tanto en prosa como en poesía, a nivel local, nacional e internacional.

El Ayuntamiento de La Solana convocó en 1968 el I Certamen Nacional de Poesía. En 1978 nació en La Solana el Grupo Poético Quintería que en 1985 celebró su última actividad pública.

Este grupo poético creó un certamen poético en el que, en lugar de premios en metálico, se entregaban símbolos de la tierra. Un «Quijote» de forja, el «Terriza» que representa la tierra, y el tercero «El Segador», en homenaje a herreros y segadores de la tierra. En la tercera edición crearon nuevos símbolos dedicados a otras cosechas de la tierra a los que se dio nombre de «Viñador», «Azafranero» y «Olivarero», que permanecieron a lo largo de las seis ediciones siguientes del certamen, encargándose de su elaboración, de una forma artesanal, el componente del grupo Luis Romero de Ávila.

En 1989 ocupó el vacío dejado por Quintería el Grupo Artístico-Literario Pan de Trigo, que celebró su I Certamen en 1990 y empezó publicando revistas literarias de carácter trimestral que contenían ilustraciones y en 1991 creó una sección musical con el motivo de enriquecer los numerosos recitales poéticos que organizaba. Más tarde acogieron también el arte dramático. Este Grupo Literario edita la revista de creación literaria con el

Portada de la revista *Pan de Trigo* de La Solana, enero de 2009.

mismo nombre del Grupo Pan de Trigo. En noviembre de 2022 el grupo entregó los premios del XXXII Certamen Literario Nacional. Una intensa labor literaria y escénica desarrollada por este grupo: han editado sesenta y cuatro revistas literarias (hasta el año 2015), trece libros monográficos en la Colección Tahona y cuatro en la Colección Espiga; veinte cuadernillos con los trabajos premiados.

En 1980, con motivo del nacimiento del poeta Francisco de Quevedo, el Ayuntamiento de Villanueva de los Infantes fundó la Orden Literaria Francisco de Quevedo, estableciendo en su estatuto una jerarquía al estilo caballeresco según el espíritu de las órdenes militares, creando los premios de Investidura de Gran Comendador al premio dedicado a don Francisco de Quevedo; Investidura de Comendador al premio La Mancha; Investidura de Caballero al premio de Tema Libre, siendo sustituido posteriormente el premio La Mancha por el premio El Buscón, dirigido a poetas jóvenes.

A través de la Orden Literaria Francisco de Quevedo se convoca anualmente desde 1980 el Certamen Poético Internacional dedicado al poeta. En los atardeceres del día 29 de agosto se celebra el acto de la entrega de los premios al uso y costumbre del Siglo de Oro. En su larga trayectoria han sido galardonados poetas y escritores de prestigio. En el año 2010 la joven escritora María Zaragoza consiguió el premio El Buscón con el poema «La canción de Silvia». Los poetas Juan José Guardia Polaino y Presentación Pérez González coordinan la publicación anual *Quevedalia: Revista de Creación Literaria*, una revista editada por la Orden Literaria Francisco de Quevedo. La edición número 7 está dedicada a poetas del Campo de Montiel.

Ejemplares de la revista *Quevedalia* de Villanueva de los Infantes.

Membrilla ha sido prolífico en certámenes literarios. Con motivo de las fiestas patronales convocaba el Certamen Literario Local Desposorios, en prosa y verso; el Grupo Literario Airén, el Certamen Literario Membrilla, La del galán de Lope, con diversas modalidades; y otros denominados Certamen Literario Villa de Membrilla, Certamen Literario Rosa del Azafrán de Membrilla, Certamen Poético Vino Nuevo- Farandulero, con una sola edición en 2019.

La revista *Raíz y Rama: noches estivales*, de creación literaria está dirigida desde Manzanares por la filóloga de Membrilla Isabel Villalta.

La Asociación La Encomienda de Montiel en 2021 convocó el I Premio Internacional de Novela Histórica Villa de Montiel, recayendo el galardón en la novela *El vuelo de los vencejos* de Manuel Rivas Cabezuelo.

Torre de Juan Abad convoca el Concurso de Relatos Cortos; el Ayuntamiento de Villahermosa desde 2010 convoca el Certamen Literario Nacional Fernando Ballesteros Saavedra; Villamanrique, el Certamen Nacional de Poesía Jorge Manrique; y Castellar de Santiago, el Certamen Nacional de Poesía Villa de Castellar de Santiago.

Jornadas y encuentros de poesía donde hilan palabras y cosen versos, en Montiel el grupo lo lidera Pepa Campoy con presentaciones y lecturas de poemas.

Los encuentros entre poetas suelen recoger antologías donde cada uno de ellos nos deja su verbo entrelazado. Los encuentros del Grupo Literario Oretania están coordinados por el solanero Luis Díaz-Cacho Campillo, donde los poetas de la provincia se reúnen cada año en una localidad y el encuentro queda recogido en una antología poética.

NOTAS

[1] Este romance es una versión de «La dama y el pastor», recogida en el *Romancero tradicional de Ciudad Real* por el folklorista y medievalista Jerónimo Anaya, que puede tener alguna variante con la versión aparecida en el *Romancero tradicional de las lenguas hispánicas*.

[2] Este romance popular es una versión de Villanueva de los Infantes. Informante: Concepción Villar Medina, de 91 años. Recogido el 24 de septiembre de 2023.

[3] Pella (comida): amasado de harina de cebada.

[4] Seguidilla: estrofa lírica destinada al canto y al baile de arte menor formada por cuatro versos.

[5] Esta tesis fue mantenida con fuerza por el escritor Federico Romero en el primer tercio del pasado siglo, cuando afirmó que Miguel de Cervantes estuvo en ocasiones en La Solana. Publicó en la revista *Manantial* en 1957 el artículo «Cervantes en La Solana». Su aseveración se basaba en los mismos parámetros que los utilizados por los catedráticos de la Universidad Complutense de Madrid, en su estudio *El lugar de la Mancha es...* (A. G. Cervigón, *La Tribuna*, 15 de diciembre de 2004).

[6] Si el «lugar de la Mancha» está a dos días de Puerto Lápice, a dos días de Sierra Morena, a tres días y una noche de El Toboso, un día y una noche de Munera (Punto Tarfe): Villanueva de los Infantes es el «lugar de la Mancha». Frase del comienzo del *Quijote*, un lugar del Campo de Montiel.

[7] Los datos de este humanista, traductor y pedagogo, nacido en la cercana Alcaraz (Albacete), como preceptor en el «Estudio» de Villanueva de los Infantes, es a través de menciones de alabanzas a su persona que hacen Ambrosio de Ondériz, Jiménez Patón y Lope de Vega en sus obras.

[8] J. de Entrambasaguas, en *Lope de Vega y su tiempo*, al hablar de la formación académica de Lope, ilustra el haber sido discípulo de dos grandes figuras de proyección mundial en las ciencias y en las artes, el ilustre geógrafo Juan Bautista de Labaña y Ambrosio de Ondériz.

[9] En 1550 Juan Pérez Canuto, junto con su mujer María Gomez Hinojedo fundaron un mayorazgo. En 1554 testifica a favor de la hidalguía de los Ballesteros Saavedra y dice tener 71 o 72 años.

[10] Juan Pérez Cañuto, propietario del mesón ubicado en la calle del Juego de la Pelota en 1535 y según las *Relaciones Topográficas* (1575) en la respuesta cincuenta y cuatro, había donado una casa particular donde se hizo el hospital de Santiago.

[11] *Lanza*, 2 de noviembre de 2015.

[12] Legado de Miguel Hernández, Diputación de Jaén.
https://www.dipujaen.es/miguelhernandez/catalogo/viewer.vm?id=0000353984&page=1&search=&lang=es&view=mh

[13] Espido Freire en las Jornadas Literarias de 2003 plasmó en el libro de firmas en la clausura la dedicatoria: «Terminan las palabras. Comienza el pensamiento. El año que viene. acudid, 'palabras nuevas'» (8 de agosto de 2003).

[14] En «El Quijotismo revolucionario de Mateo Santos», publicado en Juan Antonio Ríos Carratalá, *Hojas volanderas: Periodistas y escritores en tiempos de República*, Sevilla, Renacimiento, Alicante. Publicaciones de la Universidad de Alicante, 2011, pp. 134-244.

[15] Microsoft Word - cerv_nicanor_parra_2011.doc (culturaydeporte.gob.es).

BIBLIOGRAFÍA Y FUENTES

1. BIBLIOGRAFÍA DE CONSULTA Y REFERENCIA

Albores de Espíritu. Revista mensual de exaltación manchega: 1946-1949, edición facsímil, Ciudad Real, Biblioteca de Autores Manchegos, 2010

ANAYA FLORES, J.: *Romances tradicionales de Ciudad Real (Antología)*, Ciudad Real, Biblioteca de Autores Manchegos, 1999.

ARMERO, G. (ed.): «Federico García Lorca: vida poesía», en *Revista Ilustrada de Información Poética*, 1998, núm. 43, pp. 263-264.

ARROYO SERRANO, S.: *Pensar La Mancha. Antología de textos*, Toledo, Empresa Pública Don Quijote de la Mancha, 2005.

BALLESTEROS SAAVEDRA, F.: *El regidor cristiano*, Madrid, RCU, 2013.

BAROJA, P.: «Sobre la ruta del General Gómez por los caminos de España», en *Estampa*, 1935, núm. 379, pp. 37-38.

BAUTISTA NARANJO, E.: *Un americano en La Mancha tras las huellas de don Quijote*, Ciudad Real, Centro de Estudios de Castilla-La Mancha, 2010.

BAYO, J.: *Federico García Lorca en La Mancha*, Puertollano, FAMPA, 1998.

BLÁZQUEZ, A.: «La Mancha en tiempos de Cervantes», en *Boletín de la Real Sociedad Geográfica*, 1905, núm. 48, pp. 307-333.

BOSCH, M. C.: «Pedro Ambrosio de Ondériz y Bartolomé Jiménez Patón, traductores de la *Primera lamentación de Jeremías*» en *Studia Philologica Valentina*, 2001, vol. 13, n.s. 10, pp. 231-248.

CABALLERO, F.: *Pericia geográfica de Miguel de Cervantes demostrada con la historia de Don Quijote de la Mancha*, Cuenca, Universidad de Castilla-La Mancha, 2006.

—: «Mapa del Campo de Montiel», en *Boletín de la Real Sociedad Geográfica*, núm. CXLI, 2005, pp. 371-373.

—: «Mapa del Campo de Montiel», en Cesáreo Fernández Duro, *Conocimientos geográficos de Cervantes*, Madrid, Imprenta de Artillería, 1905, pp. 75-77.

CABAÑAS BRAVO, M.: «De la Mancha a México: la singular andanza de los artistas republicanos Gabriel García Maroto y Miguel Prieto», en *Migraciones y exilios*, 2005, pp, 43-64.

CAMPOS Y FERNÁNDEZ DE SEVILLA, F. J.: «Notas sobre Villanueva de los Infantes en la primera mitad del siglo XVII», en *Anuario Jurídico y Económico Escurialense*, 1999, núm. 32, pp. 1059-1090.

—: *Santo Tomás de Villanueva, agustino, arzobispo en la España del siglo XVI*, Madrid, Ediciones Escurialenses, 2001.

—*: Los pueblos de Ciudad Real en las Relaciones Topográficas de Felipe II*, Ciudad Real, Diputación Provincial, 2009.

—: *«El Regidor Cristiano» de Fernando Ballesteros Saavedra,* San Lorenzo de El Escorial, 2012.

—: «El Campo de Montiel en la época de Cervantes», en *Anales Cervantinos*, núm. XXXV, 1999, pp 37-73.

—: *Hidalgos del Campo de Montiel en la época de Cervantes: los Ballesteros y Saavedra*, Madrid, RCU, 2015.

CAÑIGRAL CORTÉS, L.: «Literatura y Humanismo. Siglos XV al XVIII «, en Luis de Cañigral Cortés y José Luis Loarce Gómez (coord.), *La provincia de Ciudad Real (III): Arte y Cultura*, Ciudad Real, Biblioteca de Autores Manchegos, 1992, pp. 307-345.

—: *Aspectos y figuras del Humanismo en Ciudad Real*, Ciudad Real, Biblioteca de Autores Manchegos, 1990.

CAUCIVON DAUKEN, P.: *El viaje del príncipe Cosimo dei Medici por España y Portugal*, Santiago de Compostela, Xunta de Galicia, 2004.

CERRILLO, P.: *Literatura oral y literatura escrita,* 2007.

CERVANTES, M. de: *Novelas ejemplares*, Madrid, Cátedra, 2009.

CHAPARRO CONTRERAS, C.: *La memoria en plata: una historia social de la fotografía en el Campo de Montiel,* Ciudad Real, BAM, 2014.

CLEMENTE PLIEGO, A.: *El Cancionero popular de Castellar de Santiago*, Madrid, Mitaforas, 2018.

—: *Tesoros encontrados en Castellar de Santiago y aledaños: de la leyenda la realidad*, Madrid, Mitaforas, 2018.

COLÓN, F.: *Descripción y cosmografía de España,* Madrid, 1908.

CORCHADO SORIANO, M.: *Avance de un estudio geográfico-histórico del Campo de Montiel*, Madrid, Instituto de Estudios Manchegos, 1971.

ECHEVARRÍA BRAVO, P.: *Cancionero musical manchego*, Ciudad Real, Consejo Superior de Investigaciones Científicas, 1984.

—: «El folklore en el Campo de Montiel y Calatrava», en *Revista de Folklore*, tomo 3, núm. 29, 1983.

Enciclopedia Universal Ilustrada, Madrid, Espasa Calpe, 1920.

Estimación de los niveles de renta por habitante en los municipios de Ciudad Real, Ciudad Real, Diputación Provincial, 2001.

FALCONIERI, J.V .: «Los antiguos corrales en España», en *Cuadernos del Instituto del Teatro*, núm. 11. Barcelona, Diputación Provincial, 1965.

GARCÍA DE LEÓN, E.: *La Mancha: un tópico literario,* Valencia, Broquil, 2006.

GARCÍA HUETOS, A. y A. VILLAVERDE GIL: *Paisajes literarios de Castilla-La Mancha*, Guadalajara, Llanura, 2016.

GARAU, J.: «El Humanismo de Bartolomé Jiménez Patón a la luz de nuevos textos», en *Rilce*, 2014, núm. 30.2, pp. 359-382.

—: «El virtuoso discreto, un libro inédito de Bartolomé Jiménez Patón», en *Criticón, núm.* 59, 1993, pp. 67-81.

GIJÓN JIMÉNEZ, V.: «La Mancha y los campos de Montiel y Calatrava en los relatos de viaje del Siglo de Oro», en *Revista del Departamento de Historia del Arte y Música de la Universidad del País Vasco*, Bilduma Ars, núm. 5, 2015, pp. 9-27.

GIMÉNEZ CABALLERO, E.: *Julepe de menta y otros aperitivos*, Barcelona, Planeta, 1981.

GÓMEZ CANSECO, L.: «El Campo de Montiel como paraje mágico en el Siglo de Oro», en *La razón es aurora. Estudios en homenaje a la profesora Aurora Ejido*, Zaragoza, Institución Fernando el Católico, 2017, pp. 321-331.

GÓMEZ DE LA SERNA, G.: *Castilla la Nueva*, Barcelona, Destino, 1964.

GÓMEZ-PORRO, F.: *Avena Loca: miradas y noticias de literatura en Castilla-La Mancha,* Madrid, Celeste, 1998.

—: *La tierra iluminada: un diccionario de Castilla la Mancha*, Toledo, Junta de Comunidades de Castilla-La Mancha, 2003.

GÓMEZ MAYA, J.: «Muestreo de la novela de Campus española», *en Monteagudo*, 2022, núm. 27, pp. 179-200.

HERZIG, C.: «La polémica en torno a la 'Aprobación del padre fray Manuel de Guerra y Ribera (1682-1684) y la moralización de la Comedia'», en *Criticón, núm.* 103-104, 2008, pp. 81-92.

JACCACI, F. A.: *El camino de don Quijote (Por tierras de la Mancha)*, Madrid, Ediciones de la Lectura, 1916.

JAURALDE POU, P.: *Francisco de Quevedo (1580-1645),* Madrid, Castalia, 1999.

JIMÉNEZ GARCÍA, M. A.: «El mayo a las damas de Villanueva de los Infantes y su relación con el *Quijote*», en *Lanza*, 27 de abril de 2005, p. 2.

—: «Villanueva de los Infantes: Ciudad Literaria», en Luis Matamoros Ventoso y Felipe Cuenca Jaramillo (coord.), *Por tierras del Campo de Montiel: Primer paseo literario*, Madrid, Villavento, 2006.

—: *El Campo de Montiel de Don Quijote y Sancho: Aventura literaria y gastronómica*, Ciudad Real, Biblioteca de Autores Manchegos, 2010.

—: «Lux Gentium: de Libris et Vita de Sancti Thomae de Villanova», en Carlos Chaparro Contreras (coord.), *Lux Gentium Santo Tomás de Villanueva. Arte, Devoción y Literatura en el Campo de Montiel*, Villanueva de los Infantes, Ayuntamiento, 2018.

—: «Imprenta, librerías y comercio del libro en Villanueva de los Infantes a través de su historia», en *Quevedalia,* edición especial VI Centenario, Villanueva de los Infantes, 2021, pp. 21-27.

—: «Pedro Ambrosio de Ondériz, matemático, cosmógrafo», en Enrique Barra y Alfonso González-Calero (coord.), *Ciencia y técnica en Castilla-La Mancha. Diccionario biográfico (nombres y hechos)*, Toledo, Almud, 2020.

JIMÉNEZ PATÓN, B.: *Decente colocación de la Santa Cruz*, 1635.

—: *Comentarios de erudición Libro decimosexto*, Madrid, Iberoamericana, 2010.

JIMÉNEZ MONTALVO, M.: «Sobre algunas oraciones piadosas de Terrinches (Ciudad Real)», en *Revista de Folklore*, 2000, núm. 237, pp. 91-96.

LARRETA, J. y F. PRIETO: *La vuelta a La Mancha a pie*, Valdepeñas, Gráficas La Región, 1923.

LÓPEZ DE AYALA, P.: *Las muertes del rey don Pedro,* Madrid, Alianza, 1971.

LOSA SERRANO, P.: *Letrados, juristas y burócratas en la España moderna*, Cuenca, Universidad de Castilla-La Mancha, 2005.

LOZANO CABEZUELO, J. M.: *Francisco de Quevedo desde Torre de Juan Abad*, Torre de Juan Abad, Ayuntamiento, 2007.

—: «Quevedo y el Campo de Montiel», en *La Ruta: Boletín de Comunicación de la Asociación Amigos del Campo de Montiel*, 2001, núm. 7, pp. 20-21.

MADRID MEDINA, A.: «El castillo de Rochafrida entre la literatura y la historia», en *Revista de la Facultad de Geografía e Historia*, 1989, núm. 4, pp. 351-367.

—: «Villanueva de los Infantes y su arte», en *Cuadernos de Estudios Manchegos*, 1974, núm. 5, pp. 7-74.

MADROÑAL DURÁN, A.: *Humanismo y filología en el Siglo de Oro en torno a la obra de Bartolomé Jiménez Patón*, Frankfurt am Main, Vervuert, Iberoamericana, 2009.

MARTÍNEZ VALL, J. M. (sel.): *Jornadas Literarias por la Mancha*, Ciudad Real, Delegación Provincial de Educación, 1954.

MENÉNDEZ Y PELAYO, M.: *Historia de las ideas estéticas de España (siglos XVI, XVII y XVIII)*, Madrid, Consejo Superior de Investigaciones Científicas, 1962.

—: *Estudios sobre el teatro de Lope de Vega*, Madrid, Librería General de Victoriano Suárez, 1921.

—: *Orígenes de la novela*, Madrid, CSIC, 1962.

MOLINA CHAMIZO, P.: *De la fortaleza al templo: arquitectura religiosa de la Orden de Santiago en la provincia de Ciudad Real*, 2 tomos, Ciudad Real, Biblioteca de Autores Manchegos, 2006.

MORALES, F.: «Al habla con Federico García Lorca», en Gonzalo Armero (ed.), en *Revista Ilustrada de Información Poética, núm.* 43, Granada, Huerta de San Vicente,1998, pp. 263-264.

MORO, T.: *Utopía*, Madrid, Alianza, 1977.

—: *Utopía*, Madrid, Akal, 1985.

MOYA GARCÍA, C.: *Dos modelos de teatro en Almagro: El Corral de Comedias y el Teatro Coliseo Municipal*, Puertollano, Ediciones C&G, 2008.

NAVARRO CASTELLANOS, G.: *Discursos políticos, y morales en cartas apologéticas, contra los que defienden el uso de las Comedias Modernas que se representan en España, en comparación del teatro antiguo y favorecen nuestros desordenes, desacreditando las virtudes de algunos Filósofos de los más principales. Primera y segunda parte*, Madrid, Imprenta Real, Mateo de Llanos, 1684.

NAVARRO LEDESMA, F.: «La tierra de don Quijote», en *Blanco y Negro. Revista Ilustrada*, núm. 731, 6 de mayo de 1905.

ORTEGA CÉZAR, J.: *Jorge Manrique a través del tiempo (estudio y antología),* Toledo, Junta de Comunidades de Castilla-La Mancha, 2007.

PADILLA MORENO, J.: *Antonio Rodríguez Huéscar o la apropiación de una filosofía*, Madrid, Biblioteca Nueva, 2004.

PARRA LUNA, F.: *El lugar de la Mancha es...: El Quijote como un sistema de distancias/tiempos,* Madrid, Universidad Complutense, 2005.

PARRILLA ALCAIDE, C. y M. PARRILLA NIETO, M.: *Linajes y blasones del Campo de Montiel Estudio heráldico de los escudos y genealogía de sus titulares*, Ciudad Real, Biblioteca de Autores Manchegos, 2003.

PERAITA, C.: *Gobernar la república interior, enseñar a ser súbdito: hagiografía y sociedad cortesana en Quevedo: «Epítome a la vida de Fray Tomás de Villanueva» de Francisco de Quevedo*, Pamplona, EUSA, 2012.

PÉREZ LÓPEZ J. L.: «Una hipótesis sobre don Quijote de Avellaneda: de Liñán de Riaza a Lope de Vega», en *Lemir. Revista de Literatura Española Medieval y del Renacimiento*, núm. 9, 2005.

PLANCHUELO, G.: *Estudio del Alto Guadiana y de la altiplanicie del Campo de Montiel, Ciudad Real,* Instituto de Estudios Manchegos, 1954.

PORRAS ARBOLEDA, P.: «Fiestas y diversiones en Ocaña a comienzos del siglo XVI: Corpus Christi, toros, juegos de pelota, mancebías, etc.», en *Cuadernos de Historia del Derecho*, 2010, pp. 507-567.

PRIETO LORENZO, A.: «Vida y obra del licenciado Juan de Cueto y Mena la injusticia de un olvido», en *Boletín de la Sociedad Española de Historia de la Farmacia*, 1967, núm. 69, pp. 1-21.

QUEVEDO, F.: *Execración contra los judíos*, Barcelona, Crítica, 1996.

—: *Vida de santo Tomás de Villanueva*, Guadarrama, Revista Agustiniana, 2006.

RIQUER, M. y J. VALVERDE, J.: «La épica medieval», en *Historia de la Literatura Universal*, Barcelona, Planeta, 1998.

RIUS CARRATALÁ, J. A.: «El Quijotismo revolucionario de Mateo Santos», en *Hojas volanderas. Periodistas y escritores en tiempos de la República,* Sevilla, Renacimiento, Alicante, Universidad de Alicante, 2011.

RODRÍGUEZ HUÉSCAR, A.: «El hombre de Montiel: la rebelión contra el tiempo», en *Revista La Mancha*, 1991, núm. 1, pp. 27-48.

RODRÍGUEZ HUÉSCAR, E.: «Fernando Ballesteros Saavedra 'El Regidor Cristiano'», en *Cuadernos de Estudios Manchegos*, 1982, 13, pp. 25-43.

RODRIGO, A.: *Almagro y su Corral de Comedias*, Ciudad Real, Instituto de Estudios Manchegos, 1971.

ROMERO, D. y A. RIOJA: *Andanzas de Sancho Panza tras la muerte de su amo: la provincia de la Mancha: un manuscrito inédito del fraile Jerónimo Juan de Valenzuela,* Toledo, Ediciones DB, 2005.

RUBIO, C. J.: *El Campo de Montiel en la Edad Media*, Ciudad Real, Biblioteca de Autores Manchegos, 2017.

SANTOS GALLEGO, S.: «El más literario de nuestros monumentos históricos: el Castillo de Rochafrida», en *Al-Basit*, 1975, núm. 8, pp. 26-30.

SÁNCHEZ MARTÍNEZ, R. F.: *El teatro comercial en Murcia durante el siglo XVII*, Murcia, Universidad de Murcia, 2005.

SEPULVEDA, L.: *Cancionero de romances,* Madrid, Castalia, 1967.

SERNA, V.: *Nuevo viaje de España: vía del Calatraveño*, Madrid, Maeva, 2000.

SIMARRO FERNÁNDEZ DE SEVILLA, C.: «Un posible origen del mayo a las damas», en *Manxa*, 2004, núm. 31, pp. 51-54.

TORRIJOS CARRILLO, J. M.: «Santo Tomás de Villanueva en la literatura», en *Santo Tomás de Villanueva en el quinto Centenario de su nacimiento*, Instituto de Estudios Manchegos, 1989.

VALVEY, A.: «La bella Jámila», en *El País*, Madrid, 10 de agosto de 2001.

VILLANUEVA, Santo Tomás de: *Sermones de la Virgen y obras castellanas*, Madrid, Biblioteca de Autores Cristianos, 1953.

—: *Conciones. Obra completa,* Madrid, Biblioteca de Autores Cristianos, 2010.

VILLAR, A. y J. VILLAR: «Daniel Urrabieta Viergé, un ilustrador del Quijote casi olvidado», en *Añil*, núm. 3, 2005.

VILLAR ESPARZA, C.: *Villamanrique. Tierra de Historia y de poetas,* Ciudad Real, Diputación Provincial, 2011.

—: «Mitología popular (Campo de Montiel)», en *Revista de Folklore,* tomo 24, núm. 282, 2004.

VIVAR, F.: «El caballero del Verde Gabán y el caballero de los Leones: la plenitud del encuentro», en *Anales Cervantinos*, 2004, núm. 36, pp.165-186.

2. BIBLIOGRAFÍA DE OBRAS DE CREACIÓN LITERARIA CITADA

VIII Encuentro Oretania de Poetas «Palabra de Dios», Puertollano, Ediciones C&G, 2016.

ALFONSEA PATÓN, A.: *Cuaderno de la Poesía 1995-1998,* s.l., s.n., 1999.

ALFONSEA REDONDO, R.: *Hijos de la Mancha*, Madrid, Claudia, 2009.

—: *El acero de la palabra*, Granada, Dauro, 2016.

ALHAMBRA MORENO, F.: *Versos de noche clara*, La Solana, Grupo Artístico Literario Pan de Trigo, 1996.

—: *Desde esta orilla*, La Solana, Grupo Artístico Literario Pan de Trigo,1997.

ALHAMBRA PÉREZ, P.: *Algunas mujeres solas*, Editorial Julio Jiménez Prieto, 2019.

—: *Algunos hombres solos,* Editorial Julio Jiménez Prieto, 2020.

—: *Josefina, historia de una mujer*, Seshat Literaria, 2022.

ALMANSA BUSTAMANTE, D.: *Narciso y abrojos*, Ciudad Real, José González ed., 2007.

—: *Elfos por el Edén de los ocasos,* Ciudad Real, José González ed., 2009.

—: *Lola Almansa Bustamante, poética de los sueños atrapados.* Ciudad Real, Iniciativas Literarias, 2010.

ALMAZÁN GONZÁLEZ, J: *Marica tú*, Barcelona, Editores de Tebeos, 2010.

—: *Madonna no existe*, Alicante, Ediciones Ponet, 2011.

—: *Los Ángeles de María: en busca del brazo incorrupto de santa* Teresa, s.l., Roberto Bartual, 2015.

AMADOR SANTOS, T.: *La tía Juncona*, Ciudad Real, Biblioteca de Autores Manchegos, 2017.

APARICIO JIMÉNEZ, A.: «Memorias de cal y tierra», en *Memaria,* Membrilla, Ayuntamiento, núm. 2 , abril de 2010, pp. 173-168.

—: *Unas de cal y varias de arenas: un poco de sátira para reflexionar y sonreír,* Membrilla, Dosemes, 2015.

ARCE LÉRIDA, E.: *Yunque de luz herida*, Ciudad Real, Biblioteca de Autores Manchegos,1996.

—: *Geografía interna*, Ciudad Real, Grupo Literario Guadiana, 2001.

—: *Irreal como la vida misma*, Miguelturra, Ayuntamiento de Miguelturra, 2010

—: *Siempre será mañana*, San Francisco de campeche, México, Casa Maya de la Poesía, 2012.

—: *El hilo de Ariadna*, Onda, Ayuntamiento de Onda, 2015.

—: *Como el sauce*, Miguelturra, Ayuntamiento de Miguelturra, 2015.

—: *Y los versos, besos son*, Ocaña, Lastura, 2018.

—: *Puentes sobre mi bahía*, Ocaña, Juglar, 2020.

—: *Arquitectura del alma*, Ciudad Real, Grupo Literario Guadiana, 2021.

—: *La raíz y el vuelo*, Ciudad Real, Mahalta, 2022.

ARJONA LOSA, A.: *Sastre del desastre*, Málaga, Editorial Seleer, 2015.

ARCOS RUIZ, A.: *Cuando florezcan los cerezos,* s.l., Baker Street, 2022.

BALLESTEROS MORALEDA, V.: *La poesía de los libros.* Puertollano, Ediciones C&G, 2022.

BLANCO REDONDO, J. A.: *La luna de la cosecha,* Ciudad Real, Biblioteca de Autores Manchegos, 2017.

BOQUERA, A.: *Unas espuelas de oro robadas,* Zaragoza, Mira, 2008.

CABANILLAS REGUILLO, J.: *Ensayo y poemas,* Villanueva de los Infantes, edición del autor, 1999.

CALDERÓN DE LA BARCA, P.:» El médico de su honra», en *Dos tragedias*, Madrid, Espasa, 1978.

CAMPOS Y FERNÁNDEZ DE SEVILLA, F. J.: *Poemas de barro,* Málaga, 1982.

—: *Nos fue prometida esta tierra,* Madrid, RC Santa Cristina, 1983.

—: *Textos para el caminante, Madrid,* RC Santa Cristina, 1996.

—: *Palabras y silencios*, Madrid, RCU.

CAÑAVERAS, F.: *El barracón de las mujeres*, Madrid, Espasa, 2024,

CARRASCO MARTÍNEZ, C.: *Dos cuentos de profesores*, Cáceres, s.n., 1935.

—: ¿Y el último crimen?, s.l., s.n.

—: Tres españoles y algunos más, Cáceres, Imprenta Moderna, 1949.

—: A bordo de un teléfono, Madrid, Taurus, 1958.

—: Crimen en el museo, Madrid, Aguilar, 1976.

CASTELLANOS GALLEGO, A.: Memoria, Granada, Aliar, 2023.

—: A las ocho en el Pilar, Ciudad Real, Biblioteca de Autores Manchegos, 2024.

CASONA, A.: El caballero de las espuelas de oro, Madrid, Espasa Calpe, 1972.

CERVANTES SAAVEDRA, M.: Don Quijote de la Mancha, Madrid, Planeta, 1989.

—: Don Quijote de la Mancha, Barcelona, Galaxia Gutenberg, 2004.

—: Don Quijote de la Mancha, Madrid, Austral, 2007.

—: Novelas ejemplares, Madrid, Cátedra, 2005.

CHAPARRO RIAZA, M.: Polvo, Madrid, Eride, 2012.

COPPARI, R. G.: Viral, Valencia, Talón de Aquiles, 2023.

CUETO Y MENA, J.: Obras, Bogotá, Instituto Caro y Cuervo, 1952.

CUERDA GONZÁLEZ, E.: La casita del trigo, Círculo, 2019.

DÍAZ CACHO CAMPILLO, L.: Versos para el amor y la esperanza, Tomelloso, Soubriet, 2002.

—: Reflexiones de un instante, Ciudad Real, Angama, 2004.

—: Y también los Molinos sueñan, Ciudad Real, edición del autor, 2008.

—: En el Sahara las palomas comen cuscús, Puertollano, Ediciones C&G, 2016.

—: En mi nube de algodón, Ciudad Real, edición del autor, 1994.

—: Mi voz al viento, La Solana, Pan de Trigo, 1995.

—: En busca de tu nombre, Tomelloso, Soubriet, 1998.

—: Cartas de amor para ti, Tomelloso, Soubriet, 2001.

—: A golpe de verso y palabra, La Solana, edición del autor, 2006.

—: Cartas de amor desde Toledo, Ciudad Real, edición del autor, 2009.

—: Poemas para vivir cada día, Puertollano, Ediciones C&G, 2010.

—: Nos debemos la paz, Puertollano, Ediciones C&G, 2014.

—: Cartas de amor para Mavi, Puertollano, Ediciones C&G, 2017.

—: Vivir cada día, Puertollano, Ediciones C&G, 2021.

DÍAZ-CANO ARÉVALO, M.: Marie, Aranjuez, Atlantis, 2017.

—: El viaje y la ciudad, Madrid, edición de la autora, 2019.

—: El río y la tierra, Madrid, edición de la autora, 2019.

—: Capitán Lung, Amazon, e-book, 2022.

ENRÍQUEZ CALLEJA, I.: Las tres celdas de sor Juana Inés de la Cruz, Talls. Gráficas de la Editorial Intercontinental, 1953.

FABERO, C.: Babia-Detroit, Puertollano, Intuición, 2008.

—: Alma breve de los pájaros, Puertollano, Intuición, 2016.

—: Orfidal Blues, Santiago de Compostela, Tandaia, 2020.

—: La boca vacía de Mauricio Coccolo, Ciudad Real, Malhata, 2021.

FERNÁNDEZ ALMAZÁN, J. M.: *Morir del todo,* Ciudad Real, Cueva de Montesinos, 2009.

FERNÁNDEZ-CAMUÑAS CALERO, A.: *Marmaria*, Albacete, Uno Editorial, 2022.

FERNÁNDEZ DE SEVILLA, B.: *Paraísos domésticos,* Sevilla, edición de la autora, 2023.

FERNÁNDEZ DE SILVA, J.: *El café de las desilusiones*, Villanueva de los Infantes, edición del autor, 1998.

—: *Noche y yo,* Madrid, Legados, 2015.

—: *Música lejana*, Madrid, Hiperión, 2020.

FERNÁNDEZ MONTOYA, A.: *La casa sumergida y otros poemas: La maison submergeé et autres poémes*, Granada, Imprenta del Arco, 2022.

GALA, A.: *Las cítaras colgadas de los árboles,* Seminario multidisciplinar José Emilio González, Facultad de Humanidades Universidad de Puerto Rico, 1974.

—: *Ahora hablaré de mí*, Barcelona, Planeta, 2000.

GALÁN GALL, A. L.: *El culo del rey,* Coruña, D93, 2020.

GARCÍA-CATALÁN BARCHINO, A.: *Cinco horas con Amancio*, Ciudad Real, Ñaque, 2016.

—: *La maleta (Esperando a Ramón)*, Santa Coloma de Gramenet, Paralelo Sur Ediciones, 2023.

GARCÍA DE LA CALERA, I.: *Arthur Pendragón y la guerra por Camelot,* Almería, Círculo Rojo, 2021.

GARCÍA MERINO, M.: *Septiembre puede esperar*, Madrid, Ringo, 2019.

GARCÍA SANTOS, J. A.: *Travesía*, Sevilla, Premium editorial, 2016.

—: *Noir Francine*, A Coruña, Tasdaia, 2018.

GARCÍA PAVÓN, F.: *Vendimiario de Plinio,* Barcelona, Destino, 1972.

—: *Voces en Ruidera,* Barcelona, Destino, 1975.

—: *La cueva de Montesinos*, Madrid, Espasa Calpe, 1974.

—: «Notas de un tercer viaje apresurado (Infantes, Valdepeñas, Torre de Juan Abad, Ruidera, Cueva de Montesinos y Calatrava la Nueva)», en *Lanza*, 11, 12, 13 y 14 de noviembre de 1952.

GIMÉNEZ CABALLERO, E.: *Julepe de menta y otros aperitivos*, Barcelona, Planeta, 1981.

GINÉS, E.: *El sol de Argel*, Barcelona, Carena, 2012.

—: *En la noche de los cuerpos*, Madrid, Adeshoras, 2017.

—: *Mares sin dueño*, Madrid, Tres Hermanas, 2020.

—: *Aguas azul tormenta,* Madrid, Tres Hermanas, 2022.

GÓMEZ RUFO, A.: *La abadía de los crímenes*, Planeta, 2001.

GONZÁLEZ MORENO, P. A.: *Más allá de la llanura*, Ciudad Real, Biblioteca de Autores Manchegos, 2009.

GRANDES, A.: *El corazón helado,* Barcelona, Tusquets, 2007.

GUARDIA POLAINO, J. J.: *Jazmines para la tragedia,* Ciudad Real, Biblioteca de Autores Manchegos. 1989.

—: *Labios que pugnan por amar sufriendo*, Valdepeñas, Ayuntamiento, 2003.

—: *Aquellos que conspiran. Te digo Walt Whitman*, Valdepeñas, Ayuntamiento, 2013.

—: *Ido el fauno... a don Francisco de Quevedo*, s.l., s.n, 2018.

—: *De almas, ditirambos y heridas*, Puertollano, Ediciones C&G, 2022.

GUERRA VALLE, P. J.: *Entre cuentos y verdades,* Ciudad Real, Biblioteca de Autores Manchegos, 2007.

HERGUETA SANTOS-OLMO, C.: *Los ojos de cristal*, La Solana, edición de la autora, 2015.

—: *Paseando a través de...,* La Solana, edición de la autora 2016.

—: *Sueño oscuro*, La Solana, edición de la autora, 2017.

—: *Choque de almas*, La Solana, edición de la autora, 2020.

HERNÁNDEZ, F. (VIXI): *Mi gran revelación: Poemas*, Barcelona, Amarantos, 1981.

—: *Himno al amor,* Barcelona, Amarantos, 1990.

—: *Himno más hermoso*, Barcelona, Amarantos 1991.

—: *Manantial de palabras,* Barcelona, Amarantos, 1993.

HERNÁNDEZ HERNÁNDEZ, A. M.: *Lejos del nido*, La Solana, A. M. Hernández, 2012.

HERNÁNDEZ DE NOVA, D.: *Mi gran revelación*, Madrid, edición del autor, 1989.

LANDALUCE GALVÁN, E.: *Jacobo Alba: la vida de novela del padre de la duquesa de Alba*, Madrid, La Esfera de los Libros, 2013.

—: *Sobre nosotros sobre nada*, Madrid, La Esfera de los Libros, 2021.

—: *La mala víctima*, Madrid, Espasa, 2023.

LEGUINA, J.: *Tu nombre envenena mis sueños,* Barcelona, Plaza y Janés, 1996.

LENA RIVERA, A.: *Los muertos no saben nadar*, Madrid, Maeva, 2021.

LILLO CASTELLANOS, D.: *Relatos, prosas y poesías*, Ciudad Real, Asociación Miliarium-Albaladejo,* 2013.

LÓPEZ DEL CASTILLO RODERO, F.: *Perdona, ¿tienes fuego?*, s.l., Círculo Rojo, 2017.

—: *Qué escribí antes y después de ti,* s.l., Círculo Rojo, 2018.

—: *Mi vida da para una serie*, s.l., Círculo Rojo, 2020.

LÓPEZ DE LA MANZANARA CANO, C.: *Episodios de la sed*, Bilbao, Estudio de proyección Editorial, 1988.

—: *Las pesadumbres del ozono*, Madrid, Libertarias, 1991.

—: *La voz entre palabras. Poemas 1992-1996*, Ciudad Real, Diputación Provincial, 1998.

—: *El cajón de las formas. Sonetos boticarios y otras formas*, Madrid, Centro Farmacéutico Nacional, 2009.

—: *E: haikus para una primavera*, Ocaña, Lastura, 2017.

—: *El libro de los olores*, Piedrabuena, Ayuntamiento de Piedrabuena, 2021.

LÓPEZ RAMÍREZ, L.: *Cuentos de Navidad*, Pedro Muñoz, Perea, 1995.

—: *Cuentos de fútbol*, Pedro Muñoz, Perea, 1997.

—: *Cuentos de Palacio del marqués de Santa Cruz,* Ciudad Real, Diputación Provincial, 2003.

LUJÁN, N.: *La cruz en la espada,* Barcelona, Planeta, 1996.

MACHADO, A.: *Campos de Castilla*, Madrid, Cátedra, 1994.

MAESTRO ARCOS, J. C.: *Regálate felicidad1 Regálate felicidad2*, s.l., Letra Minúscula, 2020.

—: *Los círculos mágicos de Claus,* Sevilla, Babidi-Bu, 2018.

—: *Sigue tu estrella y alcanza tus sueños,* Almería, Círculo Rojo, 2021.

—: *La leyenda de Papa Noel,* Sevilla, Babidi-Bu, 2018.

MAGRO, B.: *La hora de Quevedo,* Madrid, Roca, 2008.

MALDONADO MUÑOZ, A.: *Paseo del Cancerbero*, El Ejido, Círculo Rojo, 2011.

—: *Cementerio de barcos*, Antequera, Editorial La Calle, 2016.

—: *Luminiscentes,* s.l., Ediciones Ondina, 2020.

MANRIQUE, J.: *Obra completa*, Madrid, Ediciones 29, 1978.

MARTÍN-ALBO SÁNCHEZ, J.: *Los poemas para un dios*, Ciudad Real, Biblioteca de Autores Manchegos, 1989.

—: «Poemas del amor ausente», en *Cuadernos de Estudios Manchegos*, Ciudad Real, Instituto de Estudios Manchegos, núm. XIX, pp. 347-373, 1989.

MARTÍNEZ DE PISÓN, I.: *Castillos de fuego, Barcelona,* Seix Barral, 2023.

MARTÍNEZ GARCÍA, T.: *Julia en el mundo de las sombras,* Ciudad Real, Biblioteca de Autores Manchegos, 1991.

—: *Sebastián Cuervo*, Guadalajara, T. Martínez, 1992.

MARTÍNEZ PACHECO, A.: *¡Vade retro!,* Sevilla, Jamais, 2002.

MARTÍNEZ RUIZ, J.: *Antonio Azorín: pequeño libro en que se habla de la vida de este peregrino señor,* Madrid, Cátedra, 1991.

MENDOZA, V.: *Quien te cerrará los ojos. Historias de arraigo y soledad en la España rural,* Libros del KO, 2017.

—: *Heridas del viento: crónicas armenias*, s.l., Línea Horizonte, 2018.

—: *Detendrán mi río*, Madrid, Libros del KO, 2021.

—: *Jane Goodall*, Barcelona, RBA, 2022.

MERINO, M. G.: *Septiembre puede esperar*, Madrid, Ringo Rango, 2019.

MERINO MARTÍNEZ, P.: «Piedras con alma», en Santiago Rojas Sevilla (sel.), *Cuentos selectos/3*, Jamais, 2002, pp. 387-408.

MOLA, C.: *El infierno*, Barcelona, Planeta, 2023.

MORALES PÉREZ DEL ARCO, R.: *Historia de un piano*, Madrid, edición del autor, 2018.

—: *Aventuras de dos niños que se llevó el aire y otros cuentos*, Madrid, edición del autor, 2020.

—: *Póker de intrigas*, Madrid, edición del autor, 2023.

MORENO ÁLVAREZ, L. F.: *En ángulo muerto*, Ciudad Real, Biblioteca de Autores Manchegos, 2018.

MOYA, A. P.: *Retrato del fascista adolescente,* Barcelona, Seix Barral, 1975

—: *De la divina proporción,* Barcelona, Montesinos,1981.

—: *Opera Ibérica,* Barcelona, Seix Barral, 1983.

—: *La loba,* Barcelona, Seix Barral, 1985.

—: *Asesinos en la ciudad ideal Una historia de autómatas,* Barcelona, Munchnik, 1986.

—: *Últimas conversaciones con Pilar Primo de Rivera,* Madrid, Caballo de Troya, 2006.

—: *Muerte de un ciudadano por encima de toda sospecha,* Madrid, Lengua de Trapo, 2012.

MUNTADA SAGRADO, A.: *Paisajes del Campo de Montiel,* s.l., s.n., 2021.

MUÑOZ FILLOL, C.: *Montiel: quinta esencia,* Valdepeñas, Asociación Cultural Cecilio Muñoz Fillol, 2005.

MUÑOZ MORENO, A.: *El pescador de almas,* Madrid, s.n., 2022.

—: *Cinco sueños,* Sevilla, Babidi-Bu, 2022.

NÚÑEZ COBOS, R.: *La liturgia de las luciérnagas,* Casa de Galicia en Córdoba, 2009.

—: *Morisquetas de amor y otros amorismos,* Ciudad Real, Grupo Literario Guadiana, 2012.

—: *Papeles de estraza,* Campo de Criptana, Ayuntamiento de Campo de Criptana, 2013.

—: *Los centauros de bronce,* Cáceres, Asociación Cultural Letras Cascabeleras, 2018.

—: *Con la amistad de las cosas,* Córdoba, Litopress, 2019.

ORTIZ GARCÍA, J.: *Cuentos legendarios para Fuenllana,* Fuenllana, Ayuntamiento, 2013.

PACHECO FERNÁNDEZ, G.: *Nostalgia de un pasado,* Villanueva de los Infantes, edición de la autora, 2018.

—: *Firmamento de Esperanza,* Ciudad Real, Diputación Provincial, 2008.

—: *De amor y desamor,* Villanueva de los Infantes, Ayuntamiento, 2014.

PACHECO SÁNCHEZ, M.: *Las mejores condiciones,* Barcelona, Caballo de Troya, 2022.

PACHECO SÁNCHEZ, E.: *La reina sin trono. Blanca de Borbón reina consorte de Castilla,* Almería, Círculo Rojo, 2017.

—: *Yo, el Cruel Pedro I de Castilla,* Ciudad Real, Serendipia, 2021.

—: *Ni quito ni pongo rey,* Ciudad Real, s.n., 2011.

—: *El rey indómito Pedro I de Castilla,* Sevilla, Punto Rojo, 2014.

PARDO CASTRO, E.: *Pronto será oro el membrillero,* Ciudad Real, Biblioteca de Autores Manchegos, 2016.

—: *Besos de nitroglicerina en el corazón,* Madrid, Uno Editorial, 2017.

—: *Galería de trampantojos,* Madrid, Uno Editorial, 2018.

—: *Piel,* Madrid, Uno Editorial, 2019.

—: *Los pedios del naufragio,* Valencia, Olelibros, 2021.

—: *El ruido del silencio*, Sevilla, Con M de Mujer, 2021.

—: *A la manera de mayo y su cuchillo. (9131 días. 25 años)*, Madrid, Ediciones Estudio, 2023.

—: *De noche oigo en mi cuerpo la carcoma*, Madrid, Ediciones Estudio, 2023.

PARRA LUNA, F.: *Campus adentro,* Madrid, Huerga y Fierro, 2001.

PEINADO SERRANO DE LA CRUZ, T.: *El encuentro*, Babidi-Bu Libros, 2016.

—: *Criaturas fabulosas*, Ciudad Real, Biblioteca de Autores Manchegos, 2019.

PERALTA JURADO, P.: *Nora, una vida diferente*, Valencia, Seleer, 2017 (e-book).

PÉREZ ELVAR, V.*: Quijote Yin Yang*, Valencia, edición del autor, 2020.

PÉREZ GONZÁLEZ, P.: *De un tiempo a esta parte,* Ciudad Real, Diputación Provincial, 2010.

—: *Cenicienta no quiere un príncipe azul*, Ciudad Real, Grupo Literario Guadiana, 2013.

—: *Con nombre propio,* Ciudad Real, Malhata, 2021.

—: *Perfiles reflexiones y miradas [... para un nosotros]*, Madrid, Hoac, 2023.

PIQUERAS JIMÉNEZ, A.: *El silencio de los recuerdos*, Ciudad Real, Grupo Literario Guadiana, 2015.

—: *Pinceladas,* Antequera, Exlibric, 2021.

—: *A la luz de la esperanza*, Aliar Ediciones, 2022.

POLICARPO, D.: *Silfra: la mirada de la belleza en el fondo del corazón*, Ciudad Real, edición del autor, 2017.

—: *Corazón presente: un viaje hacia el ser*, Albacete, Uno, 2020.

POZO FELGUERA, G.: *El evangelio de la Alhambra*, Granada, Atrio, 2016.

—: *El reino de Cristiania. La fabulosa cruzada del rey Alfonso I*, Granada, Atrio, 2014.

QUEVEDO, F.: *Poesía varia*, Madrid, Cátedra, 1997.

—: *Antología poética, Madrid*, Alhambra Longman, 1995.

REDONDO AMADOR, L. F.: *Memorias de mis pies. Crónica de las 150 leguas del Camino de Santiago,* Madrid, Bokolia, 2015.

REQUEJO SÁNCHEZ, C: *Una maestra republicana represaliada Luisa Riera Muñiz 1884-1944*, Uvié, Trabe, 2023.

REY REGUILLO, I.: *Versos de escuela.* Tomelloso, Soubriet, 2004.

—: *Trazos del tiempo,* La Solana, Pan de Trigo, 2009.

—: *Vuelos de Navidad con alas de papel,* Madrid, Max Estrella, 2018.

—: *Con voz de mujer,* Madrid, Calíope, 2022.

—: *Gracias, Clara Campoamor (Biografía de Clara Campoamor),* La Solana, Ayuntamiento, 2022.

RIAZA CHAPARRO, M.: *Polvo,* Madrid, Eride, 2012.

RIVAS, Ángel de SAAVEDRA, DUQUE DE: *Romances,* Madrid, Espasa Calpe, 1996.

RIVAS CABEZUELO, M.: *El otro hidalgo, Almería,* Círculo Rojo, 2016.

—: *Legado de Svante Einarson*, Madrid, Tregolam, 2018.

—: *El manuscrito templario de Toledo,* s.n., Círculo Rojo. 2019.

—: *El secreto de la ermita templaria,* s.l., Letrame. 2020.

—: *Adir. Un viaje por la edad del bronce*, s.n., Círculo Rojo, 2021.

—: *El vuelo de los vencejos*, Ciudad Real, Serendipia, 2022.

RODADO, A.: *Las reliquias de la niebla*, s.l., Bubok editorial, 2020.

—: *La pluma del demonio,* s.l., Bubok editorial, 2023.

—: *El niño,* s.l., Bubok editorial, 2023.

RODADO HORCAJADA, F.: *Equipaje de vida,* Tomelloso, Soubriet, 1999.

RODRÍGUEZ BELLÓN, V.: *Las Cinco torres*, s.l., edición del autor, 2022.

RODRÍGUEZ GARRIDO, C.: *New York City Flash: los hilos invisibles*, Barcelona, Fortune, 2022.

RODRÍGUEZ HUÉSCAR, A.: *Vida con una diosa*, Madrid, Ediciones Puerta del Sol, 1954.

—: *Semblanza de Ortega*, Ciudad Real, Biblioteca de Autores Manchegos, 1996.

—: *El homo montielensis. La rebelión contra el tiempo*, Cuenca, Universidad de Castilla-La Mancha, 2022.

RODRÍGUEZ RUIZ, E.: *Evocación,* Ciudad Real, Biblioteca de Autores Manchegos, 1996.

—: *Galería de personajes*, Puertollano, Intuición, 2001.

—: *Bocetos,* Ciudad Real, Grupo Literario Guadiana, 2015.

—: *Puntos de vista*, Ciudad Real, Ayuntamiento, 1998.

—: *Desde el mirador*, Ciudad Real, Caja Rural, 2000.

—: *Aproximaciones*, Ciudad Real, Diputación Provincial, 2004.

—: *Contrapunto entre celebraciones*, Ciudad Real, Ayuntamiento, 2005.

Romancero castellano, Madrid, Fundación José Antonio de Castro, 2004.

ROMERO DE ÁVILA DE LARA, M.: *Todo por un sueño gastronómico,* Madrid, Ediciones Seshat, 2006.

—: *Viaje a través de una mujer*, Independently Publisher, 2017.

—: *La fuente de la vida*, formato Kindle, 2018.

—: *Encadenada al miedo a morir*, Aranjuez, Doce Calles, 2021.

ROMERO DE ÁVILA GARCÍA-ABADILLO, S.: *¿Quién nos quita las rosas?,* Madrid, Obra Cultural de la Caja de Ahorros y Monte de Piedad de Madrid, 1983.

—: *Esta tierra de amor y silencio*, Ciudad Real, edición del autor, 1986.

—: *Poemas heterogéneos,* Ciudad Real, Grupo Literario Guadiana, 1988.

—: *Sonetos de duda y esperanza*, s.n., s.l., 1993.

—: *Aquel temblor de gozo y de inocencia*, Ciudad Real, Diputación Provincial, 2014.

—: *Mundo de amor sin fronteras,* Ciudad Real, Grupo Literario Guadiana, 2015.

—: *Sublimidad de líricas cosechas.* Mora, Ayuntamiento 2017.

—: *Ventanales del alma*, Ciudad Real, Grupo Literario Guadiana, 2020.

—: *...El corazón que dicte el testamento: Romances apasionados*, Puertollano, Ediciones C&G, 2021.

ROMERO DE ÁVILA HERGUETA, F.: *Te juro lealtad*, s.l., edición del autor, 2016.

—: *Te juro venganza*, s.l., edición del autor, 2017.

ROMERO DE ÁVILA PRIETO, L.: *Regalo de luz*, La Solana, Grupo Literario Artístico Pan de Trigo, 1994.

—: *Imágenes de vida*, La Solana, Grupo Literario Artístico Pan de Trigo, 2004.

—: *Y también los molinos sueñan*, Ciudad Real, edición de los autores, 2008.

RUIZ BERNAL, M.: *Milagro de un Papa*, Villanueva de los Infantes, edición del autor, 2006.

—: *El mendigo de Infantes*, Villanueva de los Infantes, edición del autor, 2019.

RUIZ LUCAS, A.: *Esperando el mar*, s.n., s.l., 2009.

SALAS BARBADILLO, J.: *La hija de Celestina*, Madrid, Cátedra, 2008.

SALVADOR GIJÓN, C.: *El premio: manuscrito editado en ios talleres de presos políticos de El Dueso en 1943*, Valencia, L. Encobert, 2022.

SÁNCHEZ CHAPELA, J. M.: *El manuscrito de Gaspar de Montiel*, Lacre, 2005.

SÁNCHEZ REMIRO, P.: *Madre de Misericordia: esperanza nuestra.* Villanueva de los Infantes, edición de la autora, 1997.

—: *Santa María: Poesía de Dios. Villanueva* de los Infantes, edición de la autora, 2022.

—: *Florilegio*: *textos seleccionados sobre la figura de Santa María en la historia de la salvación,* Madrid, Testimonio de Autores Católicos Escogidos, 2012.

SÁNCHEZ RODRÍGUEZ, A.: *Resumen de amor y vida*, Ciudad Real, Grupo Literario Guadiana, 1975.

—: *Cuaderno de Campoamor*, Arucas, Tepemarquia Ediciones, 2018.

—: *Como el felino ansía la gacela: sonetos y una décima*, Ciudad Real, Grupo Literario Guadiana, 2020.

—: *Territorios*, Ciudad Real, Biblioteca de Autores Manchegos, 2021.

—: *Entre tú y el mar*, Madrid, Lastura, 2021.

SANTOS CANTERO, M.: *Lira manchega: Ensayo de rimas*, Alcázar de San Juan, Imprenta de Castellanos Hermanos, 1910.

—: *El forastero,* Barcelona, Pegaso, 1925.

—: *La Venus de nieve,* Barcelona, Pegaso, 1925.

—: *Los héroes del siglo XX*, Barcelona, Pegaso, 1926.

—: *Carne de Caín,* Barcelona, La Revista Blanca, Colección La Novela Ideal, núm. 526, 1936.

—: *En torno a Cervantes*, Toulouse, Publicaciones El Clavileño, 1947.

—: *Conquistadores de arena*, Toulouse, La Novela Española, núm. 4, 1948.

SANTOS DE LA HOZ, J.: *Coplillas*, Villanueva de los Infantes, Balcón de Infantes, 2010.

SANTOS GUTIÉRREZ, I.: *Sendero lírico.* Villanueva de los Infantes, edición del autor, 2000.

SANTOS, J.: «El experimento», en *Error404 Antología de relatos sobre la perplejidad tecnológica,* Madrid, s.n., 2017.

SERRANO GARCÍA, R.: *Sueños y quebrantos,* Tomelloso, Soubriet, 2003.

—: *Cuentas galanas,* Tomelloso, Soubriet 2009.

—: *Obras completas,* Madrid, DC39 Bambalinas, 2019.

SERRANO FERNÁNDEZ, F.: *Cuentos y ripios,* s.l., edición del autor, 2019.

—: *Relatos cortos para pasar el rato,* s.l., edición del autor, 2021.

SERRANO VALVERDE, P.: *Arder en la memoria,* Madrid, Lacre, 2016.

SEVILLA LOZANO, J.: *Alhambra y los Tuchas. Una historia del maquis,* Madrid, Certamen, 1987.

SIMARRO F. DE SEVILLA, R.: *Canto de amor para este mundo altivo.* Villanueva de los Infantes, edición del autor, 1997.

—: *Sonetos del hombre y de la tierra,* Villanueva de los Infantes, edición del autor, 1981.

—: *Libro de romances,* Villanueva de los Infantes, edición del autor, 1984.

—: *Versos de la Buena Nueva,* Villanueva de los Infantes, edición del autor, 1988.

—: *Décimas al carboncillo,* Villanueva de los Infantes, edición del autor, 1992.

—: *Antología poética,* Villanueva de los Infantes, Ayuntamiento, 2002.

SIMARRO PÉREZ DEL ARCO, M. L.: *Suenan las palabras: Incognito,* s.l., edición de la autora, 1994.

SIMARRO SÁNCHEZ, R.: *Beberse el aleteo,* Madrid, edición del autor, 2008.

—: *Cuando nada importe,* edición del autor, 2010.

—: *Justa medida,* edición del autor, 2011.

—: *Las manos de Euterpe,* Barcelona, MTM, 2012.

SOLÍS PIÑERO, J.: *Una sombra muy pronto serás,* Madrid, Atlantis, 2015.

—: *Y Samuel lo pudo contar,* Aranjuez, Atlantis, 2016.

SOLÍS SÁNCHEZ, P.: *Andanzas, aventuras y desventuras (Relatos de caza y Pesca),* Villanueva de los Infantes, edición del autor, 2017.

TORRES GARCÍA, C.: *Te propongo un trato,* e-book, s.l., Textos. Info, 2022.

TORRIJOS CARRILLO, J. M.: *Cuaderno musulmán,* Madrid, Sial, 2001.

VEGA Y CARPIO, L.: *El galán de la Membrilla,* Puertollano, Ediciones C&G, 2007.

—: *El galán de la Membrilla,* Madrid, Anejos del Boletín de la Real Academia Española, 2007.

—: *Poesía, V... Laurel de Apolo,* Madrid, Fundación José Antonio de Castro, 2004.

—: *Jerusalén conquistada,* Madrid, Fundación José Antonio de Castro, 2004.

VIGÓ, J.: *Atlántida pornográfica,* s.l., Bubok Publishing, 2016.

—: *Atlántida pornográfica II,* Valencia, Araña, 2019.

VILLALTA, I.: *Donde habita la inocencia,* s.l., edición de la autora, 2006.

—: *Pleno de su luz:* estirpe campesina manchega, s.l., edición de la autora, 2010.

—: *A través del otoño*, Madrid, Vitrubio, 2013.

—: *Viaje al conflicto*, Ciudad Real, Dos Emes, 2015.

—: *El dolor de la música: concierto de un memorial de vida*, Guadalajara, Llanura, 2017.

—: *Diálogos*, Manzanares, Raíz y Rama, 2019.

VILLAMAYOR JIMÉNEZ, M.: *El embrujo de Alhambra*, Valencia, Samaruc, 2018.

—: *Las doce llaves,* Valencia, Carena, 2011.

VIVAR, E.: *La vida oculta*, Madrid, Mandala & Lapizcero, 2008.

—: *Los anónimos de la Guerra de Cuba*, Barcelona, Carena 2009.

—: *Ladrillos rotos*, Barcelona, Carena 2011.

VV.AA.: *Escritos desde el aula*, Ciudad Real, Diputación Provincial, 2004.

VV.AA.: *A la sombra del maestro, 21 escritores se pavonean. Homenaje a Francisco García Pavón*, Ciudad Real, Ruiz Morote, 2019.

ZORRILLA, J.: *El zapatero y el rey*, Madrid, Espasa Calpe, 1981.

3. PRENSA IMPRESA

ABC (Madrid), 9 de enero de 1974.

Albores de Espíritu (Tomelloso, 1946-1949).

Balcón de Infantes (Villanueva de los Infantes, 1992-2020).

Blanco y Negro (Madrid), 1905.

Estampa (Madrid), 1935.

El País (Madrid), 10 de agosto de 2001.

El País (Madrid), 11 de noviembre de 1978.

Vida Manchega (Ciudad Real), 1912.

4. BIBLIOGRAFÍA ON-LINE

CAÑAS MURILLO, J.: *Vino, historia y amores en El galán de la Membrilla, de Lope de Vega.*
https://www.cervantesvirtual.com/obra-visor/vino-historia-y-amores-en-el-galn-de-la-membrilla-de-lope-de-vega-0/html/ffa3e660-82b1-11df-acc-7002185ce6064 _7.html

CERRILLO, P.: *Literatura oral literatura escrita: aspectos intertextuales.*
https://blog.uclm.es/pedrocesarcerrillo/files/2016/01/AspectosintertextualesenlaobradeMontserratdelAmoyFernandoAlonso.pdf

DIAMANTE, B. J.: *Comedia famosa de Santo Tomás de Villanueva.*
https://books.google.es/books?id=erZdAAAAcAAJ&pg=PA1&lpg=PA1&dq=juan+bautista+diamante+santo+tomas+de+villanueva&source=bl&ots=j2u0Xnqjv&sig=I2BOfjt5XEaI2Cl5YDN5538wHnE&hl=es&sa=X&ved=2ahUKE

i20v_6hPfcAhUuz4UKHYpMBcgQ6AEwA3oECAcQAQ#v=onepage&q=ju
an%20bautista%20diamante%20santo%20tomas%20de%20villanueva&f=false

GIJÓN JIMÉNEZ, V.: «La Mancha y los campos de Montiel y Calatrava
en los relatos de viaje del Siglo de Oro», en *ArsBilduma*, 2015, núm. 5.
Disponible en: https://ojs.ehu.eus/index.php/ars_bilduma/article/view/12635.
Consultado el 17 de mayo de 2022.
https://www.dipujaen.es/miguelhernandez/catalogo/viewer.vm?id=0000353984
&page=1&search=&lang=es&view=mh

GÓMEZ CANSECO, L.: «El Campo de Montiel como paraje mágico en el
Siglo de Oro», en *La razón es Aurora. Estudios en homenaje a la profesora Aurora Ejido*, Zaragoza, Institución Fernando El Católico, 2017,
pp. 321-331.
https://ifc.dpz.es/recursos/publicaciones/36/11/26gomezcanseco.pdf

SALAS BARBADILLO, G.: *La ingeniosa Elena.*
https://books.google.es/books?id=W_6m8jAAG0UC&pg=PA211&lpg=PA211
&dq=que+desgre%C3%B1adas+cantais+canciones+a+la+membrilla&source
=bl&ots=ZhOJFfeNU8&sig=ACfU3U3mbGBas4tDBS3gXDOc_c5OEzbgg
&hl=es&sa=X&ved=2ahUKEwi60cqfpaP4AhWZRvEDHZDHAhkQ6AF6
BAgDEAM#v=onepage&q=que%20desgre%C3%B1adas%20cantais%20
canciones%20a%20la%20membrilla&f=false

MORAL, J.: https://revistas.uma.es/index.php/fotocinema/article/view/6051/5611

DIPUTACIÓN DE JAÉN: Legado de Miguel Hernández, Carta, 1936, marzo 22,
Albaladejo, de Miguel Hernández Gilabert a Josefina Manresa Marhuenda.
https://www.dipujaen.es/miguelhernandez/catalogo/viewer.vm?id=0000353984
&page=1&search=&lang=es&view=mh

5. ARCHIVOS

Archivo Municipal de Villanueva de los Infantes, caja 2.

OTROS TÍTULOS DE ESTA COLECCIÓN

229/DIEGO PERIS, *Espacios del Barroco en Ciudad Real.*

230/MIGUEL LACRUZ ALCOCER, *Las Escuelas Normales de Maestros y Maestras de Ciudad Real, 1842-1936.*

231/MANUEL HERRERA PIÑA, *Fotografías: Ciudad Real en los años 80.*

232/MIGUEL ANTONIO MALDONADO FELIPE, *Rollos jurisdiccionales, horcas y picotas en la provincia de Ciudad Real.*

233/ROSA FERNÁNDEZ-ESPARTERO Y GARCÍA-CONSUEGRA, *Gracias a la vida. Vivencias de pueblo y campo.*

234/AGUSTÍN JIMÉNEZ CANO, *Historia del ferrocarril en Ciudad Real. Segunda parte (1941-1992).*

235/ANDRÉS J. MORENO, *El territorio imaginado.*

236/JESÚS LÓPEZ-MAESTRE RUIZ, *El Instituto de Ciudad Real y la Diputación Provincial. Una relación fructífera (1843-1910).*

237/AGUSTÍN CLEMENTE PLIEGO y JOSÉ MARÍA LOZANO CABEZUELO, *El testamento de Francisco de Quevedo desde su vida y su obra.*

238/RAFAEL MATA SÁNCHEZ, *Mesteños rojos. Ovejas, brujas y cinabrio.*

239/VICENTE PALOMARES GARCÍA, *Las Escuelas del Hogar Provincial, Pérez Molina, Cruz Prado y Ferroviario. Primer centenario de las escuelas públicas en Ciudad Real, 1924-2024.*